Gerald Braunberger (Hg.)

Die Wahrheit der Tatsachen

Schlaglichter der F.A.Z. auf 75 Jahre Deutschland

INHALT

Vorwort 7
Einblick: Ein festes Fundament 8

Politik 12
Einblick: Eine kleine Mollenkunde 34
Einblick: Wie Gott in Frankreich? 56

Wirtschaft 60
Einblick: Leselust und Selbstbewusst 90
Einblick: Digitaler Wandel im Journalismus 104

Feuilleton 108
Einblick: Stilvolle Denkanstöße 134
Einblick: „Wer nicht Deutsch kann …" 154

Rhein-Main 156
Einblick: Heimstatt freiheitlichen Geistes 170
Einblick: Von Schiff 19 auf die Eins 186

Sport 188
Einblick: Vertrauen in Fotografie 204

Deutschland und die Welt 206
Einblick: Irgendwie anders 220

Chronik 224

Die Autoren 230

Frankfurter Allgemeine

ZEITUNG FÜR DEUTSCHLAND

Herausgegeben von Hans Baumgarten, Erich Dombrowski, Karl Korn, Paul Sethe, Erich Welter

Frankfurt / Dienstag, 1. 11. 1949

Zeitung für Deutschland

Unsere Leser halten heute die erste Nummer der „Frankfurter Allgemeinen Zeitung" vor sich. Dieses Blatt setzt die journalistische Arbeit fort, die in Mainz mit der „Allgemeinen Zeitung" begonnen worden ist. Aber es knüpft zugleich den Anfang zu einem neuen Werk. Unsere Leser haben wohl ein Recht zu erfahren, was damit beabsichtigt ist.

Aus der Tatsache, daß einige der Mitarbeiter früher der Redaktion der „Frankfurter Zeitung" angehört haben, ist vielfach geschlossen worden, hier werde der Versuch gemacht, die Nachfolgeschaft dieses Blattes anzutreten. Eine solche Annahme verkennt unsere Absichten. Wie jeder, so haben auch wir die hohen Qualitäten dieses Blattes bewundert, daß die Besatzungsmächte sein Wiedererscheinen sofort nach dem Waffenstillstand nicht gestatteten, wird immer ein Kennzeichen für ihre Unkenntnis der deutschen Verhältnisse bleiben. Aber der Respekt vor einer hervorragenden Leistung bedeutet noch nicht den Wunsch, sie zu kopieren. Wir haben einen ziemlich kräftigen Ehrgeiz, und dieser ist vornehmlich auf eigene und selbständige Leistung gerichtet. Wir haben genaue Vorstellungen von einer neuen Art Zeitung, die wir schaffen möchten. Für sie müßte sich der Tatsachen heilig sein, sie müßte sich der strengen Sachlichkeit in der Berichterstattung befleißigen, sie müßte auch den Andersmeinenden gegenüber immer Gerechtigkeit walten lassen; und sie müßte sich bemühen, nicht an der Oberfläche der Dinge stehen zu bleiben, son-

dern ihre geistigen Hintergründe aufzusuchen. Dies alles also wollen wir redlich; aber wir glauben, zu diesem neuen Typ von Zeitung müßte auch eine beträchtliche Volkstümlichkeit, ein Ansprechen breiter Schichten — ohne ihre Umschmeichlung — gehören. Natürlich denken wir nur an diejenigen, die sich mit uns bemühen wollen, über die Dinge nachzudenken, statt Schlagworten nachzulaufen. Für die Denkfaulen möchten wir nicht schreiben. Aber sonst meinen wir, daß die Vereinigung von breiter Wirkung und geistigen Ansprüchen sehr wohl möglich sei.

Es ist also eigentlich allerhand, was uns vorschwebt. Alle, die wir fragen, sagen uns, daß dieses Ziel sehr schwer zu erreichen sei; manche meinen: unmöglich. Daß unser Vorhaben nicht leicht ist, wissen wir, weil wir eben vom Fach sind. Daß es unmöglich sei, möchten wir nachdrücklich bestreiten. Wir haben bei unserer Vorarbeit in Mainz einige Erfahrungen gesammelt und sind schon von daher zuversichtlich. Natürlich werden wir eine Menge Fehler machen, vor allem am Anfang; später hoffentlich weniger. Aber wir denken doch, daß unser Ziel am Ende ganz leidlich gelingen werde. Die Leser aber, die uns auf unserem Wege folgen werden, können nicht nur unser Bemühen von Anfang an verfolgen; vielleicht wird sich einiges von der inneren Spannung, die uns erfüllt, auch ihnen mitteilen.

Natürlich ist das alles, so sehr es uns beschäftigt, nicht Selbstzweck. Journalismus ist für uns die schwierigste, herr-

lichste, aufregendste, herrlichste Sache von der Welt. Aber auch für uns wird er seelenlos, wenn er um seiner selbst willen betrieben wird. Wir möchten noch einiges mehr, als nur eine gute Zeitung machen. Wir möchten in einer Zeit, in der die Freiheit keineswegs allein durch die Diktatoren, sondern ebenso durch Vermassung, durch Trägheit und Unduldsamkeit bedroht ist, das lebendige Gefühl für dieses kostbarste aller irdischen Güter entfachen. Das gilt für die einzelnen Menschen wie für unser Land. Wir verabscheuen den Chauvinismus; wir stellen nicht die Nation über die Menschheit. Aber wir lieben ebensowenig die unwürdige Rolle der nationalen Unfreiheit. Gerade weil wir uns als Europäer empfinden, möchten wir nicht, daß ein einziges Land, nämlich das unsere, in die europäische Gemeinschaft als ein Mitglied minderen Rechtes trete. Von den großen Idealen der Freiheit und Gerechtigkeit, denen unsere Arbeit dienen soll, darf Deutschland nicht ausgeschlossen bleiben. Wir hoffen, einiges dazu tun zu können.

Deutschland hat keinen Außenminister. Seine Stimme dringt nur schwach nach draußen. Hier möchte dieses Blatt einsetzen; es will eine Stimme Deutschlands in der Welt sein. Hierzu haben wir ebenfalls in Mainz einige Vorarbeit geleistet. Auch die zum Vertrauen uns zu folgen, bei diesem Vorhaben uns zu folgen, möchten wir unsere Leser einladen. Wenn wir dann einige Jahre gemeinsam gewandert sind, werden wir uns hoffentlich sagen können, daß unsere gemeinsame Arbeit nicht vergeblich gewesen ist.

In Berlin

he. Ganz Deutschland schaut in diesen Tagen nach seiner früheren Hauptstadt. Selten ist ein Staatsoberhaupt so sehr der Dolmetsch von Gefühlen einer ganzen Nation gewesen als gestern, da Theodor Heuß zu den Hunderttausenden auf dem Platz vor dem Rathaus sprach. Seine Zuhörer waren unsichtbar nicht nur die Millionen Menschen aus den Westzonen, sondern auch alle die siebzehn Millionen, die auch nach der Errichtung des mitteldeutschen Staates weiter unter russischer Herrschaft leben. Wie sehr auch immer ihre wirklichen Empfindungen niedergehalten werden, in Wirklichkeit weiß

Der Saum des ...

PS Selten hat man in Deutschland, hat man auch in der Welt einer neuen französischen Regierung mit soviel Spannung entgegengesehen wie der gegenwärtigen, die eben ihr Amt angetreten hat. In den letzten Wochen nämlich waren erfüllt von Gesprächen über große Möglichkeiten zukunftszeugender Taten; aber die Aussichten auf Heil oder Unheil für Deutschland und die Welt waren dabei wirr ineinandergeflochten, und wirkliche Klarheit war niemals zu erzielen, weil die Gespräche immer bei der Frage endeten: Wie wird man sich in Paris entscheiden?

Außenminister der neuen Regierung ist wiederum Herr Schuman, einer der wenigen Politiker unserer Zeit nicht nur von europäischer Gesinnung, sondern auch von europäischem Format. Er hat vieles dazu getan, den Weg unseres zerrissenen Erdteils in eine neue Gemeinsamkeit zu bahnen. Er ist wahrscheinlich das, was man in einem flachen Sinn einen Deutschenfreund zu nennen pflegt. Aber seine Vorstellungen von dem neuen Europa schlossen Deutschland nicht aus. Um so herber war in diesem Herbst die Entmutigung der entschlossenen Anhänger einer deutsch-französischen Annäherung. Die Festsetzung des neuen Kurses und das Verbot der Erhöhung des deutschen Kohlenpreises haben die deutsche Wirtschaft schwer getroffen. Es geht nicht um die Schäden für die schwer getroffene deutsche Wirtschaft dabei, die auf die Dauer nicht leben kann, wenn ihre Ausfuhr nicht steigert. Wichtiger, leichter noch ist die Tatsache, daß in der Geburtsstunde der Bundesrepublik auf die nachdrücklichste Weise bar gemacht worden ist, wie noch immer unsere staatliche Ordnung geblieben ist und wie tief in unserer Bevölkerung des Auslandes sein könnte das Leben sein könnte in sonst den Fortschritt in Deutschlands zur Welt erkannt hat, hatte plötzlich viele Meilen zurückgewonnen. Jeder in Deutschland hätte verstanden, der eine notwendige Rüstung unmöglich hätte. Aber daß hinter der Westmächte die Überlegenheit müsse ausländischen Nutzer dies im selben Augenblick lauter der Ruf gerade aufrüstung unseres Landes, dies hat bleibende Wirkung ausgelöst.

Der Bundespräsident in Berlin
Professor Heuß von den Berlinern stürmisch umjubelt
Drahtbericht unseres Korrespondenten

er. Berlin, 31. Oktober. Strahlend blauer Himmel und Sonnenschein lagen am letzten Oktobertag über Berlin, als um 11.40 Uhr die planmäßige amerikanische Verkehrsmaschine auf dem Flugplatz Tempelhof zur Landung ansetzte. Die Berliner städtischen Verkehrsmittel und die öffentlichen Gebäude hatten Flaggenschmuck angelegt, und die Straßen zwischen Tempelhof und dem Berliner Vorort Wannsee, wo Bundespräsident Heuß während seines zweitägigen Berlin-Aufenthalts wohnt, waren von Menschenmengen dicht umsäumt. Sie kamen freiwillig, um dem Präsidenten bei seiner Fahrt durch die Straßen zuzuwinken zu können.

Auf dem Flugplatz hatten sich Oberbürgermeister Dr. Friedensburg, Bürgermeister der Berliner

waren sie gekommen, Tausende kamen auch aus Ostberlin. Stürmisch begrüßt ergriff der Bundespräsident das Wort. Er wandte sich nicht nur an die Berliner, sondern er sprach auch zu den Menschen der Ostzone, indem er ausrief: „Die Ostzone spricht aus mir, meine Stimme und meine Worte hören Millionen deutscher Menschen, die gegenwärtig zur Stummheit und zum Schweigen verurteilt sind." Auch in Bonn sei nicht alles so, wie man es sich wünsche. „Wir haben ein Besatzungsstatut, ein Ruhrstatut, aber wir haben keine Konzentrationslager. Wir haben ein freies Leben, Freiheit der Presse, und alle politischen Parteien können frei arbeiten. Wir sind die Stellvertreter für alle Deutschen, die an der Entscheidung nicht teilhaben können." Abschließend sagte der Bundespräsident, es werde der Tag kommen, wo Berlin die Hauptstadt sein werde.

Beifall, der dieser

die dritte Strophe des Niederländischen Dankgebetes singen." Mit entblößtem Haupt sangen die etwa zweihunderttausend Anwesenden das Dankgebet.

Empfang bei den Kommandanten

Für den Abend war in der Städtischen Oper zu Ehren des Bundespräsidenten eine Festaufführung des „Fidelio" vorgesehen, der ein Empfang im Foyer der Oper folgt. Wie die Deutsche Presse-Agentur ergänzend meldet, hat Bundespräsident Heuß in den frühen Nachmittagsstunden des Montag die drei westlichen Kommandanten Berlins in den Amtsräumen des Oberbürgermeisters im Schöneberger Rathaus empfangen. Professor Heuß, in dessen Begleitung sich sein Sohn, der Bundesminister für gesamtdeutsche Fragen Kaiser, und mehrere Ministerialdirektoren von Bott und Noack sich nach der Begrüßung auf dem Flugplatz in das Gästehaus der Stadt Berlin am kleinen Wannsee befanden, begab. Seit Montagfrüh wehen von diesem Gebäude die Fahnen der Bundesrepublik und Berlins.

Zugleich wurde bu

VORWORT

Die Bundesrepublik Deutschland und die Frankfurter Allgemeine Zeitung feiern im Jahr 2024 ihren 75. Geburtstag. Diese Duplizität hat uns ermuntert, an Wegmarken der Geschichte der Bundesrepublik Deutschland aus der Perspektive der F.A.Z. zu erinnern. Unser Rückblick spiegelt die Vielfalt der Interessen, Formate und Betrachtungsweisen einer großen, in ihren Ressorts dezentral verfassten Redaktion. Daher erinnert seine Gliederung an die Buchstruktur in der Zeitung. Der Titel „Die Wahrheit der Tatsachen" entstammt dem Aufmacher der Erstausgabe vom 1. November 1949.

Wir lassen die Leser an bedeutenden historischen Ereignissen wie der Gründung der Bundesrepublik, der Wiedervereinigung und der Europäischen Währungsunion teilhaben. Wir erinnern auch an die großen intellektuellen Debatten, an prägenden gesellschaftlichen Wandel, an Sternstunden des Sports und an die beeindruckende Nachkriegsentwicklung Frankfurts am Main.

Auch die Frankfurter Allgemeine Zeitung gehört zur Geschichte dieses Landes. Daher eröffnen wir den Lesern in kurzen Texten Einblicke in die F.A.Z., ohne damit eine Geschichte der Zeitung liefern zu wollen. Diese Einblicke verdeutlichen, dass es ihre Mitarbeiter sind, die in der Vielfalt ihrer Talente und Tätigkeiten die F.A.Z. zu dem machen, was sie seit nunmehr einem Dreivierteljahrhundert ist: eine wichtige publizistische Stimme in der Bundesrepublik Deutschland.

Gerald Braunberger
Herausgeber der F.A.Z.

Einblick

EIN FESTES FUNDAMENT

Seit 75 Jahren fühlt sich die Frankfurter Allgemeine Zeitung einem Qualitätsjournalismus im Geiste der Freiheit und der Unabhängigkeit verpflichtet. Diese Prinzipien behalten ihre Gültigkeit auch in der digitalen Medienwelt.

Der Aufmacher der am 1. November 1949 erschienenen Erstausgabe der Frankfurter Allgemeinen Zeitung trug den programmatischen Titel „Zeitung für Deutschland". Die Schöpfer der F.A.Z. verstanden sich als Boten der Freiheit, „dieses kostbarsten aller irdischen Güter". Sie wollten in Unabhängigkeit eintreten für die junge parlamentarische Demokratie und für eine freiheitliche und soziale Wirtschafts- und Gesellschaftsordnung.

Unter den nach dem Zweiten Weltkrieg neu gegründeten Blättern war die F.A.Z. ein Spätankömmling, und in ihren ersten Jahren erschien ihr Überleben angesichts erheblicher wirtschaftlicher Schwierigkeiten nicht gesichert. Die finanzielle Erstausstattung stellten Unternehmen vor allem aus Süddeutschland bereit. Von den marktwirtschaftlichen Überzeugungen Ludwig Erhards geprägt, wollten sie die Gründung eines der Sozialen Marktwirtschaft verpflichteten Blattes unterstützen. Eine führende Rolle unter den Vertretern der Unternehmen nahm in der Gründungsphase Alex Haffner, der Generaldirektor des Schuhherstellers Salamander, wahr. Er leitete später viele Jahre den Verwaltungsrat der F.A.Z.

Eine publizistische Basis für das Unterfangen bot die überregionale Ausgabe der „Mainzer Allgemeine", zu deren Redaktion mehrere frühere Chefredakteure ehemals angesehener, nach 1933 untergegangener Zeitungen gehörten. Aus der überregionalen Ausgabe der „Mainzer Allgemeinen" entstand die in Frankfurt ansässige Frankfurter Allgemeine Zeitung. Ihr Kapital befand sich anfangs zu 51 Prozent

Einblick

Einblick

in den Händen der Wirtschaftspolitischen Gesellschaft von 1947, die als Treuhänder für die kapitalgebenden Unternehmen fungierte. Der Verlag der „Mainzer Allgemeinen" hielt die verbleibenden Anteile.

Die F.A.Z. wurde bis Herbst 1950 im etwas kleineren Rheinischen Format gedruckt, später dann im größeren Norddeutschen Format. Mit dem Titel „Frankfurter Allgemeine" in der auffälligen Fraktur im Seitenkopf nahm das neue Blatt eine Anleihe bei der von 1856 bis 1943 erschienenen, seinerzeit hoch angesehenen „Frankfurter Zeitung". Die in Antiqua gedruckte Unterzeile „Zeitung für Deutschland" hatte Erich Welter erdacht. Welter spielte im Kreis der formal gleichberechtigten Herausgeber eine dominierende Rolle. Daher wird er im Impressum als Gründungsherausgeber bezeichnet.

Die neue Zeitung erhielt eine Verfassung, die bis heute den Gedanken der Freiheit und der Unabhängigkeit atmet. Ihre Eigentümer traten mit dem Recht zur Gestaltung der geistigen, politischen und wirtschaftspolitischen Haltung der Zeitung ein wichtiges Verlegerrecht an ein Gremium unabhängiger Herausgeber ab, um die Zeitung vor jedem fremden Einfluss zu schützen. Der Herausgebervertrag schreibt diese für das deutsche Medienwesen ungewöhnliche publizistische Unabhängigkeit fest. Wenige Jahre später erhielten die Herausgeber Minderheitsanteile am Verlag, die sie als Verantwortungseigentum nach ihrem Ausscheiden an ihre Nachfolger weitergeben.

Die an der F.A.Z. beteiligten Unternehmen hatten ihr Engagement immer nur als eine Starthilfe betrachtet. Nachdem die Zeitung nachhaltig rentabel geworden war und die Unternehmen ihr eingeschossenes Geld zurückerhalten hatten, brachten sie ihre Anteile am 22. April 1959 in eine „FAZIT-Stiftung" genannte gemeinnützige GmbH ein. Mit der FAZIT-Stiftung als Mehrheitseigentümerin der Zeitung war die F.A.Z. nunmehr auch gegen eine eventuelle Einflussnahme externer Kapitalgeber geschützt. Da die FAZIT-Stiftung ihre Mittel für gemeinnützige Zwecke verwenden muss und daher die F.A.Z. finanziell nicht unterstützen kann, heißt dies aber auch: Die F.A.Z. muss ihr Geld selbst verdienen.

Heute halten die FAZIT-Stiftung rund 94 Prozent und die Herausgeber rund 6 Prozent der Anteile an der F.A.Z. Gemeinsam garantieren sie den in der ersten Satzung der F.A.Z. festgeschriebenen Auftrag, „die Frankfurter Allgemeine Zeitung in voller Unabhängigkeit von Regierungen, Parteien und Interessentengruppen auf freiheitlich-staatsbürgerlicher Grundlage zu führen".

Einblick

Der im Laufe der Jahre wachsende Erfolg beruhte auf dem in der Erstausgabe vom 1. November 1949 angekündigten Konzept, für die F.A.Z. „müsste die Wahrheit der Tatsachen heilig sein; sie müsste sich der strengen Sachlichkeit in der Berichterstattung befleißigen; sie müsste auch den Andersmeinenden gegenüber immer Gerechtigkeit walten lassen; und sie müsste sich bemühen, nicht an der Oberfläche der Dinge stehen zu bleiben, sondern ihre geistigen Hintergründe aufzusuchen". Gleichzeitig gehöre zu diesem Typ von Zeitung „auch eine beträchtliche Volkstümlichkeit, ein Ansprechen breiter Schichten – ohne ihre Umschmeichlung".

Den Anspruch, Qualitätsjournalismus nicht nur für ein Nischenpublikum zu betreiben, setzte die Zeitung mit einer inhaltlichen Offensive um. Einer möglichst umfassenden Berichterstattung diente nicht nur der Aufbau eines großen Korrespondentennetzes im In- und Ausland, sondern auch die Schaffung spezieller Themenseiten und Beilagen, die an dieser Stelle nicht vollständig angeführt werden können. So entwickelte sich aus dem „Stadtblatt" die „Rhein-Main-Zeitung" und aus der Seite „Der Motor" die Beilage „Technik und Motor". Hinzu traten Beilagen wie „Natur und Wissenschaft", „Reiseblatt", „Bilder und Zeiten" oder das „F.A.Z.-Magazin". Im Jahr 2001 erschien die „Frankfurter Allgemeine Sonntagszeitung" erstmals als überregionales Blatt; ihr war eine regionale Ausgabe vorangegangen.

Wie die Bundesrepublik Deutschland wusste die F.A.Z. ihr Fundament zu bewahren, aber auch mit der Zeit zu gehen. Früher als viele Wettbewerber ergänzte sie ihr Zeitungsangebot mit digitalen Ausgaben der F.A.Z. und der F.A.S. Das im Herbst 2018 lancierte, heute unter dem Namen FAZ+ verbreitete Abonnement auf die Homepage www.faz.net erweist sich als ein beliebtes, dynamisch wachsendes Produkt. Im Jahr 2023 hat der Bestand an digitalen Abonnements und Einzelverkäufen erstmals die Abonnements und Einzelverkäufe im traditionellen Print-Geschäft übertroffen. Die Zeitung in Papier bleibt jedoch weiterhin ein wichtiges Geschäftsfeld. Gleichzeitig erschließt sich die F.A.Z. mit Newslettern, Podcasts, Videos und einer starken Präsenz in den sozialen Netzwerken einen Platz in der digitalen Medienwelt. Dem Auftrag der Gründer, Qualitätsjournalismus im Geiste der Freiheit und der Unabhängigkeit zu betreiben, fühlt sich die F.A.Z. auch heute verpflichtet.

Gerald Braunberger

Der Tag, an dem zusammenwuchs, was nach einem Ausspruch Willy Brandts zusammengehörte. 3. Oktober 1990 in Berlin: Deutschland ist wiedervereinigt. Foto Barbara Klemm

Politik

Seite 2 / Mittwoch, 22. Dezember 1999, Nr. 298

Fortsetzung von Seite 1

Kohls Zeit ist vorüber

Der Spitzenkandidat der CDU in Schleswig-Holstein, Rühe, appellierte am Dienstag an Kohl, die Namen der Spender bekannt zu geben, sonst drohe die Spendenaffäre zum Abgrund für die CDU zu werden. In Schleswig-Holstein sei bereits ein Stimmungsschwung gegen die CDU zu spüren. Die Eröffnungsveranstaltung für den Wahlkampf mit entgegen den bisherigen Plänen ohne Kohl stattfinden, dafür werden Schäuble und Frau Merkel antreten. „Das ist die neue Parteiführung, das ist die Zukunft", sagte Rühe. Auch im Präsidium drängt man zunehmend zu einer schnellen Aufklärung. Aus allen Rüttgers hat Interesse an einer raschen Überwindung der Krise. Es gilt als sicher, dass er von seinem Landesverband auf dem bevorstehenden Bundesparteitag in Essen zum stellvertretenden Bundesvorsitzenden neben Blüm für das Amt des stellvertretenden Parteivorsitzenden vorgeschlagen wird. Entscheidende Unterstützung wird auch vom niedersächsischen Vorsitzenden Wulff sowie Schavan, Koch und Müller erwartet.

Warnung vor „Propagandatribunal"

Lt. BERLIN, 21. Dezember. Die Bundesregierung ist weiter bemüht, sich einen Überblick über die Aktenbestände zum Komplex Leuna/Minol zu verschaffen. Sie betrachtet es als verfrüht, Strafanzeige wegen unzulässiger Vernichtung von Akten zu stellen. Der Vorsitzende des parlamentarischen Untersuchungsausschusses zur Parteispenden-Affäre, Neumann (SPD), rief das Bundesregierung am Dienstag, sie tue gut daran, wegen der umständlichen Aktenbestände nicht mit der disziplinarische Schritte zu erwägen, sondern auch der Ermittlungsbehörden einzuschalten. Der Verkauf von Leuna/Minol ist einer der Fälle, anhand derer der Untersuchungsausschuss prüfen will, ob mittels illegaler Zahlungen Einfluss auf Regierungshandeln genommen wurde. Der Verkauf von Leuna war schon in der letzten Legislaturperiode Gegenstand eines Untersuchungsausschusses; bereits damals beklagten SPD-Abgeordnete, dass Schäuble nicht alle Akten des Kanzleramts erhalten.

Die Unionsabgeordneten Schlee und Friedrich, die im Untersuchungsausschuss mitwirken, üben heftige Kritik an dem Vorsitzenden Neumann und dem Stellvertreter Hofmann. Der stellvertretende Ausschussvorsitzende Friedrich, äußerte, die Zusammenarbeit im Ausschuss sei schon vor Beginn der Untersuchungen „schwer belastet" durch „unerträgliche Erklärungen und Forderungen", die Neumann in der Öffentlichkeit formuliere. Die SPD wolle den Ausschuss zu einem „Propagandatribunal" machen. Schlee wandte sich schriftlich an die anderen Mitglieder des Ausschusses und warnte sie davor, durch Erklärungen und Kommentierungen die Arbeit des Ausschusses zu entwerten.

Fortsetzung von Seite 1

Regierung will Steuer senken

Dazu sei eine langfristige Ausgabendisziplin nötig. Man wolle sich jedoch den Defiziten nicht nur „herauspressen", sondern wolle aus ihnen „herauswachsen". Daher ziehe man die Entlastung vor, die für das Jahr 2002 beschlossen war. Dies werde jedoch nicht dazu führen, dass die Kosten höhere Schulden gehen. Die Lücke im Steuerausfall werden soll durch Privatisierungserlöse ausgeschlossen werden.

Das Konzept stieß auf ein geteiltes Echo. Die Finanzminister von Bayern und Baden-Württemberg, Falthauser (CSU) und Stratthaus (CDU), bezeichneten die Reform als Stückwerk. Trotz der geringeren Einkommensteuerspitzensatzes gebe es weiterhin einen wettbewerbsverzerrten Belastungsunterschied zwischen der Besteuerung von Körperschaften und großen Personengesellschaften einerseits sowie allen übrigen Steuerpflichtigen, besonders den kleineren und mittleren Unternehmen andererseits, sagte Falthauser. Stratthaus forderte, den Spitzensteuersatz weiter zu senken.

Abgeordnete von SPD und Bündnis 90/Die Grünen begrüßten die Pläne der Bundesregierung. Sowohl der stellvertretende Vorsitzende der SPD, Schwanhold, als auch der Fraktionsvorsitzende der Grünen, Schlauch, und ihre finanzpolitische Sprecherin, Scheel, sprachen von einem mutigen Schritt, der Wachstum fördern und Beschäftigung schaffen werde. CDU/CSU und FDP warfen der Regierung vor, wahlkampfbedingt viel Zeit vertan zu haben, als halbherzig vorzugehen und das Steuersystem komplizierter statt einfacher zu machen. Der Finanzpolitiker der Union, Merz, zeigte sich aber kompromissbereit. Eine Einigung sei vorstellbar, wenn es im parlamentarischen Verfahren Korrekturen gebe.

Niedersachsen zufrieden

Dt. HANNOVER, 21. Dezember. Der niedersächsische Ministerpräsident Gabriel (SPD) hat die Vorschläge der Bundesregierung zur Steuerreform ohne Einschränkung als „wirksamen und realistischen Beitrag zur Stärkung der Wirtschaft und zur Bekämpfung der Arbeitslosigkeit" begrüßt. Die Einnahmeausfälle, die Niedersachsen aus der Unternehmenssteuerreform entstünden, habe Fi...

„Die von Helmut Kohl eingeräumten Vorgänge haben der Partei Schaden zugefügt"

Von Angela Merkel, Generalsekretärin der CDU

Den 30. November 1999 haben viele als das Ende der Ära Kohl bezeichnet. Das war an dem Tag, an dem Helmut Kohl im Präsidium der Partei und vor der Presse eine Erklärung abgab, in der er die politische Verantwortung für eine von der CDU, nicht aber von der politische Verantwortung für eine von der CDU, nicht aber von der politischen Schatzmeisterei praktizierten getrennten Kontenführung übernommen hatte. Und sofort hieß es auch, mit diesem Ende der Ära Kohl gehe auch eine Chance.

So schnell aber kann nur sprechen, wer das volle Ausmaß der Tragik dieses 30. November 1999 nicht an sich heranlässt – der Tragik für Helmut Kohl, die Tragik für die CDU. Diese Tragik wird beim Blick zurück auf das Jahr, und die vierzehn Monate davor umso deutlicher. Was für eine Niederlage am 27. September 1998 – erstmals in der Geschichte der Bundesrepublik Deutschland wurden ein Kanzler und seine Regierung vom Volk abgewählt. Was für eine Wahl 1999 – die Europawahl haushoch gewonnen, Bremen und Berlin klar gehalten, SPD-Bastionen in Hessen, im Saarland und in Brandenburg gestürmt, absolute Mehrheiten in Thüringen und Sachsen errungen, sensationelle Ergebnisse bei den Kommunalwahlen in Nordrhein-Westfalen erzielt. Was für ein Comeback Helmut Kohls – vom abgewählten Kanzler zum Ehrenbürger Europas, umjubelt in Deutschlands Fußgängerzonen, gefeiert am zehnten Jahrestag des 9. November. Und dann das: anonyme Spenden, getrennte Kontenführung, Rückzahlungen, Kohls Erklärung am 30. November 1999, Kohls Aussagen in der ZDF-Sendung „Was nun, Herr Kohl?".

Die von Kohl eingeräumten Vorgänge haben der Partei Schaden zugefügt. Nicht nur sind sie für die von ihm angegebenen und angenommenen 1,5 bis 2 Millionen Mark Spenden, die nicht in den Rechenschaftsberichten aufgeführt waren, 50 Pfennig pro Spenden-Mark staatlicher Zuschüsse – also insgesamt bis zu einer Million D-Mark – entgangen; nicht nur drohen ihr Rückzahlungen in Millionenhöhe; die Partei – und nicht nur er allein – muss sich auch dafür rechtfertigen, wie ein solches Vorgehen nach der Flick-Affäre möglich sein konnte. Kein Wort ist zu halten und jedem Recht und Gesetz zu stellen mag vielleicht bei einem rechtmäßigen Vorgang noch verstanden werden, nicht aber bei einem rechtswidrigen Vorgang. Es geht um die Glaubwürdigkeit Kohls, es geht um die Glaubwürdigkeit der CDU, es geht um die Glaubwürdigkeit der Parteien insgesamt.

Kohl hat der Partei gedient, 25 Jahre war er Parteivorsitzender, das ist die halbe Geschichte der CDU. Vier Bundestagswahlen konnte er als Spitzenkandidat gewinnen, 1998 reichte es nicht mehr – nicht mehr für Kohl und nicht mehr für die CDU. Spätestens jetzt war klar, nichts würde mehr so sein, wie es war. Die Zeit des Parteivorsitzenden Kohl war unweiderbringlich vorbei. Nie wieder würde er die CDU als Kanzler in eine Bundestagswahl führen können. Seither wird von seinen Leistungen in der Vergangenheit gesprochen, ist von einem Denkmal die Rede – vom Denkmal des Kanzlers der Nato-Doppelbeschlusses gegen die Drohung durch die Sowjetunion, des Kanzlers der Einheit, des Kanzlers der europäischen Einigung.

Die Menschen – in der Partei zumal – hängen an Helmut Kohl. Die fünfundzwanzig Jahre des Parteivorsitzenden Kohl wird man sie in der Rechenschaftsberichten verschwiegenen Konten nicht finden. Das reicht vielleicht für die Beruhigung der Bundestagsverwaltung, nicht aber für ein Mitglied der Gemeinschaft CDU. Wir haben ganz anders seit dem 30. November 1999 begriffen, dass wir und nur unsere Chancen bei den nächsten Wahlen in den Ländern und 2002 im Bund entscheiden. Auswirkung können wir diesen Prozess ohnehin nicht, und Helmut Kohl wäre im Übrigen nicht der Erste, der dies verstünde.

Wenn wir diesen Prozess annehmen, wird unsere Partei sich verändert haben, aber sie wird in ihrem Kern noch dieselbe bleiben – mit ihren scheinbar Grundwerten, mit selbstbewussten Mitgliedern, mit einer stolzen Tradition, mit einer Mischung aus Bewahrendem und neuen Erfahrungen nach der Ära des Parteivorsitzenden Helmut Kohl – und mit einem Entwurf für die Zukunft.

aber in Wahrheit nur nutzen wollen, um die CDU Deutschlands kaputtzumachen.

Vielleicht ist es nach einem so langen politischen Leben, wie Helmut Kohl es geführt hat, wirklich zu viel verlangt, von heute auf morgen alle Ämter niederzulegen, sich völlig aus der Politik zurückzuziehen, das Feld schnell ganz zu überlassen. Und deshalb liegt es an uns jüngeren, das Gespräch mit den Älteren zu suchen und zu bestehen, warum es jetzt in der Partei in der Verantwortung haben, wie wir die neue Zeit anfassen. Wir kommen nicht umhin, unsere Zukunft selbst in die Hand zu nehmen. Auch in diesem Jahr haben wir die Wahlen nicht wegen und nicht trotz Helmut Kohl gewonnen. Wir haben sie aufgrund unserer Geschlossenheit, in der Abgrenzung zu Gerhard Schröders chaotischen Politik gewonnen. Die Partei muss sich in Zukunft auch ohne ihr altes Schlachtross, wie Helmut Kohl sich oft selbst gerne genannt hat, den Kampf mit den politischen Gegner aufzunehmen. Wir müssen sich wie jemand in der Pubertät von zu Hause lösen, gegen Wege gehen und wird trotzdem immer zu dem stehen, der sie ganz nachhaltig geprägt hat – vielleicht später sogar wieder mehr als heute.

Ein solcher Prozess geht nicht ohne Wunden, ohne Verletzungen. Wie wir in der Partei aber damit umgehen, ob wir dieses scheinbar Undenkbare als Treuebruch verteufeln oder als notwendige Weiterentwicklung begreifen, fließende Weiterentwicklung nicht erst seit dem 30. November 1999 begreifen, das wird über unsere Chancen bei den nächsten Wahlen in den Ländern und 2002 im Bund entscheiden. Auswirkung können wir diesen Prozess ohnehin nicht, und Helmut Kohl wäre im Übrigen nicht der Erste, der dies verstünde.

Wenn wir diesen Prozess annehmen, wird unsere Partei sich verändert haben, aber sie wird in ihrem Kern noch dieselbe bleiben – mit ihren scheinbar Grundwerten, mit selbstbewussten Mitgliedern, mit einer stolzen Tradition, mit einer Mischung aus Bewahrendem und neuen Erfahrungen nach der Ära des Parteivorsitzenden Helmut Kohl – und mit einem Entwurf für die Zukunft.

Kommt die Klarnamendatei d[er] DDR-Spionage unter Verschl[uss]

Juristischer Status der aus Washington erwarteten Unterlage[n]

ul. BERLIN, 21. Dezember. Die Klarnamendatei des DDR-Spionageapparates, die im kommenden Jahr von den Vereinigten Staaten an Deutschland zurückgegeben wird, soll möglicherweise nicht publik gemacht werden. Die Datei enthält die Namen von Agenten, die in der Bundesrepublik und in anderen Ländern für die „Hauptverwaltung Aufklärung" (HVA) des DDR-Ministeriums für Staatssicherheit (MfS) spioniert haben. Zusätzlich sind die Ziele und Gesprächspartner genannt, zusammen etwa 300 000 Personen.

Die sogenannte Gauck-Behörde. „Der Bundesbeauftragte für die Unterlagen des Staatssicherheitsdienstes der ehemaligen DDR" – in Berlin hält es für möglich, dass die Dateien nach ihrer Rückkehr unter Verschluss genommen werden müssten. Dann dürften, anders als bei den meisten anderen Stasi-Unterlagen, Journalisten, Wissenschaftler und Betroffene nicht Einsicht nehmen. Damit bliebe weiter im Dunkeln, in welchem Maß die DDR die Bundesrepublik durch verdeckte Tätigkeit beeinflusst hat. Die Agenten im Westen bleiben dann eventuell der Öffentlichkeit verborgen.

In der Gauck-Behörde kursiert ein Schreiben aus dem „Grundsatzreferat für Auskunftsangelegenheiten", in dem Zweifel daran niedergelegt sind, dass die Materialien aus Amerika tatsächlich Stasi-Unterlagen im Sinne des Gesetzes sind. Wären sie es nicht, könnten sie nicht in der gesetzlich vorgesehenen Weise für Forschung, Presse, Betroffene und Arbeitgeber geöffnet werden. Der Sprecher der Gauck-Behörde, Legner, sagte, es werde noch geprüft, ob die Namenslisten nicht zumindest teilweise in den verschlossenen Archiven seines Hauses enden müssten. Entscheidend dafür sei das Stasi-Unterlagengesetz. „Wir gehen davon aus, dass sie Dokumente sind besonders brisant, weil die Akten der HVA 1990 größtenteils vernichtet worden sind. Papiergerüchte, welche die Tätigkeit einzelner Personen erkennen lassen, sind kaum mehr vorhanden. Allerdings ist den amerikanischen Geheimdienst gelungen, die Klarnamenkartei der HVA, eine Auflistung mit den Namen „F-16", an sich zu bringen. Es ist nicht genau bekannt, wie das geschah. Nun hat die Bundesregierung erreicht, dass die Kartei als CD-ROM an Deutschland zurückerstattet wird. Die Amerikaner wollen jedoch einzelne Daten löschen, wenn ihre Interessen oder die anderer Länder berührt sind.

Die Datei F-16 ordnet den Klarnamen von Agenten und anderen Personen Nummern zu und gibt an, welche Abteilung sie zuständig war. Die Datei ist jedoch nicht erkennbar, was jemand tat und ob er Spionageerfolge hatte. Erst im Zusammenhang mit einer weiteren Datei, der Auflistung „F-22", die unlängst bei der Gauck-Behörde entschlüsselt wurde, wird das etwas klarer. Hier sind den Signaturen, unter denen F-16 neben den Klarnamen stehen, Vorgangstypen zugeordnet, die erkennen lassen, ob jemand etwa als „IM" – „Inoffizieller Mitarbeiter" – aus Agent, oder als „OV" – „Operativer Vorgang", also Opfer) und „Sira", eine weitere in Deutschland entschlüsselte Datei, enthält zusätzliche Hinweise. Sie ist eine Art Posteingangsbuch und nennt stichwortartig das Material in den Berichten, die von verschiedenen Quellen kamen. Dazu gehören Agentenberichte und Abhörprotokolle. Die Texte selbst sind jedoch meist vernichtet.

Informationsträger und Duplikate

Zu den anonymen Listen Sira und F-22 wäre die F-16 Klarnamendatei der Schlüssel. Sie könnte dazu beitragen, den Einfluss der Stasi in Westdeutschland zu beweisen. Dazu könnten Licht und Schatten auf Parteien, Behörden, Forschungseinrichtungen und Personen fallen. Neue Prozesse sind je doch unwahrscheinlich, da die DDR-Spionage mit dem Ablauf des Jahres 1999 verjährt.

In der Gauck-Behörde allerdings gibt es Stimmen, die bezweifeln, dass diese Verknüpfung von Namen und Vorgängen öffentlich werden darf. Zur Leiter der Grundsatzreferates für Auskunftsangelegenheiten, Pertkiewicz, verweist auf das „MfS-Dokumente gespeichert. Es schreibt zwar vor, MfS-Dokumente für Presse, Forschung, Betroffene und Arbeitgeber zugänglich zu machen. Gemeint sind jedoch „sämtliche Informationsträger der Staatssicherheitsdienstes" sowie deren „Duplikate". In der Führung der Gauck-Behörde jedoch ist man nicht davon überzeugt, dass die Abschriften der Ameri...

Stimmen der Anderen

Wahlerfolg durch Eisen und Blut

Zu den russischen Parlamentswahlen und dem Erfolg für Ministerpräsident Putin schreibt die flämische Tageszeitung „De Staandard" am Dienstag:

„Acht Jahre ist Boris Jelzin jetzt schon das Haupt eines unabhängigen Russlands. Viel Gutes hat der Mann seinen Landsleuten in dieser Zeit nicht gebracht. Jelzins Herrschaft wurde durch wirtschaftlichen Rückgang, Verleugnung der wirklichen Probleme des Landes und allgemeinen Verfall gekennzeichnet. Nach vielen Normen gemessen, wird Russland beim Übergang ins Jahr 2000 in die Kategorie der „Dritten Welt" entfallen. Das etwas überraschende Ergebnis der Duma-Wahl am Sonntag zeigt, dass Fundamentalisten an der negativen Etikette. Putin stellt sich als stärkster Mann heraus. Aber mit welchen Methoden kann er sich...

...land in Depressionen zu verfallen – die Parlamentswahlen vom Sonntag haben vielfach. Russland ist in vier noch eine sowjetische Gesellschaft, die sehnsuchtsvoll zu vermutlich starke Männer herrinfühlt: vor allem auf Kriegspremier Wladimir Putin. Und die von ihm unterstützten Kräfte. Jelzin, der seit langem das Amt nicht ausüben kann, weil er an Krankheiten leidet, ist der Nase auf dem Weg zu seiner letzten Runde zu reinigen. Das Haupt eine lange Zeit sein für einen Regierungschef, der mit einem Programm zu haben scheint, als die Parteien, die er es zu stärken. Gefährlich können ihm vielleicht weniger die Russen selbst werden, als die Mächtigen eine Verbeugung ihrer täglichen Lebens zu erwarten. Die Gefahr droht von Tschetschenien her. Ein sichtlicher Sieg in Grosny würde nicht ausreichen, um das Problem einer weiteren Republik zu lösen. Wenn der Krieg weitern Verlaufes sich fast fährt und sich damit die Opfer unter den russischen Soldaten vermehren, wird die öffentliche Meinung in nur schlagen. Und wenn Putin sich zu einer Pragmati...

Blankoscheck für Putin

In der britischen Zeitung „The Guardian" heißt es:

„Russland hat einen Kriegsherrn als...

Gefahr von Tschetschenien her

Die französische Regionalzeitung „Ouest France" (Rennes) urteilte am Dienstag nach der Duma-Wahlen über die Chancen Putins, nächster russischer Präsident zu werden:

„Von nun an ist er der große Favorit. Er hat sechs Monate Zeit, sein präsidiales Format zu stärken oder zu ruinieren. Das kann eine lange Zeit sein für einen Regierungschef, der mit einem Programm zu haben scheint, als die Parteien, die er es zu stärken. Gefährlich können ihm vielleicht weniger die Russen selbst werden, als die Mächtigen eine Verbeugung ihrer täglichen Lebens zu erwarten. Die Gefahr droht von Tschetschenien her. Ein sichtlicher Sieg in Grosny würde nicht ausreichen, um das Problem einer weiteren Republik zu lösen. Wenn der Krieg weitern Verlaufes sich fast fährt und sich damit die Opfer unter den russischen Soldaten vermehren, wird die öffentliche Meinung in nur schlagen. Und wenn Putin sich zu einer Pragmati...

Boris Jelzin. Denn ihr Kampf um den Machterhalt läuft nach Drehbuch. Die Wahlen haben den Kreml-Lager auf der ganzen Linie gestärkt. Dessen gefährlichster Widersacher, das Luschkow-Primakow-Bündnis – Vaterland Russland, ist zum Zwölf-Prozent-Gruppen geschrumpft. Des Kremls Kunstprodukt „Einheit" hingegen legt kraftvoll mit den Roten auf Platz eins. Wie der Berliner Außenstaatssekretär Wolfgang Ischinger mitteilt sah, konnte Kohl's Politik der Mitte" bejubelt haben, heißt sein Geheimnis: die Experte an der Diplomat angesichts eines Problem. Denn diese sogenannte Mitte besteht nicht nur aus dem engsten Umfeld Jelzins, dessen Leitfigur bis so weit in die Nase in einem Sumpf aus Korruption und Geldwäsche wie Boris Jelzin selbst steckt.

Kräfte der Stabilität

Das „Mindener Tageblatt" bemerkt zu sem Thema:

„Die westlichen Gratulationen an Moskau kommen zu früh."

„SCHEIDUNG" ÜBER DIE ZEITUNG: ANGELA MERKEL, HELMUT KOHL UND DIE CDU

Eine Zeitungsredaktion beobachtet, analysiert und bewertet das Weltgeschehen. Dass sie und ihr Produkt selbst zur Nachricht werden, ist eigentlich nicht vorgesehen. Und doch passierte dies der F.A.Z. kurz vor Weihnachten 1999. Anlass war kein Jubiläum oder etwas Ähnliches, sondern eine handfeste Krise in der CDU, die sich zum Machtkampf auswachsen sollte.

Angela Merkel, zu diesem Zeitpunkt Generalsekretärin der Partei, ließ der F.A.Z. einen Gastbeitrag aus ihrer Feder zukommen, in dem sie das Verhalten des ehemaligen Parteivorsitzenden und Bundeskanzlers Helmut Kohl heftig kritisierte. Dieser habe der Partei „Schaden zugefügt". Merkel benutzte auch den Begriff vom „Ende der Ära Kohl", was innerhalb der Partei durchaus nicht alle so sahen. Sie legte eine Trennung von Kohl nahe, indem sie schrieb: „Wir kommen nicht umhin, unsere Zukunft selbst in die Hand zu nehmen." Die Partei müsse lernen, „in

Zukunft auch ohne ihr altes Schlachtross, wie Helmut Kohl sich oft selbst gerne genannt hat, den Kampf mit dem politischen Gegner aufzunehmen. Sie muss sich wie jemand in der Pubertät von zu Hause lösen."

Hintergrund dieses aufsehenerregenden Zeitungsartikels war ein Gerichtsverfahren gegen den ehemaligen CDU-Schatzmeister Walther Leisler Kiep. Dabei war gut einen Monat vor Merkels F.A.Z.-Artikel herausgekommen, dass die Partei ein System verdeckter Konten unterhalten hatte, von denen nur

Politik

der Parteivorsitzende Helmut Kohl und der Schatzmeister gewusst hatten. CDU-Finanzberater Horst Weyrauch äußerte, auf diesen Konten seien Parteispenden „geparkt" worden, zum Teil über Jahre. Kohl gab zu, dass er damit möglicherweise gegen das Parteienfinanzierungsgesetz verstoßen habe.

VERGEBLICHE APPELLE AN KOHL

Am 16. Dezember 1999 gab Kohl im ZDF zu, dass er zwischen 1993 und 1998 insgesamt 1,5 bis zwei Millionen D-Mark illegal als Spenden für die Partei angenommen habe. Dieses Geld tauchte in den Rechenschaftsberichten der Partei nicht auf. Das sei ein Fehler gewesen. Kohl verweigerte allerdings jede Auskunft über die Herkunft des Geldes. Er habe den Spendern per Ehrenwort Vertraulichkeit zugesichert. Und an dieses Versprechen werde er sich halten.

Dieses Verhalten Kohls stürzte die Führung der Partei um den Vorsitzenden Wolfgang Schäuble und Generalsekretärin Angela Merkel in große Verlegenheit. Beide hatten wiederholt bekundet, die Affäre um die illegalen Spenden aufklären zu wollen. Sie sahen sich aber durch Kohl behindert. Wiederholte Appelle an den ehemaligen Bundeskanzler, doch die Namen der Spender zu offenbaren, führten zu nichts.

Die „Ära Kohl", deren Ende Merkel in dem Zeitungsartikel beschworen hatte, hatte in den Monaten vor den Spenden-Enthüllungen noch als Glanzstück für die Partei, ihren ehemaligen Vorsitzenden und letztlich auch für das erst wenige Jahre zuvor wiedervereinigte Deutschland gegolten.

Kohl, Ehrenvorsitzender der Partei und „Ehrenbürger Europas", stand in hohen Ehren. Seine Verdienste um die Einheit Deutschlands und Europas waren – und sind – unbestritten. Positiv vermerkten sowohl politische Freunde als auch Gegner, dass er die Wahlniederlage bei der Bundestagswahl 1998 ohne Murren akzeptiert und einen Abgang mit großer Würde hinbekommen hatte. Allenfalls wurde gefragt, ob sich die Niederlage durch einen rechtzeitigen Rückzug vor der Wahl womöglich hätte abwenden lassen, weil die Sehnsucht der Wähler nach einem neuen Gesicht offenbar übermächtig gewesen war.

Kohl war 25 Jahre Parteivorsitzender gewesen. Man sagte ihm nach, er kenne bis hinunter auf Kreisebene die führenden Funktionäre seiner Partei alle persönlich. Da viele von diesen Kohl ihre Karrieren verdankten, konnte der Ehrenvorsitzende auf große Loyalität innerhalb der Partei bauen. Die stellte er nun allerdings durch sein Verhalten auf eine harte Probe.

„EHRENVORSITZ RUHEN LASSEN"

Kohls Schweigen in der Spendenaffäre hießen auch viele seiner Getreuen nicht gut. Aber Merkels Absetzbewegungen vom Übervater Kohl wollten sie deshalb noch lange nicht mitmachen. Während die einen Kohls Weigerung, die Namen zu nennen, einen „permanenten Verfassungsbruch" nannten, plädierten die anderen für mehr Gelassenheit. Die historischen Verdienste Kohls seien weit gewichtiger als sein jetziges Fehlverhalten in der Spendenaffäre. Bezogen auf die Person

„Scheidung" über die Zeitung: Angela Merkel, Helmut Kohl und die CDU

Angela Merkel kamen schon zu dieser Zeit Argumente hoch, die auch in der Endphase ihrer Kanzlerschaft wieder geäußert wurden. Sie sei als Ostdeutsche nun einmal nicht so tief in der Partei verwurzelt wie andere. Bei diesen Charakterisierungen könnte auch Neid darüber mitgespielt haben, dass Merkels Aufstieg ohne die parteiinterne „Ochsentour" vergleichsweise schnell und glatt vonstatten gegangen war.

In der deutschen Politik führte das ambivalente Verhalten Kohls, einerseits Verstöße gegen geltendes Recht zu gestehen, sich andererseits auf sein Ehrenwort zu berufen, zu wilden Spekulationen. Politische Gegner fragten öffentlichkeitswirksam, ob die Regierung Kohl „käuflich" gewesen sei. Die neue Parteiführung, die sich im Laufe des Jahres 1999 über viele große Erfolge bei Landtagswahlen hatte freuen

Als sie noch „Kohls Mädchen" war: Angela Merkel auf dem CDU-Parteitag 1991. Foto Barbara Klemm

Politik

können, ahnte Schlimmes für bevorstehende Urnengänge, zum Beispiel in Nordrhein-Westfalen. Bei einer Vorstandssitzung am 18. Januar 2000 stellte sich die Parteiführung hinter Schäuble und legte Kohl nahe, den Ehrenvorsitz „ruhen" zu lassen, bis alles aufgeklärt sei. Der legte daraufhin verärgert den Ehrenvorsitz der Partei nieder und vollzog seinerseits den Schnitt, den Merkel gefordert hatte.

SCHÄUBLE STÜRZT ÜBER GROSS-SPENDE

Einen der Wahlerfolge auf Länderebene hatte die CDU im ehemals „roten" Hessen errungen. Aber auch dort gab es eine Spendenaffäre, wie sich Anfang 2000 herausstellte. Besonders peinlich wurde die Sache in Hessen, weil dort die illegalen Spenden als „jüdische Vermächtnisse" deklariert worden waren. Diese Affäre veranlasste den ehemaligen hessischen Landesvorsitzenden und früheren Bundesinnenminister Manfred Kanther dazu, sein Bundestagsmandat niederzulegen.

Die Krise der CDU gipfelte am 16. Februar im Rücktritt Wolfgang Schäubles als Partei- und Fraktionsvorsitzender im Bundestag. Schäuble musste zugeben, dass er von einem Waffenhändler 1994 einen Betrag von 100.000 D-Mark entgegengenommen und nicht als Spende deklariert hatte. Dies hatte er zuvor noch bestritten. Somit wurde das Ende der Ära Kohl zum Beginn der Ära Merkel.

Die ganze Affäre und vor allem der Umgang mit ihr zeigen, wie schwer sich historische Figuren und die sie tragenden Institutionen miteinander tun können. So wie Leben und Wirken der handelnden Personen endlich sind, so vom Prinzip her unendlich ist das Dasein von Institutionen, hier einer Partei, angelegt. Wenn die Person nach ihrem Ausscheiden aus der aktiven Politik in der öffentlichen Wahrnehmung „unbefleckt" bleibt, ist das Nebeneinander beider erst einmal leicht.

Aber selbst dann kann ein Punkt kommen, an dem die Institution zu dem Schluss kommt, der oder die „Ehemalige" bekomme jetzt auf ihre (der Institution) Kosten zu viel Aufmerksamkeit. Wenn, wie im vorliegenden Fall, der Person Fehler oder gar Gesetzesverstöße vorgeworfen werden, ist es für die Institution einerseits leichter, sich von der Person zu lösen. Andererseits läuft sie aber Gefahr, Teile ihrer Geschichte zu leugnen, auf der ihre Existenz zumindest zum Teil beruht.

Dieses Dilemma hatte die CDU zu erdulden. Es hat die Partei Reputation gekostet, es hat ihren Vorsitzenden zum Rücktritt gezwungen. Aber die Affäre bedeutete nicht den dauerhaften Niedergang der Partei, den gerade Kohl-Unterstützer drohend am Horizont zu erkennen glaubten, wenn sich die Partei von ihrem „Kanzler der Einheit" abwende.

Viele in der CDU hätten sich in den Jahren 1999 und 2000 eine Situation wie die gewünscht, in der sich die Partei seit 2021 befindet. Wieder ist sie auf Bundesebene in der Opposition, wieder muss sie die Trennung von einer prägenden Figur vollziehen. Angela Merkel, die Autorin des F.A.Z.-Artikels vom Dezember 1999, ist von Skandalen wie ihr Vorvorgänger Kohl verschont geblieben. Deshalb mussten ihre Nachfolger auch keine „Scheidung über die Zeitung" vollziehen. *Peter Sturm*

JUGOSLAWIEN – EIN KON-FLIKT VOR DER HAUSTÜR ERREICHT DEUTSCHLAND

Der „Vielvölkerstaat" in Südosteuropa entwickelte sich nach Ansicht vieler im Laufe der Zeit zu einem Land, in dem nur eine Volksgruppe, die Serben, Politik und Wirtschaft beherrschten. Loslösungstendenzen gab es schon lange, nach 1990 brachen sie sich auch mit Gewalt Bahn.

Die Verträge zur Beendigung des Ersten Weltkrieges hätten in einen Frieden des guten Willens münden können. Stattdessen ließen die Abkommen diejenigen zurück, die „saturiert", also gut weggekommen, waren. Auf der anderen Seite waren die Revisionisten, die sich übervorteilt sahen.

Zu den „Saturierten" gehörten auf den ersten Blick auch die Völker des neu entstandenen Staates Jugoslawien. Ihre nationalen Ambitionen hatten sie im vermeintlichen „Völkergefängnis" Österreich-Ungarn nicht verwirklichen können. Nun lebten sie in einem Staat. Wie wenig dieser die Erfüllung nationaler Träume bedeutete, merkten die Menschen schon bald. Das zeigte sich auch im Zweiten Weltkrieg, als sich zum Beispiel Kroatien für unabhängig erklärte und an der Seite Hitlers Krieg führte.

Nach 1945 sollte ein – freilich stark regional verankerter – Kommunismus alles zum Guten wenden. Dieses System nahm für sich in Anspruch, den Nationalismus überwunden zu haben. Somit hießen die weiter bestehenden Schwierigkeiten nun nicht mehr Nationalitätenkonflikte, sondern „Sprachenstreit". Konkret ging es in den späten 1960er-Jahren um das Ansinnen der kroatischen Teilrepublik, das Kroatische

Politik

als eigene Sprache und nicht als Teil einer „serbokroatischen" Sprache anerkannt zu sehen.

Johann Georg Reißmüller, zu dieser Zeit Korrespondent der F.A.Z. in Belgrad, hatte damit so etwas wie sein Lebensthema gefunden. Es war dies noch dazu ein Thema, mit dem die F.A.Z. berühmt werden sollte. Es führte in den Jahren 1990/91 zu dem Urteil, hier habe letztlich ein Journalist der deutschen Außenpolitik die Feder geführt. Das frisch wiedervereinigte Deutschland gehörte bekanntlich zu den ersten Staaten, die Kroatien und Slowenien als unabhängige Staaten anerkannten. Mit dieser Haltung machte sich die Bundesregierung unter Helmut Kohl international nicht nur Freunde. Reißmüller war in

Plötzlich bekommt der Krieg ein Gesicht: Flüchtlinge aus Bosnien-Hercegovina. Foto Mirko Krizanovic

den Monaten zuvor in zahllosen Kommentaren vehement für die Anerkennung der Unabhängigkeitswünsche der beiden ehemaligen Teilrepubliken Jugoslawiens eingetreten.

Reißmüller vermittelte das Bild eines aggressiven serbischen Chauvinismus, der die anderen Nationalitäten unterdrückte. Kritiker wähnten ihn gar auf so etwas wie einem antiserbischen Kreuzzug. Der „frühe" Reißmüller hatte zwar als Korrespondent akribisch die Konflikte im Vielvölkerstaat Jugoslawien notiert. Aber eine Abhandlung aus dem Jahr 1971 unter der Überschrift „Vom Volkscharakter der Serben" liest sich beinahe wie eine Liebeserklärung an dieses Volk. Die Serben seien „ein Bauernvolk par excellence". Das verstand der Autor ganz entschieden als Kompliment. „In aller Welt wird die Natürlichkeit der Serben gepriesen – und sie ist tatsächlich keine Mär." Religiöser Hass habe in ihrem Land keinen guten Nährboden. „Es illustriert am deutlichsten die Toleranz der Serben, dass sie nie einen nennenswerten Antisemitismus hatten."

Sehr sympathisch waren dem Korrespondenten, der sich selbst gerne unkonventionell gab, offensichtlich auch andere Eigenschaften, die er dem serbischen Volk zuschrieb. So seien die Menschen „auffallend obrigkeitsunwillig". In dieser Grundhaltung „liegt ein großes Potential an demokratischem Misstrauen".

Die Verbindungen Deutschlands mit Jugoslawien waren schon vor den dramatischen Ereignissen der 1990er-Jahre sehr eng gewesen. Das Land wurde zwar von Kommunisten regiert. Diese sperrten aber, im Gegensatz zu den Herrschenden in den Ländern des sowjetischen Blocks, ihre Bürger nicht im eigenen Land ein. Vielmehr ließen sie zum Beispiel Arbeitsmigration durchaus zu. Die Bundesrepublik, das Land des „Wirtschaftswunders", war für Menschen aus Jugoslawien ein verlockendes Ziel.

Politisch konnte Jugoslawien auf eine Grundsympathie in der Bundesrepublik hoffen. Immerhin hatte es das Land geschafft, sich aus der Umklammerung der Sowjetunion zu lösen. Es gehörte zu den wichtigsten Ländern der Bewegung der Blockfreien, verfügte also über zahlreiche Kontakte zu Entwicklungsländern. Dahinter verschwand in der deutschen Wahrnehmung etwas die innenpolitische Repression in Jugoslawien, die sich allenfalls graduell von der in „echten" Ostblockländern unterschied.

VERFEINDETE GRUPPEN VON MIGRANTEN

Grundlage der Migration war ein Anwerbeabkommen zwischen Bonn und Belgrad aus dem Jahr 1968. Die „Gastarbeiter" aus Jugoslawien wurden von der deutschen Wirtschaft vor allem deshalb sehr geschätzt, weil sie oft besser ausgebildet waren als Migranten aus anderen Ländern. Der jugoslawische Staat ließ seine Bürger zwar ausreisen, blieb aber eng mit ihnen verbunden, zum Beispiel durch viele jugoslawische Vereine. Das erhielt einerseits den Zusammenhalt, bedeutete aber auf der anderen Seite, dass Belgrad seine Landsleute im Grunde immer unter Kontrolle hatte. Es führte außerdem dazu, dass sich das bildete, was heute gerne Parallelgesellschaften genannt wird.

Darauf legte die Regierung nicht zuletzt deshalb großen Wert, weil es in der frühen Bundesrepublik noch eine andere Gruppe „Jugoslawen" gab, nämlich kroati-

Politik

sche Emigranten, die die Macht der Kommunisten ablehnten und zum Teil noch dem kroatischen Staat aus der Zeit des Zweiten Weltkrieges nachtrauerten. Manche von ihnen verübten sogar Bombenanschläge. In der Zeit zwischen 1967 und 1989 ermordete der jugoslawische Geheimdienst insgesamt 29 Menschen in Deutschland, die er diesem Umfeld zurechnete.

Die deutschen Behörden kannten zumeist die Hintergründe der Morde. Aber Jugoslawien galt als ein Land, das geopolitisch zu wichtig war, um Sanktionen gegen seine Regierung zu ergreifen oder gar die Beziehungen insgesamt zu überprüfen. Der SPD-Politiker Klaus von Dohnanyi nannte dies in Erinnerung an seine Zeit als Staatsminister im Auswärtigen Amt eine „Politik der schmutzigen Hände".

„JUGOSLAWEN" WERDEN TEIL DER ASYLDEBATTE

Die Kriege im zerfallenden Jugoslawien und die damit verbundenen Fluchtbewegungen fielen in eine Zeit, in der das Thema Asyl in der innenpolitischen Diskussion eine große Rolle spielte. Die Zahl der Ankömmlinge nimmt sich aus der Perspektive der jüngsten Vergangenheit nicht so dramatisch aus, aber in der Zeit kurz nach der Wiedervereinigung war die Perspektive noch eine andere.

Entsprechend positionierte sich auch die F.A.Z. Mehrere Kommentatoren traten für eine Änderung des Grundgesetzes ein. Im Januar 1991 schrieb Johann Georg Reißmüller, kein Bewohner Kroatiens oder Sloweniens könne im Ernst behaupten, zu Hause politischer Verfolgung ausgesetzt zu sein.

Allerdings kam das Geschehen auf dem Balkan im Laufe der Zeit durchaus im Wortsinn an den Haustüren in Deutschland an. Die immer größer werdenden Zerstörungen in den Kriegsgebieten trieben viele Menschen ins Ausland, nicht zuletzt nach Deutschland. Die in diesem Zusammenhang in der öffentlichen Debatte gebrauchten Argumente klingen vertraut. Deutschland könne nicht alle aufnehmen, eine europäische Regelung sei dringend erforderlich, eine Versorgung der Flüchtlinge in sicheren Drittstaaten sei anzustreben.

Im Falle der Menschen aus dem ehemaligen Jugoslawien zeigten sich sowohl Zeitung als auch Staat relativ großzügig. Flüchtlinge aus Bosnien-Hercegovina zum Beispiel hätten nach dem Friedensabkommen von 1995 eigentlich nach Hause zurückkehren müssen. Im September 1996 mahnte Georg Paul Hefty, man solle nur dann an Abschiebungen denken, wenn erkennbar „nur der Hang zu Bequemlichkeit die Heimkehr unabsehbar verzögert". Allerdings dürfe die Aufnahme von Kriegsflüchtlingen „nicht ein Weg zur Einwanderung" sein.

Im Laufe der Zeit sollte sich jedoch herausstellen, dass nicht nur der Konflikt in Südosteuropa vor deutschen Türschwellen angekommen war. Vielmehr blieben viele von denen, die vor dem Krieg geflohen waren, hier. Heute leben etwa 1,5 Millionen Menschen mit „jugoslawischem" Hintergrund in Deutschland. Gleiches gilt für andere Länder in Westeuropa. Öffentlich am sichtbarsten ist ihre Präsenz in diversen Fußball-Nationalmannschaften.

Die Migrationsproblematik ist Deutschland erhalten geblieben. Und seit 2022 ist auch ein neuer Konflikt vor der Haustür dazu gekommen. *Peter Sturm*

VIETNAM – KAMPF AUCH VOR DEN TOREN DER DRUCKEREI

Nach 1945 versuchte zunächst Frankreich, sein Kolonialreich in Südostasien zu verteidigen. Später meinten die Amerikaner, die Region vor dem Kommunismus retten zu müssen. Deutschland und die F.A.Z. schauten aus der Ferne zu, nur um festzustellen, dass in der modernen Welt das Ferne plötzlich ganz nahe sein kann.

Als 1945 der Zweite Weltkrieg endete, hätten die europäischen Kolonialmächte am liebsten da weitergemacht, wo sie vor Beginn des Krieges gewesen waren. Besonders Frankreich, das sich mit großer Mühe den Status als „Siegermacht" des Krieges erkämpft hatte, war auf sein Prestige als Großmacht bedacht. Trotzdem verlor es nach einem langen Krieg die Kontrolle über Indochina (Vietnam, Kambodscha und Laos) im Jahr 1954. Größtes politisches Problem für die Franzosen – neben der eigenen militärischen Schwäche – war allerdings, dass sich die Amerikaner offiziell auf die Fahnen geschrieben hatten, den Kolonialismus zu überwinden. So weit, eine Machtübernahme durch kommunistische Kräfte zu riskieren, wollte allerdings auch Washington nicht gehen.

Dieses Problem stellte sich aus amerikanischer Sicht schon bald in Vietnam. Das Land war nach 1954 geteilt worden. Der kommunistische Norden strebte die militärische Wiedervereinigung des Landes zu seinen Bedingungen an. Die Amerikaner unterstützten die

Politik

Regierung Südvietnams, zuerst mit Militärberatern, dann mit immer mehr Kampftruppen.

In der Ablehnung kommunistischer Machtambitionen waren sich die USA und die Bundesrepublik durchaus einig. Trotzdem war für Deutschland der Krieg weit weg. Entsprechend konnte der Militärfachmann der F.A.Z., Adelbert Weinstein, im März 1965 voller Überzeugung schreiben: „Dieser Krieg ist nicht unser Krieg." Mit diesem Satz sprach Weinstein mit Sicherheit den meisten Deutschen aus der Seele. Erstens hielt man sich ohnehin gerne und überall heraus. Zweitens war Deutschland außerhalb des NATO-Gebietes nicht präsent. Und drittens hätte man wohl auch keine entsprechenden militärischen Fähigkeiten gehabt. Dass dieser Krieg in den folgenden Jahren auf ganz andere Weise durchaus „unser Krieg" wurde, konnte Weinstein nicht vorhersehen, sah vermutlich auch die deutsche Politik nicht voraus.

Im Gegensatz zu seinem Kollegen Ernst-Otto Maetzke war Weinstein der Meinung, in Vietnam gehe es nicht um den Kampf der freien Welt gegen die Unfreiheit. Diese Vorstellung nannte er „in mancher Hinsicht nur ein grobes Klischee." Weinstein hatte das strategische Kalkül eines Guerillakrieges sehr gut verstanden. Er schilderte, dass und warum eine noch so starke Armee ziemlich schnell an ihre Grenzen stoße. Auch politisch war er schon früh sehr skeptisch. „Südvietnam ist auch deshalb für den Westen nicht zu halten, weil es dort keine gesellschaftliche Ordnung mehr gibt."

Mitte 1967 wurden mögliche Auswirkungen des Krieges auf die Bundesrepublik thematisiert. Amerikas Kraft und Ressourcen würden mehr und mehr von Vietnam absorbiert. Deshalb könnten im Verteidigungssektor höhere Belastungen auf Bonn zukommen. Herausgeber Jürgen Tern meinte, die Bundesregierung „sollte Rücksichten nehmen, sich dem kleinlichen nationalen Egoismus fernhalten, ihre Qualität als Verbündeter erweisen".

„NICHT FEIGE SEIN" GEGENÜBER FREUNDEN

Entsprechende Überlegungen fanden vor dem Hintergrund wachsender Proteste gegen den Krieg statt. Diese hatten in den Vereinigten Staaten schon 1965, vor allem an Universitäten, begonnen. Im Laufe der Zeit griffen sie auch auf andere Länder über. Die Kriegslage und die Proteste kamen zum Beispiel im Bundestag im März 1968 bei der Debatte über den Bericht des Bundeskanzlers zur Lage der Nation zur Sprache.

Rainer Barzel, Vorsitzender der CDU/CSU-Fraktion, sagte, Deutschland sei nicht in einer Position, Stellung zum Krieg zu beziehen, „welche unsere moralische oder politische Potenz übersteigt". Sein SPD-Kollege Helmut Schmidt, Partner in der großen Koalition, unterstützte die vor allem von den Kirchen vorgebrachte Sehnsucht nach Frieden in Vietnam. Er forderte eine Verhandlungslösung und kritisierte die amerikanischen Bombenangriffe auf Nordvietnam. Man dürfe auch Freunden gegenüber „nicht feige sein". Namens seiner Partei distanzierte sich Schmidt allerdings von Demonstranten, die „viele Vietnams" schaffen wollten. Das sei „jenseits unserer Friedensmoral".

Vietnam – Kampf auch vor den Toren der Druckerei

Verständnis für die Demonstranten, die die deutsche Vergangenheit als moralischen Maßstab hätten, äußerte als Vertreter der Opposition der FDP-Politiker Wolfgang Mischnick. „Für viele ist eben das, was in Vietnam geschieht, auch wenn sie objektiv nicht recht haben mögen, Völkermord."

Frankfurt war eines der Zentren des Protests gegen den Krieg in Deutschland. Dabei kam es immer wieder zu gewaltsamen Auseinandersetzungen mit der Polizei. An einer Demonstration im Februar 1968 nahm auch der „Chefideologe" des Sozialistischen Deutschen Studentenbundes, Rudi Dutschke, teil.

Schwere Waffen gegen einen meist unsichtbaren Gegner: F.A.Z.-Militärexperte Adelbert Weinstein thematisierte schon früh die Nöte einer modernen Armee im Guerillakrieg.

Foto Adelbert Weinstein

Politik

Es kam zu Zusammenstößen vor dem amerikanischen Generalkonsulat. Die Demonstranten verknüpften das Thema Vietnam mit dem wichtigsten innenpolitischen Thema dieser Zeit, der Notstandsgesetzgebung. Im Laufe der Zeit wurde bei Vietnam-Demonstrationen auch nach Solidarität mit den Palästinensern gerufen. Schließlich geriet auch noch die Sowjetunion ins Visier der Protestierer. Nach der

Tumult vor der Druckerei in Frankfurt: Weil hier auch eine Teilauflage der „Bild"-Zeitung hergestellt wurde, blockierten Demonstranten das Gebäude, um die Auslieferung zu verhindern. Die F.A.Z. behalf sich mit einem Hubschrauber.   Foto Karin Elvers

Vietnam – Kampf auch vor den Toren der Druckerei

Niederschlagung des „Prager Frühlings" drangen Demonstranten in Frankfurt auf das Gelände der sowjetischen Militärmission vor. Amerikanische Militärpolizei vertrieb sie von dort.

Nach dem Attentat auf Rudi Dutschke kam es auch in Frankfurt zu Unruhen. Unter anderem versammelten sich Demonstranten vor der Druckerei, in der eine Teilauflage der „Bild"-Zeitung gedruckt wurde. Viele Demonstranten warfen „Bild" vor, den Dutschke-Attentäter zu seiner Tat aufgehetzt zu haben. Weil in der Druckerei auch die F.A.Z. hergestellt wurde, verzögerte sich die Auslieferung der Zeitung.

DER FERNE KONFLIKT ERREICHT DIE PARTEIEN

Politisch wurde „Vietnam" vor allem für die SPD zu einer Zerreißprobe. Auf Bundesebene stellte die Partei seit 1969 zum ersten Mal den Bundeskanzler. Willy Brandt stand loyal zum Bündnis mit Amerika. Andere Parteigliederungen protestierten, zum Beispiel in Frankfurt, gegen den „Bombenterror" der Amerikaner und den „Völkermord" in Vietnam. Der Frankfurter Oberbürgermeister Rudi Arndt (SPD) schimpfte im Mai 1972 auf diejenigen unter den Demonstranten, die gewalttätig wurden. Diese nannte er „feiges Gesindel", Leute „mit dem gleichen sozialen Herkommen wie bei denen, die früher einmal die SA und die SS gestellt haben".

Ein halbes Jahr später hielt Arndt dann aber eine Rede gegen den „Völkermord in Vietnam". Er verglich die Bombardierungen von Städten wie Coventry und Rotterdam durch die Deutschen während des Zweiten Weltkrieges mit den amerikanischen Angriffen auf nordvietnamesische Städte wie Haiphong und die Hauptstadt Hanoi. Die eigene Partei kritisierte Arndt dafür, sich in dieser Angelegenheit nicht deutlich genug geäußert zu haben. Deutschland solle die diplomatischen Beziehungen zu Südvietnam abbrechen und stattdessen Nordvietnam diplomatisch anerkennen.

Diese Frage hatte sich an Ort und Stelle im April 1975 erledigt. Schon seit 1969 hatten die Amerikaner allmählich ihre Bodentruppen aus Vietnam abgezogen. Die Luftwaffe weitete ihre Angriffe allerdings auch auf Nachbarländer wie Kambodscha aus, um nordvietnamesische Nachschubwege zu treffen. Militärisch sei das sinnvoll, meinte Adelbert Weinstein in der F.A.Z. Psychologisch sei diese Strategie allerdings eine Katastrophe. Das 1973 in Paris ausgehandelte Abkommen über einen Waffenstillstand erleichterte den Amerikanern zwar die letzte Etappe ihres Abzugs. Für Vietnam brachte der Vertrag freilich nur eine Atempause.

Die Armee des Südens konnte dem Ansturm aus dem Norden nicht standhalten. Der militärische Zusammenbruch Südvietnams kam allerdings abrupter, als viele angenommen hatten. Der erfahrene F.A.Z.-Berichterstatter Weinstein nannte es ein „politisches Dünkirchen". Er bilanzierte: „Die schlimmste Erkenntnis des Krieges in Indochina ist, dass die amerikanischen Truppen militärisch den Krieg gewannen, aber den Frieden verloren."

In Deutschland suchte sich die Protestkultur neue Betätigungsfelder. Eines davon war die Energieversorgung – Stichwort Atomkraft. *Peter Sturm*

Politik

Die einen nennen es Durcheinander, die anderen Gründungsphase: Parteitag der Grünen im November 1982. Foto Barbara Klemm

BÜRGERBEWEGT – DIE GRÜNEN ALS „ANTI-PARTEIEN-PARTEI"

Stromerzeugung durch Kernspaltung galt in den Jahrzehnten nach dem Zweiten Weltkrieg als wichtige Zukunftstechnologie. Mit vergleichsweise kleinem Materialeinsatz konnten große Mengen Strom produziert werden. Kennzeichnend für diese Zeit war vor allem ein grundsätzlicher Fortschrittsglaube. Risiken der Atomkraft wurden, sofern man sich ihrer überhaupt bewusst war, in Kauf genommen. Vor allem war die friedliche Nutzung der Kernkraft positiv abgesetzt von der atomaren Rüstung.

Der ungebrochene Fortschrittsglaube erlitt in den Jahren 1973/74 den entscheidenden Dämpfer. Als Folge eines weiteren israelisch-arabischen Krieges setzten arabische Staaten auf die „Ölwaffe". Der wichtigste Energieträger wurde im Angebot künstlich verknappt und dadurch innerhalb kurzer Zeit um ein Vielfaches teurer als zuvor.

Der Bruch mit der Fortschrittsgläubigkeit wirkte sich in Deutschland schon bald im Parteiensystem aus.

Es gründeten sich mehrere „grüne" Gruppierungen. In diesen fanden sich Atomkraftgegner, aber auch Aktivisten der Homosexuellenbewegung oder Mieterinitiativen zusammen.

Von Anfang an gab es zwei Grundströmungen in der Bewegung. Die eine Seite legte Wert auf die „Bewahrung der Schöpfung" und versuchte ein bürgerliches Publikum anzusprechen, die andere war deutlich links

Politik

orientiert. Exponent der ersten Richtung war in der Anfangszeit Herbert Gruhl. Der ehemalige CDU-Bundestagsabgeordnete gründete schon 1978 die „Grüne Aktion Zukunft" als Bundespartei. Abgesehen von Gruhls eher konservativen Grundhaltung war diese Gründung vielen von der Idee einer „Basisdemokratie" beseelten frühen Grünen vor allem deshalb suspekt, weil sie zu sehr nach „Partei" aussah, also genau das repräsentierte, was man doch überwinden wollte. Beschleunigend auf die Herausbildung von Parteistrukturen wirkte allerdings die Gesetzeslage für die Teilnahme an Wahlen.

Auch die Grünen blieben nicht von dem verschont, was neu gegründete Parteien oft erleben. Sie ziehen allerlei Menschen an, die aus den unterschiedlichsten Gründen ohne wirkliche politische Heimat geblieben sind. Viele von diesen kommen von den Rändern des politischen Spektrums. Zu den Grünen zog es einige aus dem deutsch-nationalen Spektrum, vor allem aber zahlreiche Linke und sehr Linke. Gerade auf der politischen Linken hatten sich in den 1970er-Jahren viele unterschiedliche Parteien und Gruppen gegründet, die einander entweder spinnefeind waren, oder doch zumindest um die Gunst Gleichgesinnter konkurrierten.

Für die Grünen bedeutete dies, dass sie sich entscheiden mussten, wen sie aufzunehmen bereit waren und wen nicht. Vor allem Letzteres war Gegenstand vielfältiger Kontroversen. Die Mitgliedschaft bei den Grünen und gleichzeitig in einer anderen Partei war frühzeitig ein Ausschlussgrund, über den man nicht groß streiten musste. Allerdings verstand sich eine Organisation wie

Hier sind sich alle einig: Demonstration vor dem Kernkraftwerk Biblis. *Foto Barbara Klemm*

Bürgerbewegt – Die Grünen als „Anti-Parteien-Partei"

der „Kommunistische Bund" dezidiert nicht als Partei, weshalb bei Personen, die von dort kamen, sich aber nicht vom KB lösen wollten, ein Unvereinbarkeitsbeschluss gesondert gefasst werden musste.

Die F.A.Z. nahm das neue politische Phänomen relativ früh in größerem Umfang zur Kenntnis. Die Berichterstattung offenbart, nicht sehr überraschend, eine große Distanz zu der neuen Gruppierung. In einem Bericht über die Vorbereitung der Grünen auf die Europawahl 1979 heißt es zum Beispiel, die dort Versammelten wollten „die Menschheit in den Stand der Unschuld zurückversetzen, als sie noch nicht die Bekanntschaft mit dem Atom gemacht hatte". Man verortete die Grünen also im politischen Wolkenkuckucksheim. Als die Partei, die es zu diesem Zeitpunkt auf Bundesebene juristisch noch gar nicht gab, allerdings im Oktober 1979 in Bremen den ersten Einzug in ein Landesparlament schaffte, musste man sich eingehender mit ihr befassen.

Naheliegender Anlass war im Januar 1980 der Gründungsparteitag auf Bundesebene in Karlsruhe. Zwar zeigte auch F.A.Z.-Innenpolitikchef Friedrich Karl Fromme publizistisches Interesse an der neuen Partei. Aber zum genauesten Beobachter der Gründerzeit wurde der junge Günter Bannas, anfangs noch aus der Frankfurter Zentralredaktion, seit 1981 aus dem Bonner Büro.

Auch beim Gründungsparteitag ging es immer wieder um das Thema Doppelmitgliedschaften. Eine endgültige Lösung fand der Parteitag weder für diese Frage noch für ein detailliertes Parteiprogramm. Das veranlasste viele Medien zu der Prognose, dieser Neugründung werde ganz sicher keine lange Lebensdauer beschieden sein. Die F.A.Z. titelte zurückhaltender: „Die schmerzhafte Suche der Grünen nach der Nichtpartei-Partei". Als solche verstanden sich die Grünen durchaus. Weil sie sich mehrheitlich dafür entschieden hatten, innerhalb des „Systems" zu bleiben, sich also an Wahlen zu beteiligen, mussten sie „Partei" werden. Viele Mitglieder und Sympathisanten fremdelten allerdings entschieden mit den Regeln eben dieses Systems.

SCHNELLER ABSCHIED VON DER ROTATION

Die damit verbundenen Probleme trugen die Grünen vor aller Augen vor allem nach dem erstmaligen Einzug in den Bundestag nach der Bundestagswahl 1983 aus. Die 28 Parlamentarier waren von der Partei darauf eingeschworen worden, ihre Sitze nach der Hälfte der Legislaturperiode für Nachrücker frei zu machen. Wie wenig praktikabel das war, zeigte sich freilich schon bald. Nicht nur konnten die neuen Abgeordneten ihrem Status mehr abgewinnen, als die Puristen in der Partei zuzugestehen bereit waren. In ihren Reihen befanden sich auch politische Naturtalente wie Joseph Fischer oder der spätere Bundesinnenminister Otto Schily. Diese aus Prinzipienreiterei nach nur zwei Jahren aus dem Bundestag heraus zu rotieren, erschien schon bald einer wachsenden Gruppe innerhalb der Partei nicht mehr sinnvoll.

So kam es, dass die Partei der Grünen „den anderen immer ähnlicher" wurde, wie Günter Bannas schon im August 1983 schrieb. In vielen Sachfragen allerdings haben die Gründerzeit-Grünen mit der heutigen Partei nur noch wenig gemeinsam. Die Bundestagsfraktion war, ganz im Zeichen der Debatte über die Nachrüstung der

Politik

NATO mit atomaren Mittelstreckenraketen, überaus friedensbewegt und forderte zum Beispiel die Abkehr der Bundesrepublik vom westlichen Bündnis und eine „soziale Verteidigung" des Landes jenseits der Bundeswehr. Allenfalls am Rande schimmerte auch Kritik an der Aufstellung sowjetischer Mittelstreckenraketen durch, die die ganze Debatte erst in Gang gesetzt hatte.

Spätestens nach der Bundestagswahl 1987 gehörten die Grünen zum politischen Inventar der alten Bundesrepublik, auch wenn zum Beispiel die Unionsparteien weiter nicht viel mit der Partei anzufangen wussten. Die

Plötzlich Establishment: Joseph Fischer legt den Amtseid als hessischer Umweltminister ab. Foto Barbara Klemm

welthistorische Zäsur der Jahre 1989 bis 1991 allerdings stürzte die Partei in eine schwere Identitätskrise. Weite Teile der Grünen hatten die Teilung Deutschlands entweder einfach nicht in Frage gestellt, oder sie als gerechte Strafe für die im Namen Deutschlands während der Nazizeit begangenen Verbrechen angesehen. Das schloss Sympathiebekundungen für die in der DDR entstehende Protestbewegung allerdings nicht aus.

Viele Grüne hätten sich mit der Existenz einer „guten DDR" durchaus abgefunden. Kurz vor der Grenzöffnung zwischen den beiden Teilen Deutschlands hatte die Grünen-Bundestagsfraktion in einer Entschließung noch bekundet, es gebe „keinen Grund, von unserer Position der Zweistaatlichkeit abzuweichen". Auch als Folge dieser Haltung erlitt die Partei bei der ersten gesamtdeutschen Bundestagswahl 1990 einen schweren Rückschlag. Sie war überhaupt nur deshalb noch – als parlamentarische Gruppe – im Bundestag präsent, weil die Fünfprozentklausel getrennt für die beiden ehemaligen Staatsgebiete galt. Im Westen scheiterten die Grünen, im Osten schafften es wenigstens einige, die als „Bündnis 90/Die Grünen" angetreten waren.

Diesen Namen trägt die Partei bis heute. Und obwohl direkt nach der Wiedervereinigung der Osten die parlamentarische Existenz sicherte, hat die Partei es dort heute deutlich schwerer als im Westen. Zwar haben auch viele Grüne kein Problem mehr mit dem Begriff „Nation". Aber die Vergangenheit der Partei ist eben deutlich antinational(istisch). Deshalb standen viele ihrer Repräsentanten, die sich selbstbewusst immer auf der richtigen Seite der Geschichte wähnten, just in einem sehr entscheidenden historischen Moment im politischen Abseits. *Peter Sturm*

DER DORNIGE WEG ZUR EINHEIT – WECHSELVOLLE GESCHICHTE MIT HAPPY END

Ausgestattet mit dem unverdienten Glück dessen, der weiß, wie es ausgegangen ist, könnte man dieses Kapitel unter das Motto stellen: Unmögliches wird sofort erledigt, Wunder dauern etwas länger. Spätestens seit dem 13. August 1961 war die Situation in Deutschland und besonders in Berlin im wahrsten Sinne des Wortes festbetoniert. Die DDR-Führung war der Fluchtbewegung ihrer Bürger nur durch den Bau hoher Sperranlagen notdürftig Herr geworden. Und alle rhetorischen Bekenntnisse zum Thema Wiedervereinigung aus dem Westen klangen zunehmend wie aus einer anderen Welt.

In dieser Situation entwickelte Egon Bahr, enger Vertrauter des Regierenden Bürgermeisters von Berlin, Willy Brandt, ein Konzept, mit dem er die Fronten etwas aufzuweichen hoffte. Im Juli 1963 präsentierten die beiden Politiker bei einer Tagung in der Akademie Tutzing ihre Ideen unter dem Motto „Wandel durch Annäherung". Die DDR sollte nicht mehr mit Missachtung gestraft werden. Vielmehr hoffte man, durch verstärkte Kontakte dem stetigen Auseinanderdriften beider Teile Deutschlands entgegenwirken zu können. Die CDU warf der SPD prompt schädliche „Aufweichungstendenzen" in der Deutschlandpolitik vor. Die F.A.Z., die bekanntlich seit 1949 mit dem programmatischen Untertitel „Zeitung für Deutschland" erschien,

Einblick

EINE KLEINE MOLLENKUNDE

In den Mauern der F.A.Z. wird nicht nur fleißig gearbeitet, sondern auch tüchtig gefeiert. Die Geselligkeit hat Tradition und sogar einen eigenen Namen.

Nach allem, was man so hört, genießt die F.A.Z. auch noch im 75. Lebensjahr bei den meisten Lesern den Ruf, eine seriöse Zeitung mit soliden Journalisten zu sein. Mancher hält unsere Redaktion sogar für eine Art Ordensgemeinschaft, die in ihren Klostermauern streng nach den Regeln des Qualitätsjournalismus lebe. Das ist nicht falsch, aber noch nicht die ganze Wahrheit. Wir halten uns nicht nur an die Devise „ora et labora", sondern nach getaner Arbeit auch an „gaudeamus igitur". Dann verwandeln sich selbst hochgradige Geistesmenschen in fröhliche Gesellen, die miteinander essen, trinken, singen, lachen. Früher haben wir dabei sogar noch geraucht.

Das unbestritten feierfreudigste Ressort der F.A.Z. ist nach wie vor die Politik. In der Politischen Redaktion hat das Beisammensein bei Speis und Trank eine lange Tradition und einen eigenen Namen: Molle. Den Begriff muss in grauer Vorzeit ein Reporter aus Berlin mitgebracht haben, wo Molle für einen halben Liter Bier steht. In unserem Haus bedeutet er, dass ein Kollege eine Runde ausgibt, wobei die Spende beileibe nicht immer aus Alkoholischem und deftiger Hausmannskost bestehen muss. Auch Kuchen, am besten selbstgebacken, wird gerne konsumiert. Es spielt dabei keine Rolle, ob der Bäcker in seinem Privatleben einen Anlass für seine Großzügigkeit hatte oder nicht. Besondere Hochachtung erfährt, wer „einfach mal so" mollt.

Doch es gibt auch die Mollenpflicht. Sie entsteht, wenn etwa jemand abermals den Andruck verzögert, den ersten Leitartikel schreibt, eine besonders schöne Dienstreise machen darf oder gar auf einem Foto in der Zeitung zu erkennen ist. Eintritte in die Redaktion, Beförderungen und Betriebsjubiläen

Einblick

verlangen nach einem größeren Büfett, dann wird mitunter auch bis spät in die Nacht gefeiert. Mancher Neuling wollte seinen Augen und Ohren nicht trauen, als er zum ersten Mal erlebte, wie bei der F.A.Z. der Bär steppt. Und was wir für Spaßvögel sein können.

Aber natürlich braucht auch ein derart buntes Treiben eine gewisse Ordnung. Für die sorgt der Mollenmeister beziehungsweise die Mollenmeisterin, denn schon in der dritten Amtszeit nacheinander befindet sich das Ehrenamt in Frauenhand. Die Inhaberin verwaltet die Mollenkasse, treibt Mollenschulden ein und verhindert Mollenkollisionen. Früher gab der jeweilige Mollenmeister auch noch einmal im Jahr die Mollenzeitung heraus, in der genau aufgelistet war, wer aus welchem Grund wie gemollt hat. Dieses Ruhmesblatt förderte die Bereitschaft, nicht nur Salzstangen zu servieren, sondern es bei einer Molle richtig krachen zu lassen, erheblich. Abgesehen von der bedauerlichen Einstellung dieses Partyprotokolls hat die Mollenkultur alle Krisen unbeschadet überstanden, sogar die Pandemie und das Homeoffice. In Konferenzen wird den digital zugeschalteten Heimarbeitern gerne unter die Nase gerieben und manchmal sogar gehalten, welche Leckereien sie gerade in der Zentrale verpassen. Denn gefrotzelt wird in der Politischen Redaktion so gerne wie gemollt. Wir können, wie es ein sehr seriöser Kollege einmal halb tadelnd, halb anerkennend ausdrückte, tatsächlich „eine ziemliche Rasselbande" sein.

Berthold Kohler

Politik

war ebenfalls nicht begeistert. Wirtschaftliche Kontakte mit der „Zone" seien zwar nicht abzulehnen, war am 17. Juli 1963 zu lesen. Aber „es ist nicht vorstellbar, dass die Zonenregierung auf Grund solcher Bemühungen ‚liberalisiert' werden könnte".

Zu dieser Zeit waren die für Berlin ausgehandelten sogenannten „Passierscheinabkommen" die einzigen Möglichkeiten für die Menschen in Ost und West, miteinander in persönlichen Kontakt zu kommen. Aber auch diese Kontakte liefen nur von West nach Ost. Zu groß war die Angst der DDR-Behörden, Reisende in den Westen könnten dort bleiben.

Im Westen nahm man die DDR offiziell weiterhin nicht zur Kenntnis, auch wenn zum Beispiel über die Stelle, die den „Interzonenhandel" abwickelte, immer irgendwelche Kontakte bestanden. Der Bundestag hielt immer wieder Sitzungen in Berlin ab, die von der östlichen Seite regelmäßig auf vielfältige Weise gestört wurden. Die größte Sorge vieler Politiker im Westen war, eine Annäherung an die DDR laufe auf eine Anerkennung der Zweistaatlichkeit in Deutschland und damit die Aufgabe des Ziels der Wiedervereinigung hinaus. Als „Zugeständnis" galt dabei schon, die Regierung in Ost-Berlin einfach nur zur Kenntnis zu nehmen.

Eine größere Offenheit gegenüber der DDR fiel vielen im Westen auch deshalb schwer, weil die Ost-Berliner Propaganda jede Kleinigkeit als „Sieg" der eigenen Seite in die Welt posaunte. Dabei sah es intern – wie man heute weiß – durchaus anders aus. So war das Ministerium für Staatssicherheit (MfS) zum Beispiel alles andere als begeistert über die West-Besucher, die in den 1970er-Jahren begannen, in immer größerer Zahl in die DDR zu strömen. Zwar wurde alles sehr streng reguliert, aber selbst die eifrigen MfS-Spitzel konnten nicht jede private Unterhaltung überwachen. Auf diese Weise und über Hörfunk- und Fernsehwellen gelangten Informationen in die DDR, die die SED ihrem Volk sehr gerne vorenthalten hätte.

KONTROVERSE IN DER F.A.Z.-REDAKTION

Zwar hatte sich schon die Regierung der großen Koalition unter Bundeskanzler Kurt Georg Kiesinger um bessere Kontakte zu den Staaten des Ostblocks bemüht. Als Zäsur der deutschen Ostpolitik gilt aber der Regierungswechsel 1969, nach dem die SPD zum ersten Mal den Kanzler stellte. Willy Brandt wollte nach eigenen Worten nicht nur „mehr Demokratie wagen", sondern auch ein „Volk der guten Nachbarn" regieren. CDU und CSU, die zum ersten Mal in der Geschichte der Bundesrepublik in der Rolle der Opposition waren, reagierten mit heftiger Kritik. Sie nannten die Ostpolitik eine „Politik des Wunschdenkens". Die F.A.Z. war zumindest skeptisch. Die neue Ostpolitik laufe Gefahr, den Wert der Freiheit zurückzustellen, nur um eine fragwürdige Annäherung an die DDR zu erreichen, hieß es.

Allerdings war das Meinungsbild innerhalb der Redaktion auch nicht eindeutig. Einer der Herausgeber, Jürgen Tern, äußerte sich positiv über die neue Politik. Ihm sagte man nach, er pflege eine enge Beziehung zu Willy Brandts Regierungssprecher Conrad Ahlers. Die Kontroverse innerhalb der Redaktion endete schließlich mit der Entlassung Terns.

Bei der maßgeblich vom Thema Ostpolitik bestimmten Bundestagswahl 1972 erlitten die Unions-

Der dornige Weg zur Einheit – Wechselvolle Geschichte mit Happy End

Ostpolitik praktisch: Der sowjetische Parteichef Leonid Breschnew in Bonn. Viele warfen Willy Brandt zu diesem Zeitpunkt vor, zu große Zugeständnisse gegenüber der östlichen Supermacht zu machen.

Foto Barbara Klemm

parteien eine schwere Niederlage. Nicht nur blieben sie in der Opposition. Zum ersten Mal waren CDU und CSU nicht stärkste Fraktion im Parlament. In den folgenden Jahren näherten sich Teile der Union der Ostpolitik von SPD und FDP an, verurteilten sie zumindest nicht mehr in Bausch und Bogen.

Das merkte man auch nach dem Regierungswechsel 1982, den Helmut Kohl unter dem Stichwort „Wende" herbeigeführt hatte. Weder die innerdeutschen Beziehungen noch die zu den übrigen Staaten des Ostblocks wurden einer gründlichen Revision unterzogen. Die in diesen Jahren über die gesamten Ost-West-Beziehungen hereinbrechende „Eiszeit" war vielmehr dem Streit über die westliche Nachrüstung mit atomaren Mittelstreckenwaffen geschuldet, die noch SPD-Kanzler Helmut Schmidt als Reaktion auf sowjetische Aufrüstung in Gang gesetzt hatte.

Die SPD, in der maßgebende Politiker nach dem Verlust der Regierungsmacht auf eine Annäherung an die „Friedensbewegung" setzten, verlor die Bundestagswahl 1983 deutlich. Kurz danach stellte ein Leitartikel in der F.A.Z. lapidar fest, über diese Niederlage seien auch andere sozialdemokratisch geführte Regierungen in Europa sehr erleichtert. Günther Gillessen erinnerte die SPD an die fünfziger Jahre, als die Partei schon einmal im außenpolitischen Abseits gestanden habe. Besonders auf Willy Brandt und den „Erfinder" von „Wandel durch Annäherung", Egon Bahr, konzentrierte sich die Kritik. Beide hätten „in den Anfängen ihrer ‚neuen Ostpolitik' darauf vertraut, den Schutz des Bündnisses behalten und unter ihm freien Spielraum für ein Sonderverhältnis zu Moskau finden zu können".

STRAUSS ÜBERRASCHT MIT MILLIARDENKREDIT

Insgesamt verfolgte die Regierung Kohl/Genscher gegenüber dem Osten eine pragmatische Politik, betonte aber bei jeder Gelegenheit ihre und der Bundesrepublik feste Verankerung im westlichen Bündnis. Als aber im Sommer 1983 bekannt wurde, dass unter Vermittlung ausgerechnet von Franz Josef Strauß der DDR ein Kredit in Milliardenhöhe zur Verfügung gestellt werde, erregte das kritisches Aufsehen. Fritz Ullrich Fack bemerkte in der F.A.Z., wenn die SPD das gemacht hätte, wären ihr unlautere Motive unterstellt worden. Bei Helmut Kohl nehme aber niemand an, dass der Kredit eine „weitere Demutsgeste gegenüber der DDR" sei. Johann Georg Reißmüller kritisierte den bayrischen Ministerpräsidenten dafür, dass er seine Rolle bei der Kreditvergabe so hervorgehoben habe. Das liege wohl daran, dass Strauß das von ihm regierte Bayern längst als für ihn zu klein ansehe. Da es ihm weder gelungen sei, Kanzler noch Außenminister zu werden, versuche er sich nun mit dem „Quereinstieg in die Ostpolitik" zu entschädigen. Geradezu tiefenpsychologisch meinte der F.A.Z.-Herausgeber dann, Strauß spiele sich vor allem deshalb in den Vordergrund, weil er ein „schier grenzenloses Rehabilitierungsbedürfnis" habe. Schließlich sei er durch die „Spiegel-Affäre" aus dem Verteidigungsministerium gedrängt worden. Außerdem habe ihn die Propaganda des Ostblocks jahrelang fast als Inkarnation des Bösen diffamiert.

Franz Josef Strauß war schon tot, als die Geschichte der Teilung Deutschlands auf eine Weise ihr Ende fand, die niemand so vorausgesehen hatte. Die Menschen in der DDR schafften es, mit friedlichen Mitteln die SED-Diktatur zu beenden. Und die maßgebenden Politiker in Deutschland, Europa und Amerika zeigten ein Maß an Weitsicht, das schließlich genau zu dem führte, was gerade Unionspolitiker immer als eigentliches Ziel ihrer Politik bezeichnet hatten: zur Einheit Deutschlands in Freiheit.

Willy Brandt prägte das Wort, nun wachse zusammen, was zusammengehöre. Ihm glaubte man das. Egon Bahr behauptete ebenfalls, die Wiedervereinigung sei letztlich auch sein Ziel gewesen. Weil Bahr aber bis zu seinem Tod immer für ein besonderes Verhältnis zu Moskau eintrat, überwog in seinem Falle die Skepsis. Die wurde gespeist durch Äußerungen aus der Zeit vor 1989, die nahelegten, dass er die Zweistaatlichkeit in Deutschland durchaus als akzeptablen Zustand betrachtete. Die weltpolitische Konstellation nach der Kuba-Krise schuf die Voraussetzungen für eine andere Ostpolitik. Willy Brandt war bereit, weiter zu gehen als andere. Er tat Dinge, die vielen in der Union zu diesem Zeitpunkt unmöglich erschienen. Für das Wunder der Wiedervereinigung bedurfte es allerdings eines deutlich längeren Atems. *Peter Sturm*

DER DONNERSCHLAG

Den 11. September 2001 wird niemand vergessen, der das Geschehen an jenem Tag bewusst erlebt und verfolgt hat. Viele können noch ganz genau sagen, wo sie waren und was sie getan haben, als sie von den Terrorangriffen auf Amerika hörten. Die Nachwirkungen sind auch mehr als zwei Jahrzehnte danach noch zu spüren.

Wenn Journalisten über die Vorzüge ihres Berufs erzählen, heben sie gerne die Ungewissheit und Spannung hervor, was der Tag bringen werde. Auf das Schockerlebnis vom frühen Nachmittag mitteleuropäischer Zeit des 11. September 2001 hätten die allermeisten aber bestimmt gerne verzichtet.

Die Terroranschläge von New York und Washington führten zu einem der längsten Militäreinsätze der jüngeren Geschichte. Unter den wirtschaftlichen Folgen litten, in Verbindung mit anderen Faktoren, auch Zeitungshäuser.

Zunächst zeigten damals aber Journalisten in aller Welt, wie gut sie ihr Handwerk beherrschten. Auch die Redaktion der F.A.Z. schaltete von einer Minute auf die andere in den Krisenmodus, verwarf die schon weitgehend fertiggestellte Zeitung und produzierte noch am selben Nachmittag mehrere Seiten mit Berichten und Analysen zum Thema. Die F.A.Z. erschien zum ersten Mal mit zwei Fotos auf Seite 1. Das Thema beherrschte dann die Berichterstattung über lange Zeit in einem Maß, wie man das seit den Tagen der sich anbahnenden „Wende" in der DDR nicht mehr erlebt hatte.

Politisch führte „9/11", wie der Tag in Anlehnung an die amerikanische Ausdrucksweise schon bald genannt wurde, zur ersten Ausrufung des Bündnisfalls in der Geschichte der NATO, deren Mitglieder sich mit den angegriffenen Amerikanern solidarisierten. Viele der Verbündeten folgten der Führungsmacht des Bündnisses auch nach Afghanistan, wo die Taliban-Regierung den Terroristen von Al-Qaida bereit-

Politik

willig Unterschlupf gewährt hatte. Strategisch verfolgte der vom UN-Sicherheitsrat formell gebilligte Militäreinsatz dort das Ziel, die Taliban zu stürzen und ein zweites „9/11" auszuschließen.

Politisch-moralisch sollten die Afghanen aus dem „Steinzeit-Islamismus" in die Neuzeit geführt werden und die Vorzüge der Demokratie schätzen lernen. Die Bundesregierung vermittelte der militärskeptischen deutschen Öffentlichkeit den Eindruck, die Bundeswehr gehe nach Afghanistan, um dort Brunnen zu bohren und Mädchenschulen zu bauen. Zwar prägte Verteidigungsminister Peter Struck (SPD) die Formel, Deutschlands Sicherheit werde auch am besagten Hindukusch verteidigt. Dieser Merksatz blieb allerdings bis heute eher negativ besetzt.

KEINE STABILEN STAATSSTRUKTUREN

Die Ziele, die der Westen in Afghanistan verfolgte, wurden nicht erreicht. Im Sommer 2021 zogen die Truppen so überstürzt ab, dass man von einer Flucht sprechen könnte. Gründe für das Scheitern gab es viele. Die ausländischen Truppen waren im Land bei der Mehrheit der Bevölkerung nicht willkommen. Selbst Gruppen, die sich in Umfragen positiv zur Präsenz der Soldaten äußerten, gaben im gleichen Atemzug ihrer Sorge darüber Ausdruck, dass dadurch ihre Traditionen und islamischen Werte gefährdet würden.

Es gelang nicht, nach westlichen Maßstäben stabile staatliche Strukturen aufzubauen, die eine Entwicklung aus eigener Kraft ermöglicht hätten. Zwar wurden die Taliban aus der Hauptstadt Kabul vertrieben, aber nie endgültig besiegt. Dieses Szenario erinnerte ein wenig an Vietnam. Die Taliban fanden nicht nur in Teilen Afghanistans Zuflucht, sondern auch in Pakistan. Dessen Regierung war zwar im Prinzip mit den westlichen Mächten verbunden. Aber die Schattenregierung aus Militär und Geheimdienst spielte auch in diesem Konflikt ihr eigenes Spiel.

Außerdem zeigte sich, dass in einem Land mit zwei offiziellen Sprachen und vielen Ethnien so etwas wie ein „nationales" Bewusstsein praktisch nicht existierte. Das wäre aber notwendig gewesen, um die ursprünglichen Ziele der Operation zu erreichen. Wegen der ausbleibenden Erfolge wurden die Ansprüche der Entsendeländer der Soldaten stetig bescheidener. Parallel ließ die Zustimmung zur immer wieder verlängerten Mission nach. Bei den regelmäßigen Debatten im Bundestag und in der Öffentlichkeit zeigte sich ein Phänomen, das auch im Zusammenhang mit dem Krieg Russlands gegen die Ukraine in Deutschland zu beobachten ist: Politiker so gut wie aller Parteien beschworen den Erfolg der Mission. Richtig konkret wurden sie aber nur dann, wenn sie sagten, was alles nicht geht.

Sowohl in Afghanistan als auch in den Herkunftsländern der Soldaten litt der Ruf der Truppe im Laufe der Zeit immer mehr, weil Fälle von Folter bekannt wurden, bei denen auch Menschen zu Tode kamen, die selbst nach Ansicht ihrer Peiniger eigentlich unschuldig waren.

Von etwa 2010 an versuchten die Verbündeten einen Strategiewechsel, dessen Grundkonzept wieder an Vietnam erinnerte. Die afghanische Regierung und ihre Sicherheitskräfte sollten so weit ertüchtigt werden, dass sie die Lage im Land selbst im Griff behalten könnten. Das funktionierte aber letztlich genauso wenig wie ei-

Der Donnerschlag

nige Jahrzehnte zuvor Richard Nixons Konzept einer „Vietnamisierung" des Krieges in Südostasien.

Die Regierung in Kabul unternahm diverse Versuche mit großen Konferenzen, zu denen die unterschiedlichen Interessengruppen des Landes Vertreter entsandten. Da die Taliban sich diesem Prozess aber verweigerten, führte das alles letztlich zu nichts. Die Sicherheitslage verschlechterte sich zusehends.

Der ursprüngliche Anlass für die Militäraktion in Afghanistan kam der Weltöffentlichkeit schlagartig

Die ausländischen Soldaten waren in der Bevölkerung nicht willkommen. Entsprechend intensiv waren die Sicherheitsvorkehrungen der Truppe. Hier beobachten Bundeswehrsoldaten in Kundus die Lage um ihr Feldlager.   *Foto Daniel Pilar*

Politik

noch einmal im Mai 2011 zu Bewusstsein. Spezialkräfte der amerikanischen Armee spürten Al-Qaida-Chef Osama Bin Laden in Pakistan auf und töteten ihn. Amerika hatte damit seinen Prestigeerfolg erzielt. Auf die Lage in Afghanistan hatte dies freilich so gut wie keinen Einfluss.

Die Bilder des Rückzugs der internationalen Truppen von dort im Sommer 2021 erinnerten in Vielem an Saigon 1975. Von einem geordneten Abzug konnte keine Rede sein. Auf dem Flughafen versuchten verzweifelte Menschen, irgendwie in die Flugzeuge zu kommen, die die letzten ausländischen Soldaten abtransportierten. Die Taliban herrschen seitdem wieder über Afghanistan. Die Erfahrungen, die die Entsendestaaten der Truppen gesammelt haben, hat die Bereitschaft, in entlegenen Weltgegenden zu intervenieren, gegen Null gehen lassen. Der langfristige Nachhall des Donnerschlags vom 11. September 2001 war also ein durchaus anderer als am Anfang gedacht. *Peter Sturm*

Der Soldat als Freund und Helfer. So sahen sich die Bundeswehrsoldaten selbst: Kabul 2008.   Foto Daniel Pilar

EIN BILD DER KATASTROPHE

Am 11. September 2001 fotografierte F.A.Z.-Fotograf Helmut Fricke das einstürzende World Trade Center – und hielt einen historischen Moment fest.

Eine solche Katastrophe hatte die Welt noch nicht gesehen. Am 11. September 2001 schoss um 8.46 Uhr ein Flugzeug in den Nordturm des World Trade Centers in New York. In den ersten Minuten glaubten die meisten an einen Unfall. Bis ein weiteres Verkehrsflugzeug um 9.03 Uhr in den südlichen Zwillingsturm knallte. Da war klar, dass es sich bei dem doppelten Einschlag um einen koordinierten Terroranschlag handelte, wie man ihn bis dahin nicht für möglich gehalten hatte. Weil die beiden Maschinen auf dem kurzen Flug von Boston noch nicht viel Kerosin verbraucht hatten, explodierten sie in den Türmen in einem gewaltigen Feuerball. Was die Wirkung dieser Bilder noch verstärkte: Das monströse Ereignis spielte sich vor der Kulisse eines heiteren Spätsommertags ab.

Fast 3000 Menschen kamen an „9/11" bei den Selbstmordattentaten des islamistischen Terrornetzwerks Al-Qaida in New York, Washington und Pennsylvania ums Leben. Die Anschläge im Herzen von Amerika erschütterten die Welt – und hatten unabsehbare Folgen für die politische Weltordnung. Noch nie hatte sich eine solche Katastrophe vor einem so großen Publikum abgespielt. Viele Fernsehsender in aller Welt berichteten live. Und in der Stadt waren so viele Fotografen wie selten: Wegen der Modewoche waren viele Reporter in die Stadt gekommen, am Vorabend hatte Michael Jackson im Madison Square Garden sein 30. Bühnenjubiläum mit Liza Minnelli und Gloria Gaynor gefeiert, die Bildagentur Magnum hielt gerade ihr jährliches Treffen ab – und der „Indian Summer", die schönste

Ein Bild der Katastrophe

Jahreszeit an der amerikanischen Ostküste, bringt eigentlich die besten Bilder hervor.

Auch F.A.Z.-Redaktionsfotograf Helmut Fricke war für die New York Fashion Week gekommen. In der Tradition von Wolfgang Haut und Barbara Klemm ging es der Bildredaktion der Zeitung immer schon darum, nicht nur die wichtigsten politischen Termine mit eigenen Bildberichterstattern abzudecken. Auch Reisereportagen, Autorenporträts, Konzerte, Sportveranstaltungen oder eben Modewochen werden selbst besetzt. Fricke, seit 1992 und bis zu seiner Pensionierung 2020 Redaktionsfotograf, spezialisierte sich auf Laufstegschauen – und blieb doch immer Generalist.

FAHR DOCH MAL DAHIN!

Von der Katastrophe erfuhr er in seinem Hotel in Midtown Manhattan durch einen Anruf aus Frankfurt: „Fahr doch mal dahin!" Sogleich machte er sich auf den Weg, mit einem Taxi in Richtung Süden. Im Autoradio wurde die Ansprache von George W. Bush übertragen. Der Präsident sagte, es handele sich um eine „nationale Tragödie": „Gott segne die Opfer, ihre Familien und Amerika!" Rettungswagen, Polizei und Feuerwehr fuhren über den Broadway, über die Avenues und über den West Side Highway in Richtung Katastrophe. Die meisten Gebäude in Lower Manhattan wurden evakuiert. Auf den Avenues stauten sich die Autos. George-Washington-Brücke und Holland-Tunnel wurden gesperrt. Für Frickes Taxi war an der Polizeisperre an der Houston Street Schluss. Also ging er die restliche Strecke den Broadway hinunter zu Fuß, den größer werdenden Rauchball über den Türmen immer im Blick.

Unten am Broadway hielten Polizisten die Fotografen davon ab, näher an die brennenden Türme zu gehen: „Gehen Sie nach Norden! Bewegt euch, Jungs!" Um 9.59 Uhr kollabierte plötzlich der Südturm, der zwar später getroffen worden war als der Nordturm, aber deutlich tiefer, weshalb das Stahlskelett früher nachgab; der Nordturm hielt bis 10.28 Uhr stand. Die Spitze des Südturms knickte leicht ab, aus dem Rauch stieß ein Feuerball hervor, das Hochhaus sackte grollend in sich zusammen, die Menschen liefen fort in Richtung Brooklyn Bridge, und aus der Straßenschlucht rollte eine weiße Wand aus Staub heran, die langsam die Flüchtenden verschluckte.

Fricke reagierte schnell. Als all die Büromenschen in Richtung Brooklyn drängelten, blieb er stehen, drehte sich um und fotografierte: links die Ecke der Pace University, rechts das Woolworth Building, im Hintergrund der zusammenstürzende Südturm (der Nordturm steht noch), vorn die Flüchtenden. Das sind seltene Fotos vom Schrecken dieses Tages. Denn auf fast allen Bildern der am häufigsten fotografierten Katastrophe der Geschichte sind wegen der engen Straßen und hohen Gebäude nur die zusammenbrechenden Türme zu sehen oder nur die Flüchtenden. Die

Als der Südturm einstürzte: Bei den Anschlägen vom 11. September 2001 kamen allein in New York mehr als 2700 Menschen ums Leben.

Foto Helmut Fricke

Politik

meisten Fotografen waren zu nah dran oder zu weit entfernt. Helmut Fricke fand an der Auffahrt zur Brooklyn Bridge einen Winkel, aus dem er beides zusammen aufnahm: die herabfallenden Trümmer im Hintergrund, die Flüchtenden im Vordergrund. So bildete er zugleich die Katastrophe und ihre verheerende Wirkung auf die Menschen ab.

Wieder einmal hatte sich gezeigt, wie wichtig eigene Fotografen sind, die als Redaktionsmitglieder Pflichttermine wahrnehmen, die als Spezialisten ihren Neigungen nachgehen – und die als Generalisten sofort da sind, wenn sich ein Unglück ereignet. Das Bild von der fliehenden Frau, die schreit, als wäre sie einem Gemälde von Edvard Munch entsprungen, spiegelt das innere Erleben eines Menschen angesichts einer welthistorischen Katastrophe. Sie scheint sogar voller Angst vorauszublicken auf das Leid der Kriege, die auf diesen Terrorangriff folgen sollten. So weist dieses Foto weit über sich selbst hinaus.

Alfons Kaiser

In den Tagen nach „9/11": Die Aufräumarbeiten am zerstörten World Trade Center im Süden von Manhattan dauerten monatelang.

Foto Helmut Fricke

INTELLEKTUELLE UND FROMMES WÜNSCHE

Gegen den RAF-Terror verfolgte die F.A.Z. einen kompromisslosen Kurs zur Verteidigung des Rechtsstaats. Das trug dem Politikteil literarisch verbrämte Mordgedanken gegen den Inlandschef ein.

Unter dem Titel „Sie können dafür" druckte die F.A.Z. am 2. August 1977 einen, wie es später heißen würde, „berüchtigten" Leitartikel von Friedrich Karl Fromme ab, dem für das Ressort Innenpolitik verantwortlichen Redakteur der Zeitung. Fromme ging darin mit Professoren und „bestimmten Literaten" ins Gericht, denen es nach politischem Einfluss gelüste, die sich aber der Wirkung ihres Tuns nicht bewusst seien – oder nicht sein wollten. Schon der erste Satz war ein Hieb: „Lange wird es nicht dauern, da werden wir mit Poemen erfreut werden, die den Mord an dem Bankier Ponto auf verdrückte Weise gutheißen."

Jürgen Ponto, Vorstandssprecher der Dresdner Bank, war am 30. Juli 1977 in seiner Wohnung in Frankfurt am Main von Terroristen der „Roten Armee Fraktion" (RAF) erschossen worden. Am 7. April des Jahres war Generalbundesanwalt Siegfried Buback erschossen worden. Das blutige Jahr des linken Terrors endete im „Deutschen Herbst". Im September wurde Arbeitgeberpräsident Hanns Martin Schleyer von RAF-Terroristen entführt und, nachdem das Passagierflugzeug „Landshut" aus der Gewalt palästinensischer Terroristen in Mogadischu befreit wurde, am 18. Oktober ermordet. Mit der Entführung des Flugzeugs und der Entführung Schleyers sollten inhaftierte Terroristen freigepresst werden. Andreas Baader und Gudrun Ensslin, zwei Gründungsmitglieder der RAF, begingen daraufhin Selbstmord.

Wogegen sich Frommes Leitartikel richtete, waren Reaktionen auf den Mord an Buback. Anlass war ein „Nachruf auf Buback" aus Göttingen, unterschrieben mit „Mescalero", der seine „klammheimliche Freude" über den „Abschuss von Buback" geäußert hatte und seine Unfähigkeit zur Trauer. Professoren aus Berlin, Bremen und Göttingen hatten den „tückischen Nachruf" (Fromme) nachgedruckt, in anderen linksradikalen Pamphleten war die Freude ganz und gar nicht klammheimlich. Anders als die offene Sympathie und Komplizenschaft mit den Terroristen wandelten „Mescalero" und die Professoren auf dem schmalen Grat zwischen Ablehnung von Mord und „Solidarität" mit den Zielen. Fromme wirft jedem von ihnen vor, „vor dem hässlichen Altar des Opportunismus" Rechtfertigungen für das Morden der RAF zu liefern, um „nicht als reaktionärer Außenseiter gebrandmarkt" zu werden. „Diese Sympathisanten" seien die „wirklich gefährlichen", schreibt Fromme. Denn sie redeten sich damit heraus, „nichts getan" und nur ihre Meinung gesagt zu haben. Frommes Schluss: „Dass das Denken eine bestimmte Richtung begünstigt: was kann der Denker, was kann der Schreiber dafür? Er kann dafür."

Damit hatte er offenbar ins Schwarze getroffen. Mit „bestimmten Literaten", den Schreibern und Denkern war eine Szene von Schriftstellern, Publizisten und Intellektuellen angesprochen, die sich dem *double bind* verschrieben hatten, wie es der Historiker Philipp Sarasin in seinem Buch über das Jahr 1977 beschreibt: einerseits grundsätzliche Abscheu gegenüber den Taten der RAF, andererseits aber ebenso grundsätzliches Verständnis für die Motive der Terroristen. Eine Hochburg dieser Szene war neben Berlin und Göttingen auch Frankfurt am Main, ihr Sprachrohr der „Pflasterstrand", das Magazin der „Spontis", herausgegeben von Daniel Cohn-Bendit, unterstützt auch vom späteren Grünen-Politiker und Außenminister Joseph „Joschka" Fischer. Gegen deren entschiedene Unentschiedenheit zog der Politikteil der F.A.Z. mit zahlreichen Beiträgen zu Felde, die zur kompromisslosen Verteidigung des Rechtsstaats aufriefen. Geschrieben wurden sie nicht nur von der älteren Generation wie Fromme, sondern auch von jüngeren Redakteuren, Altersgenossen von Cohn-Bendit oder Fischer wie Kurt Reumann, Georg Paul Hefty oder Jürgen Busche, der für die Zeitung die Stammheim-Prozesse gegen RAF-Terroristen beobachtete. Der Leitartikel Frommes brachte die Wut auf diese bürgerlichen Konservativen im Politikteil der F.A.Z. unter linken Intellektuellen zum Kochen.

Fromme hatte einen Dichter ganz konkret angesprochen, Erich Fried. Der nach seiner Flucht vor den Nazis im Londoner Exil lebende Dichter hatte auf den Mord an Buback ein Gedicht geschrieben, das unter dem Titel „Ode an einen Abgang" auf dem „Pflasterstrand"-Titel veröffentlicht wurde. Die letzten beiden Verse lauteten: „Es wäre besser gewesen / so ein Mensch / wäre nicht so gestorben / Es wäre besser gewesen / so ein Mensch / hätte nie gelebt". Der Herausgeber Johann Georg Reißmüller zitiert diese Zeilen wenig später in einem Leitartikel („Wie steht es um den Rechtsstaat?") und wirft Fried vor, der „heruntergekommenen Brutalität" von Sympathisanten der RAF vielleicht die letzten Hemmungen zu nehmen, sich den Terroristen anzuschlie-

Intellektuelle und Frommes Wünsche

ßen. Fried reagierte erbost mit einem Leserbrief, in dem er darauf hinweist, dass eine „unkorrigierte Druckfahne" dazu geführt habe, dass das Ende seines Gedichts ständig falsch abgedruckt worden sei. Richtig habe es heißen müssen: „Es wäre besser gewesen / ein Mensch / hätte nicht so gelebt".

Bei diesem Leserbrief sollte es nicht bleiben. Wenig später spottete der Politikredakteur Kurt Reumann in einem Beitrag über linke Verschwörungstheorien und die Sympathiebekundungen für die RAF im linksradikalen Spektrum über das verrutschte „so" im Gedicht von Fried: „Offenbar arbeitet in den vielen Studentenzeitschriften der Linksradikalen, die dieses Gedicht veröffentlichten, ‚klammheimlich' je ein V-Mann des Verfassungsschutzes mit dem Spezialauftrag, das Wörtchen ‚so' umzustellen". Fried schreibt wieder einen Leserbrief, der nun etwas länger ausfällt, weil er erklären will, wie es zu dem „so-Wirrwarr" kommen konnte. Was er nicht schreibt: In dem kleinen Wörtchen hatte sich die ganze Widersprüchlichkeit und Doppelbödigkeit zwischen Ablehnung und Verständnis des Linksterrorismus verdichtet. Man kann auch sagen: die ganze Heuchelei. Darin ertappt fühlte sich die linke Intellektuellen-Szene aber erst durch Frommes Leitartikel.

Nur fünf Tage nach dessen Abdruck antwortete Hans Magnus Enzensberger am 7. August 1977 im „Spiegel" mit dem wutentbrannten Pamphlet „Die Intellektuellen und Frommes Wünsche". Frommes „Verdienst" sei es,

Nicht nur Sympathisanten gehen auf die Straße: Gedenkveranstaltung für das Mordopfer Jürgen Ponto.   Foto Lutz Kleinhans

Politik

heißt es darin, dass „die Intellektuellen-Hetze in unserer Republik eine vollkommen neue Qualität erreicht" habe. Er betreibe die „Kriminalisierung von Gefühlen und Gedanken". Die Redaktion der Zeitung ereifere sich über die „Mescalero"-Freude am Tod von Buback in „wochenlangen anhaltenden Schreikrämpfen". Verglichen mit Fromme komme ihm, Enzensberger, der „vielverschrieene Mescalero" wie „ein Ausbund an Vernunft, Besonnenheit und demokratischer Tugend vor".

Erich Fried schreibt einen Monat später in einem Leserbrief in der F.A.Z., Fromme habe seine Sorgfaltspflicht verletzt. Er habe wissen müssen, dass er, Fried, sich wiederholt von politischen Morden, „die ich verabscheue", distanziert habe. „Ein Fromme aber", schreibt Fried, „will anscheinend alle Linken den Terroristen gleichsetzen, vielleicht um dann alle zugleich erledigen zu können." Im „Spiegel" wird der Dichter drei Tage später unter der Überschrift „Blutiger Wahnsinn" noch etwas deutlicher. Enzensberger habe Fromme „mit Recht als gefährlichen Hetzer angegriffen", der nicht anerkennen wolle, dass er „gegen den blutigen Wahnsinn dieser politischen Morde" mehrfach Stellung bezogen habe.

Einen Monat später, im Oktoberheft des jungen Kulturmagazins „das da", einem Ableger des linksradikalen Magazins „konkret", veröffentliche Fried ein Gedicht mit dem Titel „Gespräch Erich Frieds mit seiner Muse". Darin schrieb Fried sinngemäß, dass ihm seine Muse gesagt habe, der Buback-Mord sei falsch gewesen. Man hätte doch besser Friedrich Karl Fromme ermorden sollen. *Jasper von Altenbockum*

Blick in die Mündung einer Maschinenpistole: Die Polizei erhöht den Fahndungsdruck auf die Terroristen. Foto Lutz Kleinhans

DEM RECHT VERPFLICHTET

Von Anfang an stand die F.A.Z. für Recht und Freiheit: Sie hielt oft als einzige Stimme an der Deutschen Einheit fest, tritt für das Leben jedes Einzelnen und das Selbstbestimmungsrecht der Völker ein.

Von den „acht Arschlöchern in Karlsruhe" werde er sich seine Ostpolitik nicht kaputtmachen lassen. So zitierte F.A.Z.-Herausgeber Johann Georg Reißmüller einen führenden SPD-Politiker (gemeint war Bundeskanzler Willy Brandt) in einem fulminanten Leitartikel 1973. Die acht Mitglieder des Zweiten Senats machten die Ostpolitik auch nicht kaputt – aber sie hielten die im Grundgesetz verankerte Einheit der Nation und das Recht der Deutschen, in einem Staat zu leben, in schwieriger Zeit unbeirrbar hoch. Wie die Frankfurter Allgemeine Zeitung auch.

Von ihrem ersten Tag an hat sie sich dem Recht und der Verfassung verschrieben. Das mündete in eine damals wie heute außergewöhnlich breite und tiefe Berichterstattung und Kommentierung von juristischen Fragen, die schließlich nicht nur in zahlreichen Alltagsproblemen auftauchen, sondern alle großen Themen der Zeit betreffen. Die besondere Stellung des Bundesverfassungsgerichts, vor dem die allermeisten politischen Streitigkeiten landen, spiegelt die Bedeutung des Rechts. Und die F.A.Z. ist immer dabei. Sie klärt auf, informiert über Verfahren und Prozesse auch auf europäischer und internationaler Ebene, begleitet Justiz und Anwaltschaft auf kritische Weise.

Damit leistet die Redaktion ihren Beitrag zu Demokratie und Rechtsstaat. Ein Beispiel dafür ist die Befassung mit dem Frankfurter Auschwitz-Prozess. Bernd Naumann berichtete 20 Monate lang täglich und sehr umfangreich als mit Abstand wichtigster Chronist über dieses fundamentale Verfahren – und brachte es so erst in das öffentliche Bewusstsein.

Politik

Friedrich Karl Fromme beschäftigte sich über Jahrzehnte intensiv insbesondere mit den Entscheidungen, aber auch den Richterpersönlichkeiten des Bundesverfassungsgerichts. Die Bedeutung der F.A.Z. fasste einmal der persönliche Referent des einstigen hessischen Justizministers Koch so zusammen: Wenn ihm über ein Problem oder einen Skandal etwas vorgetragen wurde, habe Koch gefragt:

Oft und gerne kritisiert, aber unbeugsam: das Bundesverfassungsgericht. 1977 verhandelte der Zweite Senat des Bundesverfassungsgerichts die Verfassungsmäßigkeit der Abschaffung der Gewissensprüfung bei noch nicht einberufenen Wehrdienstverweigerern. Foto Barbara Klemm

„Stand dazu etwas in der F.A.Z.?" Lautete die Antwort „Nein", so sagte der Minister: „Dann ist es nicht passiert."

SPEZIALPUBLIKATION „EINSPRUCH"

Das waren die Zeiten, in denen es noch kein Internet, kein Social Media und nur wenige Fernsehsender gab. Doch auch in einer stark veränderten Medienlandschaft ist die Frankfurter Allgemeine Zeitung das Leitmedium des Rechts geblieben. Mehr als ein halbes Dutzend Redakteure sind Juristen und schreiben mit vielen anderen in allen Ressorts über alle Facetten des Rechts.

2008 wurde im Politik-Ressort die Seite „Staat und Recht" aus der Taufe gehoben. Sie erscheint alle zwei Wochen donnerstags und gibt Wissenschaftlern, Richtern und Anwälten, aber auch Politikern und anderen Praktikern des Rechts ein weiteres Forum, illustriert von einzigartigen Zeichnungen aus dem Tierreich von unseren Karikaturisten Achim Greser und Heribert Lenz.

2017 unternahm die F.A.Z. einen weiteren Schritt, um die große Zahl juristisch interessierter, auch jüngerer Leser auf zeitgemäße Weise zu informieren. Das Online-Produkt „F.A.Z. Einspruch" bündelt seitdem die zahlreichen Artikel aller Ressorts und liefert zudem exklusive Beiträge zu allen Bereichen des Rechts. Der Einspruch-Podcast, der erfolgreichste seiner Art, der alle paar Wochen auch vor Publikum stattfindet, vertieft aktuelle Fragen der Zeit und gibt den Zuhörern Gelegenheit, sich zu beteiligen. Dieses jüngste Produkt der F.A.Z. für diese Zielgruppe hat zugleich das jüngste Publikum. Der Student, der sich die gesamte Zeitung nicht leisten möchte, erhält durch Einspruch alles Wesentliche schnell abrufbar auf seinem Smartphone.

Schon vor Jahrzehnten war es für Jura-Studenten wichtig, spätestens in der Prüfungsphase, die Frankfurter Allgemeine Zeitung zu lesen. Insbesondere vor dem mündlichen Teil des Staatsexamens. Denn oft werden aktuelle Fälle geprüft – und was lesen die Prüfer? Die F.A.Z. Daran hat sich nicht viel geändert. Auch heute noch erhält die Redaktion Danksagungen dafür, dass etwa im Einspruch-Podcast kurz vor einer Prüfung exakt der Fall ausführlich besprochen wurde, der dann im Examen behandelt wurde.

VIELFÄLTIGES ENGAGEMENT

Es mag sein, dass die Bedeutung des Rechts mitunter überschätzt wird. Es ist auch eine Verrechtlichung zu beobachten, die sich um sich selbst dreht. Zudem stellt sich auch für die Rechtsbranche verschärft die Frage, welche Tätigkeiten künftig von Künstlicher Intelligenz übernommen werden können.

Aber das Recht, die Rechtsstaatlichkeit und die Bedeutung derer, die sich dafür einsetzen, wird keineswegs unwichtiger. Das gilt gerade für Zeiten des Umbruchs, wie auch die Phase der Gründung der Frankfurter Allgemeinen Zeitung, die auf der ehrwürdigen und langen Tradition der „Frankfurter Zeitung" aufbaute.

So trat die F.A.Z. stets für die deutsche Einheit ein und vergaß auch niemals das Erbe der Gebiete jenseits von Oder und Neiße, die lange Zeit und rechtlich auch noch nach dem Zweiten Weltkrieg bis zum Zwei-plus-Vier-Vertrag zu Deutschland gehörten. Die Redaktion setzte sich für das Recht auf die Heimat ebenso wie für die Völkerverständigung ein – es war stets klar, dass niemand abermals vertrieben werden darf. So war auch das Engagement der F.A.Z. für die zwischen 1945 und 1949 in der Sowjetischen Besatzungszone Enteigneten zu verstehen: Es ging um Unrecht und um den Wiederaufbau im Osten. Aber selbstverständlich war auch, dass getroffene Regelungen und Entscheidungen des Bundesverfassungsgerichts zu akzeptieren sind.

AUFSTEHEN GEGEN DAS UNRECHT

Auf der Grundlage des Grundgesetzes und unter Achtung des politischen Kompromisses und des gesellschaftlichen Zusammenhalts hielt die F.A.Z. auch stets den Schutz des ungeborenen Lebens hoch. Den Schutzlosen eine Stimme geben und das angesichts von bis heute mehr als Hunderttausend Abtreibungen pro Jahr im Wohlstandsland Deutschland – das ist bis heute eine Herausforderung.

Das gilt auch für den Schutz von Ehe und Familie, den ebenfalls die Verfassung gebietet. Dass die Verbindung von Mann und Frau die einzige ist, die auf natürliche Weise Kinder hervorbringt, gerät immer mehr in Vergessenheit, ebenso, dass Leihmutterschaft hierzulande immer noch aus gutem Grund verboten ist.

Die Frankfurter Allgemeine Zeitung hat sich auch immer für die europäische Verständigung und Einigung stark gemacht – dabei aber auch dezidiert darauf gepocht, dass Deutschland nur einer demokratischen und rechtsstaatlichen Union beitreten darf und dass Deutschland – solange es nicht in einem europäischen Bundesstaat aufgegangen ist – die Letztentscheidung auch über zweifelhafte europäische Akte zukommt.

Ebenso wie die europäische Einigung dient die völkerrechtliche Ordnung dem Frieden. Deshalb hat sich die dem Recht verpflichtete Redaktion stets für das Völkerrecht stark gemacht – zu dem auch das Selbstbestimmungsrecht der Völker gehört. Der serbische Eroberungs- und Vernichtungskrieg vor allem gegen die Albaner im Kosovo war seinerzeit Anlass für Johann Georg Reißmüller, unermüdlich nicht nur auf dieses Großverbrechen aufmerksam zu machen, sondern auch die internationale Anerkennung der einstigen jugoslawischen Teilrepubliken vehement zu fordern. Mit Erfolg. Die damalige Bundesregierung betrieb die völkerrechtliche Anerkennung: letztlich ein Sieg für Freiheit und Selbstbestimmung.

Darum geht es auch heute wieder im Ukrainekrieg: Die Existenz und die Unabhängigkeit eines Landes stehen auf dem Spiel, die Unverletzlichkeit der Grenzen, vor allem aber das Leben und die Freiheit der Ukrainer. Das Moskauer Regime spricht dem Staat und dessen Bürgern ihr Recht auf Leben ab. Dagegen muss man aufstehen, wenn man dem Recht eine Bedeutung zumisst.

Das tut die Frankfurter Allgemeine Zeitung seit Anbeginn. Und die Leser danken es ihr. Dass heftige Debatten dazugehören, versteht sich von selbst.

Dem Recht verpflichtet

Auch hierfür bietet die Zeitung verschiedene Foren, auf denen Politik und Wissenschaft, Justiz und Anwaltschaft die Klingen kreuzen können. Erklärende Artikel zu vielerlei rechtlichen Fragen haben Eingang in Schulbücher gefunden. Wenn, wie einmal ein Bundesverfassungsrichter gesagt hat, manche seiner Richterkollegen ihr eigenes Urteil erst durch die Lektüre der F.A.Z. verstehen, so ist das nicht das schlechteste Lob für eine dem Recht verpflichtete Zeitung. *Reinhard Müller*

Alleinstellungsmerkmal: Die Seite „Staat und Recht" wird regelmäßig „tierisch" illustriert. Die beiden Karikaturisten Achim Greser und Heribert Lenz kommentieren das Rechtsgeschehen auf ihre Weise.

Einblick

WIE GOTT IN FRANKREICH?

Ob im langen Abendkleid beim Staatsbankett, im Schutzoverall auf der Baustelle von Notre-Dame oder mit Schaftstiefeln auf dem Flugzeugträger Charles de Gaulle: Wer über Frankreich berichtet, muss vielseitig und experimentierfreudig sein, und nicht nur bei der Garderobe.

Das liegt schon an den hohen Erwartungen, die dem politischen Korrespondenten der F.A.Z. beim wichtigsten europäischen Nachbarn entgegengebracht werden. Seit Friedrich Sieburgs „Gott in Frankreich?" gilt die „Frankfurter" als Maßstab für den deutschen Blick auf die hohe Politik und das Alltagsgeschehen im Hexagon. Keine Mode, keine Laune, keine Verfassungsänderung und kein Gesetzentwurf, bei dem nicht auch geschaut wird, was die F.A.Z. dazu schreibt oder denkt. Mit der Wiedervereinigung hat der Hang der französischen Elite, sich in allen Bereichen an Deutschland messen zu wollen, noch zugenommen und damit auch der Versuch, sich in der wichtigsten deutschen Tageszeitung gespiegelt, gelobt oder getadelt zu sehen. Die Türen zur Macht, die an manchen Korrespondentenplätzen so undurchdringlich erscheinen, sie öffnen sich in Paris gern und bieten Einblicke in ein politisches Uhrwerk, das so anders tickt als das vertraute deutsche System des parlamentarischen Föderalismus.

Am Anfang stand tatsächlich eine Vorladung in das Innenministerium schräg gegenüber vom Élysée-Palast und ein Gespräch mit einem namentlich nicht genannten Geheimdienstbeamten, der in einer engen Amtsstube am Place Beauvau die junge Korrespondentin auf konspirative Veranlagungen abklopfte. Es war die fast vergessene Zeit, als in Deutschland aus Protest Prosecco statt Cham-

Einblick

Frankreich im Ausnahmezustand

pagner getrunken wurde und junge Leute gegen französische Atomtests auf die Straße gingen. Da wollte man in Paris genau wissen, wen die F.A.Z. ihnen als Tageschronistin schickte. Das Ergebnis der Untersuchung fiel positiv aus, kurze Zeit später flatterte die erste Carte de presse per Post in die Pariser F.A.Z.-Redaktion, die damals nur wenige Schritte vom Präsidentenpalast entfernt lag. Für die politische Berichterstattung ist der Élysée unverändert zentral geblieben, auch wenn Macht und Einfluss der Präsidenten einem manchmal selbstverschuldeten Erosionsprozess ausgesetzt waren.

Über der Ära Jacques Chirac lag noch der Hauch vergangener Grandeur, worüber es in der F.A.Z. Zeugenschaft abzulegen galt. Das sah man allenthalben in dem Anspruch, im Alleingang die französische Atommacht zu modernisieren und die Wehrpflicht auszusetzen, um eine Berufsarmee zu begründen. Es war aber auch aus dem Selbstbewusstsein herauszulesen, mit dem Frankreich seine Veto-Drohung gegen Amerika hervorbrachte und mit dem Gewicht des „alten Landes" gegen die Ambitionen der neuen Welt im Irak-Krieg wetterte.

Der Euro war in diesen Anfangsjahren ein Projekt und lag noch nicht in den Portemonnaies. Die Korrespondentin konnte beobachten und beschreiben, wie zwei Seelen in der französischen Brust miteinander kämpften: Der Wunsch nach nationaler Selbstbehauptung, nach Verteidigung der „fran-

Einblick

zösischen Ausnahme" und zugleich auch das Streben nach einem geeinten Europa, in dem die deutsch-französische Rivalität in friedlichen Bahnen verläuft. Es waren dies die Streitlinien, die bis heute die politische Debatte prägen, zwischen Abschottung und Öffnung, zwischen nationaler Rückbesinnung und europäischem Einheitsgedanken.

Es galt ein Land zu erkunden, das sich im kollektiven Bewusstsein noch als Agrarnation fühlt, obwohl Digitalwirtschaft und Dienstleistungen mehr zum Wohlstand beitragen. Wer erinnert sich noch an den Bauernführer José Bové mit seinem Schnauzbart, der wie Asterix gefeiert wurde, als er gegen Globalisierung, Gentechnik und McDonald's kämpfte? Immer wieder sollte die französische Gesellschaft rebellische Gestalten hervorbringen. Einmal ging es in die Bretagne auf den Spuren der Bonnets Rouges, der Rotmützen-Bewegung, die gegen die LKW-Maut protestierten. Dann wieder hielten monatelang die Gelbwesten das Land in Atem.

Das süße Frankreich, das Millionen von Urlaubern alljährlich aufsuchen, nicht nur auf dem europäischen Kontinent, auch in dem kolonialen Konfetti in der Karibik oder im Pazifik, zeigte sich der Korrespondentin auch von einer düsteren Seite. Die bleierne Zeit begann im Januar 2015 mit dem Anschlag auf die Redaktion der Satirezeitung Charlie Hebdo. Der 13. November 2015 in Paris und der 14. Juli 2016 markieren die Höhepunkte der islamistischen Terrorwelle, über die es bei allem Mitgefühl und bei aller Betroffenheit nüchtern und präzise zu berichten galt. Freude und Schrecken liegen in wohl kaum einem Land so nah beieinander wie in Frankreich. Als die Kathedrale Notre-Dame in Paris in Flammen stand, weinte die verschüttete Seele des Landes, flehten nicht nur gläubige Katholiken, dass der berühmte Kirchenbau der Glut standhalten möge. Fünf Jahre später, im Dezember 2024, steht die Kathedrale strahlender denn je nach einer Kernsanierung da, die nicht nur die Brandschäden beseitigt hat.

Das Arbeitstempo der politischen Korrespondenten hat sich im vergangenen Vierteljahrhundert beschleunigt. Nicht nur das hervorragend ausgebaute Hochgeschwindigkeitszugnetz, auch das engmaschige Glasfasernetz hat die Entfernungen in Frankreich schrumpfen lassen. Aber irgendwie war es auch charmant, bis zuletzt nicht zu wissen, ob der Augenzeugenbericht aus seinem Dorf im Südwesten zwischen Gänsemastfarmen und Maisfeldern zum WM-Finale 1998 wirklich übertragen werden kann. Bei allen Abenteuern und Erlebnissen bleibt das Wichtigste im Leben der Frankreich-Korrespondentin zuverlässige und geduldige Arbeit.

Michaela Wiegel

Einblick

Im Himmel ist der teufel los

Das Auto wurde zu einem Symbol des Wirtschaftswunders – und zu einem begehrten Exportschlager. Foto Lutz Kleinhans

Wirtschaftsblatt

Bessere Plakate

J. F. Wer als aufmerksamer Beobachter in die Schweiz reist, bemerkt schon bald nach Grenzübertritt, daß die Schweizer uns in Punkte, der wesentlich das äußere Stadtbild bestimmt, überlegen sind: Es sind die Plakate. Unwillkürlich bleibt man davor stehen, sie eingehender zu studieren. Sie treffen regelmäßig den Nagel auf den Kopf, sind handwerklich gekonnt, stehen auf einem hohen künstlerischen Niveau und stellen für eine Zierde der schweizerischen Städte dar. Vor einigen Monaten schilderten wir diesen Eindruck und erlaubten uns die Bemerkung, daß die deutschen Graphiker von ihren Schweizer Kollegen ein ganzes Masse lernen könnten. Einige Graphiker schrieben uns darauf, sie seien es ja nicht, auf etwas gereizt, es läge nicht an ihnen; schuld sei die Wirtschaft als Auftraggeber. Man reiche soundsoviele Entwürfe ein, die weilig-konservativen, und nur diese sehe ihr normale Bürger, während die hervorragenden Entwürfe in den Schubladen liegen blieben. Einige Firmen dagegen machten uns darauf aufmerksam, daß sie kürzlich würden, wenn sie auf ein einziges Mai so ausgezeichnete Plakat-entwürfe vorgelegt bekämen, wie sie in der Schweiz an jeder Litfaßsäule zu finden seien.

Sei dem nun im einzelnen, wie dem will. Von niemandem wird bestritten, daß die deutschen Plakate erheblich schlechter sind als die schweizerischen. Aber erfreulicherweise gibt es unternehmende Geister, die sich mit diesem Zustand nicht zufrieden geben. Die Mannheimer haben die Initiative ergriffen und einen Wettbewerb ausgeschrieben. Das Preisrichterkollegium setzt sich aus zwei Wirtschaftlern und drei Vertretern aus der Graphik und Kunst zusammen. Gleichzeitig mit der Preisverteilung, die schon im März stattfinden soll, wird eine Ausstellung „Das zeitgenössische Plakat" eröffnet und später eine weitere Auswahl der besten Plakate gezeigt werden soll. Wie wir es aus der Initiative lesen, die Sache nicht nicht um Lokalpatriotismus geht, ist die Tatsache, daß die Ausstellung als Wanderschau auch in anderen Städten gezeigt werden soll. Auf diese Weise wird so etwas wie ein Markt graphischer Leistungen entstehen, auf dem Graphiker und Auftraggeber leichter zueinander finden, als es sonst möglich wäre. Im Augenblick wissen wir nicht, ob nicht in kurzer Zeit besser als für diese Plakatwerbung den internationalen Vergleich noch nicht aushält.

Soll Erhard bleiben?

Von Erich Welter

In einer Hinsicht ist das sowjetische Wirtschaftssystem, in dem einfach befohlen wird, gehorcht und, dem westlichen System der Marktwirtschaft überlegen: Die schwersten Mängel der Kommandowirtschaft, die ungiebig ist und mit großen Reibungsverlusten arbeitet, lassen sich nicht leicht erkennen. Von Fehlleistungen und Stockungen, selbst gigantischer Art, wird keine Notiz genommen. Alles vollzieht sich lautlos. Millionen sind dort verhungert; in der Marktwirtschaft dagegen lüßt sich nichts verschweigen. Geringste Störungen und Änderungen (um in der Sprache Erhards zu reden), führen unter Umständen zu einer Riesenaufregung. Denn in der Marktwirtschaft müssen Millionen von Einzelplanen koordiniert werden, und das geschieht um so erfolgreicher, je beweglicher das System und zusammengehalten wird. Infolgedessen führen unter Umständen schon geringe – und erst recht schwerwiegende – Veränderungen der politischen und wirtschaftlichen Lage zu heftigen Zeigerausschlägen auf die Medium-instrumenten, die die tatsächliche (oder erwartete) Knappheit – oder auf den Ueberfluß anzeigen sollen. Solche Bewegungen verleiten leicht zu der Auffassung, es sei nun alles drunter und drüber, während es sich in Wirklichkeit, von spekulativen Uebertreibungen abgesehen, um unentbehrliche Signale für Konsumenten und Produzenten handelt. Das soll leider an das Häufigen erinnert werden, denn ohne dieses Gebiet unserer Wirtschaft die Ordnungsgrundsätze unserer Wirtschaft überblicken und nicht nur an das Heute, sondern auch an das Morgen denken, noch nicht sehr groß.

Mangel an Augenmaß

Bei dem Gros der bloßen Mitläufer schwingt das Pendel je nach Lage peinlich rasch von „Hosianna" zum „Kreuzigt ihn" hin und her, wissen wir denen, die nicht mehr in Effekten dafür ihre wirtschaftspolitische Grundanschauung je nach Lage Tages wechseln – bleibt ein dezieren Wirtschaftssystems bieten sie sich in delektierenden Prognosen über das Schicksal unserer Wirtschaftssystems dem allein schon sowohl wie wir die Handarbeiter und auch unter büchsen Grundsatzverdanken, Konsequent nur in der Grundsatz und Linienlosigkeit, das heißt in ihrem Hang zum erratischen Denken, haben diese Laien Zeitgenossen obendrein ihr Augenmaß verloren. Ein Zehntel des Sozialprodukts wird von uns für die Rüstung verlangt. Das ist wahrscheinlich eine übertriebene und ungerechtfertigte Forderung, die bei der rationellen Ausnutzung der bisher schon aufgebrachten Besitzerkosten erheblich heruntergedrückt werden kann. Aber ob die Eindruck als wir meynose gewinnt man den Eindruck als verleihe manchem mitgenlich eine Verrechnung tun so, als solle nur ein Zehntel der sogenannten öffentlichen Sektor – gewiß besonders ihm panischen Ueberbaschätzungen der Produkt vorstehenden Wandlungen sind die Folgen, tions- und Bedarfsrichtung sind die Proportionen, solcher Trünnungen aus der Blicks für die Proportionen. Die fixe Idee von der „Zwangsläufigkeit der Entwicklung", der Wahrisch der Sozialdemokraten in einigen Ländern, die Mundsicht diese Kombination von außen- und wehrpolitischer Propaganda bis dankend und Kampf gleich mit der Beginn des amerikanischen Jahrhunderts" ausgerufen. Und Herr Erhard, den man noch vor ein paar Wochen plötzlich abgemeldet. Er ist also nach Wochen am Ende eines gebraucht einer, zwinkert man sich dies Tragweite dieses Geflüsters zu haben.

Bretter vor dem Kopf

Wir sprechen hier nicht von der Person Erhard. Es geht hier nicht darum, ob man Sympathie oder Antipathie sich davon, ob das Wirtschaftsministerium als Verwaltungsinstrument verbesserungsbedürftig sei bei den gleichen Mitteln. Nachholbedarf ist bei den gleichen Zusammenhängen ist hier die Frage Politik in dieser ist hier die Frage soll, in den Grundsätzen die Friedrich Erhard verkörpert wir sei geleistet hat tun müssen. Die Anwendung andere Menschen wie er sei geleistet hat tun müssen die Mann, aber nicht in und pressen lassen würde. Eine Partei pressen läßt, und pressen lassen muß. Gerade dadurch der Zuversicht, die so viele es in einflößte hat. Außerordentliches geleistet. Und in Deutschland wirtschaftspolitische Wiederaufbau ist schon die Links-partei und wirtschaftspolitische eingehen einige Bretter Bretter tischen Gebieten nicht, vor allem als langsam wer lange den An-noch den Kopf hätte hätte, wie sonst mit allen seinen

Arbeiterschaft heute größtenteils wieder unter einigermaßen menschenwürdigen Bedingungen zu leben begonnen hat, so verdankt sie das nicht Sozialisierungsanträgen, Mitbestimmungsforderungen und unklaren Planwirtschaftsvorstellungen, sondern dem System der gelenkten Wirtschaft. Wo ist der Mann, er sich einsichtsvoller, moderner und mutiger über alle sterilen Vorurteile hinweggesetzt hätte, um einer neuen Ordnung zum Durch-bruch zu verhelfen – nicht nur durch Aufhebung der alten Zwangswirtschaft, sondern auch durch ein konsequentes Ja zur freien Verflechtung und zu einem unerschütterlichen Nein zu allen offenen und getarnten Inflationsplänen?

Noch konsequenter

Wenn man dem Wirtschaftsminister aus seinem Regierungskreis einen Vorwurf machen kann, so ist das nur der, daß er das System Erhard sich noch nicht konsequenter durchzusetzen vermocht haben. Einiges auf diesen Gebiet soll nach den vorliegenden Beschlüssen zum Teil auf Grund der Empfehlungen die Europäische Zahlungsunion, zum Teil auf Grund eigener Initiative, nachgeholt werden. Den Hauptaufgaben drängen sich jetzt auf: Zunächst soll wieder. Wie verhängnisvoll im Gange gebracht werden. Wie verhängnisvoll die Tiefhaltung des Zinses (des Preises für die Ware Geldkapital) das, in Deutschland war, allen Waren auf knappster ich doch allmählich korrigiert werden. Man kann nur schmerzhaft hier aber Arbeit geleistet die bisher von der aber unvermeidliche Operation sich vorbehalte, in Etappen vollzogen, sondern das vorbehaltet wirstische Gesamt der Zinsoop. Um diesen einzigen Schritt ausgeführt wird Um diesen Teil der Marktwirtschaft wirklich fähig zu machen, das ist die zweite Aufgabe, auf der anderen Seite jetzt die künstliche Investitionsanreize für den hier im Betrieb, die unsere Steuergesetzgebung bietet, einzusschränken, sind nunmehr Teil Uebertel des Zeit, in dem man fürchten mußte, daß der Hang für Investition nicht ausrechen würde um zum Ersparten ein aufzubereiben nutzbar zu machen für Investitionen, einfach zu denen die Investitionen aus eigenen Betrieb günstigten oder der dicksten Steine fortfällt, wird nach einer der dicksten Steine des Anstoßes beseitigt werden, den weite Kreise noch für der Entwicklung der Wirtschaftsordnung im Rahmen der Fehlleitung von Kapital durch übertriebene Aufwand der verschiedensten Art und mit Recht bringern, die nicht, wie er durch zusammenbruch und Geldreform expropriiert Kreise enteignet und ausländische Beobachter befremden sondern weil sie durch die dringlichere Verwendung dringlich gehemmt, weil ihr der kapitalistische Grundwirkt, denn fehlt irgend was aus einem wenn so solche offensichtlichen Fehlleistungen als ein Fiasko der der öffentlichen sichtlichen Fehllenkung als ein wären", solche offensichtlichen Fehlleitungen als wichtigste und dringendste Aufgabe für einen marktgerechten Unbau des Steuersystems das zwar der Ersparnisbildung begünstigen aber die Kapitalvergeudung möglichst ausschließen soll.

Kein Spielball der reichen Leute

Um eine Marktwirtschaft wirklich sozial auszugestalten, kann und muß viel getan werden, worauf Fresser Müller-Armack auf der Schlagenseiten er Rechte des Arbeitgeber-bande im Recht hingewiesen hat. Sicher ist jedoch, wird sich dies das Regelmäßig jeden sozial, je mehr Raum darin und deshalb ist es das dritte Punkt – zu beklagen daß es die Arbeit am Wettbewerb gerade nicht in der Weise unserer Wirtschaftsminister unsprünglich vorgeschwebt hat. Einmal den Wettbewerb die grundgesetzlich muß durchaus durch ein keineswegs Kartell- und Konzerngeselzbedingung, das grundwiklichkeitsfremd ist kann auch genug mich sein, halb wie gar nicht hoch genug einschäßt der Bedeutung, bei dem es darauf sich nicht in der Markte druck entsteht. Wirtschaft nicht sei ein Spielball der Interessenten oder vermächtig Rahmen mächtiger Gruppen. Das ist sie aller, wenn sie nicht maximalisch und gegen ist, wenn sie nicht maximalisch geordnet und geleitet, da zu die Anwendung. Die Wirtschaftsprinzipien teils ja, als Verbreiten der verbreiteten ist zu einem weitgehenden Aktivierung erweitert gestattet. Die Marktwirtschaft, um wir wenn ist auf einer soziale Maximen ist. Wirtschaftsprinzipien teils ja, die Anwendung Zwangsvorstellung, die außergewöhnliche der Anpassung als auch gewöhnte Wahrung der Anpassung außergewöhnliche Anforderungen erlaubt, wie sie bei Verteidigung der unserer Welt gestellt wird. Doch damit setzt das mehr ein Thema an, zu dem ohnehin noch ausgiebig in der nächsten Zeit Wirlesagen und Aufwarts

zum Beispiel der beste Chemiker ein guter Konzernchef sei.

Zin offenes Wort müsse auch über die Nachfolgeschaft innerhalb der Familienunter-nehmen gesagt werden. Es sei nichts natürlich, wenn wohlmeinende Väter unter allen Umständen einen Platz im Betrieb verschaffen wollten ein Platz im Betrieb verschaffen wollten. Es wäre besser, man setze den Betreffenden ein erträgliches Jahresgehalt aus und verpflichte sie dann unter gar keinen Umständen in den Betrieb einzumischen. Es hänge im wesentlichen von der Unternehmensleitung ab, eine saubere und anständige Betriebsatmosphäre zu schaffen.

Aber nur, wenn man selbst hundertprozentig ein sauberer Charakter sei, könne man hoffen, bei diesen Bemühungen einen Erfolg zu sehen. Generaldirektor Mahler schloß seinen Vortrag, der er ihm die Zuhörer mit großem Beifall dankten, mit dem Goethewort „Die Worte sind gut, aber wir handeln, das Beste ‚der Geist, aus dem wir handeln, das Höchste.

Generaldirektor Mahler hatte im Vortrag auf einem Empfang der Arbeitsgemeinschaft der Mittel- und Großbetriebe des Einzelhan-dels in Hessen, betont, daß zuerst der Dienst komme, speziell der Dienst am Kunden, und dann auch der Verdienst sich allein erzielen stelle. Man müsse im Handel rationalisieren wollen. Nicht jeder müsse alles vorsetzen, wenn man Man müsse die Sortimente beschränken, doch dürfe nicht „uniformieren" wenn man die Freude am Einkauf erhalten wolle.

Neuordnung wichtiger als Entflechtung

Ein Vorschlag zur Neuordnung der Kohle und Eisenindustrie

R. Bonn, 1. Dezember. Angesichts der Urabstimmung in der Industriegewerkschaft Metall über einen erneuten Streik wegen Mitbestimmungsrechtes ist in der Fraktion der Christlich-Demokratischen Union des Bundestages ein umfassender Meinungsbildungsprozeß über die nach wie vor wachsenden Mißbehagen der Fraktion nach der Haltung der Bundesregierung in den Fragen der Neuordnung bei Eisen und Kohle zu verzeichnen.

Der Abgeordnete der Christlich-Demokratischen Union Dr. Schröder, ein Mitarbeiter Dr. Dinkelbachs, erklärte jetzt dazu vor der Presse: es zeige sich immer stärker, daß die Presse, es zeige sich immer stärker, daß die Eigentumsregelung in den Grundzügen stoffindustrien gegenüber der technischorganisatorischen Frage ihrer Entflechtung in den Hintergrund treten müssen. Schröder wandte sich gegen die Mitteilung daß die privaten Besitzverhältnisse im Augenblick nicht angetastet werden sollten, und nannte ein Zeichen für das Neugestaltung der Eigentums, im Gegensatz dazu die Kernstücks bei Kohle und Eisen eine Neugestaltung der Eigentums ja und der Alliierten für die Regelung der deutschen Gesetzgebung für die Grundwirtseigentumsverhältnisse mäge sei die bundesgesetzt ausgelegt werden, daß die Verträge die alten Machtverhältnisse, Stiles bringe, sondern noch eine Sozialisierung alten Stiles bringe, sondern eine vielmehr in einem vernünftigen Umformungsprozeß unter Anwendung des marktwirtschaftlichen Prinzips die Belegschaften ebenso ohne die unternehmerischen Funktionen zu beeinträchtigen.

Schröder sagte, da die Bundesregierung in dieser Hinsicht gezögert habe, müsse die Entwicklung durch neue Vorschläge vorwärts getrieben werden. Er legte einen Vorschlag der Christlich-Demokratischen Union zur Regelung der Eigentumsverhältnisse bei Kohle und Eisen im Rahmen der Neuordnung vor. Dieser Vorschlag fordert die Uebertragung von 25 Prozent des Aktienkapitals der im Zuge der Eisenneuordnung entstehenden Kohle- und Eisengesellschaften auf den Bund. Der Bund soll die dieser Beteiligung entsprechende Zahl von Mitgliedern in die Aufsichtsräte der neuen Unternehmen entsenden, wobei die Länder und Gemeinden, in denen wesentliche Betriebsstätten liegen, beteiligt werden mit dieser Aktienübertragung an diesen Aktien des Bundes die Erträge aus diesen Aktien des Bundes der für den Lastenausgleich zur Verfügung stehen.

Erläuternd sagte Dr. Schröder, diese Regelung lasse die unternehmerische eines überhaupt nicht, vermeide unternehmerische überhäufung. Konzentration in einer und gewähre dieser mäßige Konzentration der Hand, gewähre dieser bei der Öffentlichen Hand. Zugleich solle aber die notwendigen Einfluß erhalten das öffentliche Hand Aufsichtsräten erhalten durch Funktion in den Aufsichtsräten durch die Aktienvertretern besetze. Die Abteilung des Aktien-heuers zu einem Drittel mit Vertretern der langjährigen Lastenausgleichsunternehmen werde durch die langjährigen Belastungen, die Unternehmen von ihnen der Belastungen, die den Weltmarkt gewinnen bewerbsfähigkeit auf dem Weltmarkt.

Miteigentum der Arbeiter?

sp. Frankfurt, 1. Dezember (Eig. Bericht) Neben den wirtschaftlichen Wettbewerb müsse auch ein sozialer Wettbewerb treten, forderte Gert Spindler (Firma Kampf und Spindler hd. b Düsseldorf) in einem Vortrag auf der der Hessischen Verbände und der Presse veranstalteten Vortrag der Lösung der aktuellen Frage als Grundlage einer neuen wirtschaftsordnung vor, bestehe darauf daß den Arbeiter in Frankfurt Es komme daran, den Arbeiter ohne die proletarischen Verfassung seines proletarischen Herauszuführen und Handeln zur ein selbstverantwortlichen Persönlichkeit gleicher gleichen Bürger zu machen. Damit werden die Ziele schlag sicher kollektive Denken Zie Partnerschaft rüber zur Erreichung Unternehmern, durch die Bereitsschaft der Einführung einer Partnerschaft gleichen und Unternehmern, durch die Bereitung der Arbeiter in der Substanz der Unternehmen nähmen vor. Damit werde aus dem Arbeiter im Mitunternehmer und aus einer kollektiven und anonymen Mitbestimmung, die von den Gewerkschaften in machtpolitischen

Zwecken mißbraucht werden könne, wird in der Mitbestimmung des mit seinem Anteil für seine Entscheidung teilnehmen würde.

Spindler berichtete über die Förderung der „Arbeitsgemeinschaft für Partnerschaft", die bereits eine betriebliche die Formen der Partnerschaft und wirtschaftliche Struktur der Unternehmen verschiedene. Spindler betonte, daß es jedem Arbeiter freistehen müsse, ob er Mitunternehmer werden wolle. Entscheidend sei, daß den Arbeitern und der verbinde. Nur dann werde der Unternehmer mit Erfolg seine politische Aufgaben erfüllen können. In der gegen anschließenden Diskussion wurden zur zu gestimmt, erhebliche Bedenken dagegen in den grundsätzlichen Fragen politisch zugestimmt, erhebliche einzelner Fragen der Partnerschaft geklärten

Wirtschaftskabel: Höhere Zinsen für Spareinlagen

F.A.Z. Frankfurt, 1. Dezember, haben die Bankaufsichten Wir mit unterm Teilung 1. Dezember bekanntgegeben, daß sie gemäß gemeinsam der gesetzlich westdeutschen Länder Freihabensichern Bundesaufsichtsbehörden sowie nach Bedenken gegen eine Erhöhung der bisherigen Bedenken gegen eine Erhöhung, die bisherigen Zinsen zurückgehend haben. Die Erhöhung nach dem Rangziffer-Zinserhöhungen werden die Sparkassen haben die Bankaufsichten Zinserhöhungen werden die Sparkassen haben einheitlich in Westdeutschland vorgesehen (bisher 2,5 Prozent) ab jetzt 3 Prozent, kündigungsfrist vereinbart mit 3 Prozent und Spartgesteigerten von 6 bis 12 Monaten mit 3,5 Prozent angelegten (bisher 3 Prozent) und Spareinlagen mit festgelegten Kündigungs-frist von (festgelegten Kündigungs-) 4,75 frist von 12 bis 24 Monaten 4 Prozent (bisher) Prozent. Die neuen Zinssätze betragen: unter 50 000 DM staffeln sich 3 Prozent, unter 100 000 DM werden mit 3,5 Prozent, unter 2500 DM mit 3,75 Prozent, und über 500 000 DM 4,25 Prozent verzinst. Für Festgelder ab 50 000 DM erhalten bei Dingungstarife) die höchsten Zinsen, wenn die Zinsen bei dreimonatigen Kündigung 3,75 Prozent verzinst ab 3,75 bis 3 Prozent) zwischen 3,75 werden, 1 Prozent in provisionsfreier Rechnung und bei 7 Tagen Stichtags wird weiter in Rechnung. Die höheren Zinssätze werden weiter im Rahmen der gegenwärtig noch Verhandlungen sollen jedoch angesichts der Preisniveau zu wollen die Funktion haben, das Preisniveau zu Rückflüsse zu regulieren, und Schnitt der wenn Rund- und Schnitt-Dennoch warnte vor anderer Seite Richtlinien, und empfahl vor allem sich zu der Lage.

abschlossen haben einen neuen Höhepunkt im Spargeld-eingängen erreicht. Auch die Spargeldeingänge stiegen gegenüber den beiden Monaten mit 42 Millionen DM gegenüber 36 Millionen DM im Juli und August an. Die Bauspareinlagen der privaten Bausparkassen haben bei Ende 1950 von 260,5 Millionen bei Stand Oktober 263,5 Millionen erreicht bis zu An-fang Jahr des 163 Prozent erreicht zu Anfang des Jahres erwartet wird.

Dauerarbeitslosigkeit nimmt zu

Bonn, 1. Dezember (idpa). Die Zahl der Dauerarbeitslosen im Bundesgebiet, die länger als sechs Monate erwerbslos ist, ist trotz der allgemein Rückgang der Arbeitslosenzahl in diesem Jahr zugenommen. Das Bundesarbeitsministerium folgert daraus, das sich aus langfristig strukturellen Gründen aus. Die Zahl der strukturellen Dauerarbeitslosen wird aus, schätzt das Arbeitsministerium auf rund 900 000 bis eine Million.

Holz in der Konkurrenz

hd. Düsseldorf, 1. Dezember (Eigener Drahtbericht). Auf der Tagung der Holzwirtschaft hd.Düsseldorf Gesellschaft für die Holzforschung, Dr. W Wegelin mit der Frage „Holz in Wettbewerb". Er gab die zur nichttechnische Entwicklung die Wegelin mit der Holzforschung sagte mit anderen Holzforschung erklärte Wegelin es wäre töricht die Verwendung das für Nachholzförschung sei wäre töricht des Holzes zu verpflichte. Ersatzstoffe kommen im übrigen. Dr. Wegelin wollte Holzverdrängen des Holzes in allen Bereichen zu regulieren. Das

Bauspar-Zugänge

Kohlen-Rekordförderung

Essen, 1. Dezember (vwd). Die westdeutsche Steinkohlenförderung erreichte nach vorläufigen Angaben der deutschen Kohlenbergbauleitung im November mit etwa 10,01 Millionen Tonnen einen Nachkriegshöchststand. Die bisher höchste Monatsförderung seit Kriegsende im März 1950 mit 9 Millionen Tonnen erzielt. Im Oktober dieses Jahres wurden 9,5 Millionen Tonnen und im September 9,2 Millionen Tonnen Steinkohle gefördert. Zusätzliche Sonn- und Feiertagsschichten erbrachten seit dem 13. November im Zuge der Sondermaßnahmen rund 500 000 Tonnen Steinkohle.

Die Kohlenversorgung

Essen, 1. Dezember (AP). Fehlender Waggonraum habe zu einer weiteren Erschwerung der Kohlenversorgung geführt, berichtete die deutsche Waggonkappung am Freitag. Wegen der Waggonkappung müßten bereits gekaufte Kohlen- und Koksmengen auf Halde gelagert werden. Der Waggonmangel wirkt sich darauf ausgeladen, daß der Kohlenhandel und die Wirtschaftsgüterwagen sich nicht am Sonntagen anrollenden Güterwagen sich nicht am gleichen Tage entladen.

Kohleabtransport gesichert

Hi. Bonn, 1. Dezember (Eigener Drahtbericht). Der Abtransport der laufenden Ruhrkohleproduktion durch die Bundesbahn sei kein Problem, wird aus Bonn erklärt; es sei nur mindestens in der Zuckerrübentransporte vor-übergehend der Bundesministerien, in denen, da aber bekannt worden, sei es eine kleine „Waggonklemme" der Bundesbahn bevorzugt worden für Die Kohle abtransportiert werden, für Die Kohlen-abtransporte bevorzugt werden.

Begrenzte Konjunktur

E. Bonn, 1. Dezember. Das Bundeswirtschaftsministerium stellt in seinem extensionalen Rohstoff- und Konjunkturbericht für Oktober fest, daß am extensionalen Rohstoff- und Konjunkturbericht für den weiteren Erfolg Schwierigkeiten dem weiteren aufschwung industrieller Fertigwaren auch Nachfolge für industrielle Fertigwaren auch Konserven zur Lebensmittelindustrie im Oktober bemerkenswert fest geblieben sind. Eine Tendenz zu Nahrungsmittel sei, auch die Weltrohstoffmärkte vor begrenzten Preissteigerungen herrscht. Der Unruhe auf dem Weltrohstoffen vor der Unruhe auf dem Weltmarkt stelle das Bundeswirtschaftsministerium mit dem Gebiet der Schwerwiegende Spannungen mit dem Gebiet der Zahlungsbilanzgegenüber den Europäischen Zahlungsbilanz gegenüber der Europäischen Zahlungsunion besonders dringlich bezeichnet. Die weitere wirtschaftliche Entwicklung wird davon bestimmt sein, inwieweit es gelingt, die Schwierigkeiten im Kohle- und Rohstoffversorgung zu überwinden.

Die Zellwolle wird teurer

Kassel, 1. Dezember (vwd). Die Zellwollwerke der Bundesregierung haben mit Rücksicht auf die stark gestiegenen Zellstoffpreise und die Verteuerung der Chemikalien mit Wirkung vom 1. Januar für die Zeit bis Ende Februar 1951 höhere Preise festgesetzt. Sie bewegen sich zwischen 2,88 DM und 3,36 DM je Kilo gegenüber dem bisherigen Durchschnitt von 2,70 bis 2,90 DM.

Die Treibstoffbewirtschaftung

E. Bonn, 1. Dezember (Eigener Drahtbericht). Von zuständiger Stelle wird erklärt, daß eine Aufhebung der Treibstoffbewirtschaftung zur Zeit noch nicht erwartet werden könne, wenn durch die Erhöhung der Mineralölsteuer eine Preiserhöhung von zehn Pfennig je Liter Benzin und ein Pfennig je Kilogramm nicht erzielt eintreten sei Die Bevorzugung sei nicht ausgerichtet genug und die Verbrauch sei verrechnet steigen. Nach der weiteren Erklärung des Bundeswirtschaftsministeriums würde die Oberkommissare bei dem Professor Erhard die Aufhebung der Treibstoffbewirtschaftung mehrmals beantragt hatte, dieser habe sich aber ablehnend gegenübergestellt. Der Treibstoffverbrauch sei allgemein weltwirtschaftlich aus allgemeinen weltwirtschaftlichen Gründen in den nächsten Zeit nicht zu rechnen.

Metallarbeiter-Tarif gekündigt

hd. Düsseldorf, 1. Dezember (Eigener Drahtbericht). Die Industriegewerkschaft Metall hat in Nordrhein-Westfalen mit dem beigetretenen Arbeitgeber-verbänden zu einem neuen Lohntarif geführt und die Lohntarifverhandlungen, der erst im August abgeschlossen war, gekündigt. Im August war der Tarif war, gekündigt. Im August war der Tarif von den Arbeitnehmern unter der Voraussetzung akzeptiert worden, daß keine weitere Erhöhung der Preise erfolge.

Dollarausfuhr gestiegen

F. A. Z. Frankfurt, 1. Dezember Gesellschaft zur Förderung der amerikanischen Handels in die Dollar-teilte, stiegen die Exporte von 34,6 Millionen in den ersten Quartalen des deutschen Dollar teilte, stiegen im Oktober an den ersten Quartalen nach 53,9 Millionen Dollar an. Dieser war Sechzig Prozent über dem Vorjahres. Dies Jahres gleichen Periode des Vorjahres. Im Oktober 1950 stieg der Export nach den Vereinigten Staaten sich im Oktober sogar im Vergleich mit der Oktober sogar auf 10 Millionen Dollar.

Ein handelbarer Bonus

F.A.Z. Frankfurt, 1. Dezember, die Beibehaltung der Devisen-ponten nach der Umwehrung vor allem die Bundesregierung stellte, plant man im Bundeswirtschaftsministerium gegenwärtig, ministeriell gegenwärtig zwanzigprozentigen, an den sehnprozentigen Bonus den Expert zur verrechenbaren unter frei handelbaren Bonus den Expert mit Bonsobrecht getroffen werden könnte. Dies ist in Kürze soll auf der Bonsobrecht mit Ausnahmen der Bank deutscher Länder.

DAS GRUNDGESETZ DER MARKTWIRTSCHAFT

Die Wirtschaftsredaktion setzte sich von Beginn an für eine freiheitliche Wirtschafts- und Gesellschaftsordnung ein. Sie kämpfte für Privateigentum und Wettbewerb und gegen wirtschaftliche Macht. Mit ihrer ordnungspolitischen Ausrichtung eckte sie nicht nur in der Politik an, sondern auch in Teilen der Wirtschaft.

Im Herbst des Jahres 1960 trafen sich in einem Konferenzraum des Kölner Dom-Hotels Vertreter des Bundesverbands der deutschen Industrie (BDI) und der Wirtschaftsredaktion der F.A.Z. zu einem Gedankenaustausch. Diese Begegnungen fanden zumeist halbjährlich statt und waren nicht selten von Kontroversen geprägt, weil die ordnungspolitische Ausrichtung der Wirtschaftsredaktion mit den Forderungen des BDI nach politischen Interventionen zugunsten der Wirtschaft in Widerspruch geriet.

Auf der Tagesordnung stand mit der Forderung Bundeswirtschaftsminister Ludwig Erhards nach einer Aufwertung der D-Mark am Devisenmarkt ein hochemotionales Thema. Die Wirtschaftsredaktion – deren Delegation Erich Welter, der Gründungsherausgeber der F.A.Z., leitete – unterstützte Erhard vehement, weil sie in einer Aufwertung der Währung die Möglichkeit erkannte, um über eine Verbilligung der Einfuhren die Inflation zu bekämpfen. Die von BDI-Präsident Fritz Berg geleiteten Industrievertreter lehnten

Wirtschaft

die Aufwertung wegen der Verteuerung der deutschen Ausfuhren entschieden ab.

Fritz Ullrich Fack, damals Wirtschaftsredakteur und ab 1970 Politischer Herausgeber, erinnerte sich an eine „ungewöhnliche Schärfe der Debatte", die das Treffen an den Rand des Abbruchs brachte. In einer Sitzungspause zogen sich die Delegationen zurück. „In unserer Ecke hatten die Ober auf einem Glastisch kunstvoll eine Pyramide aus Weingläsern aufgeschichtet", schrieb Fack. „Erich Welter war so wütend, wie

Der Wirtschaftsaufschwung ab den späten vierziger Jahren belebt die Einkaufsstraßen in den großen Städten: Die Frankfurter Zeil um das Jahr 1959.

Foto Lutz Kleinhans

ich ihn selten erlebt hatte." Schließlich konnte Welter seine Erregung nicht mehr kontrollieren. „Er gab jedenfalls unvermittelt dem Tischchen einen Tritt und die gesamte gläserne Pyramide fiel klirrend zu Boden", schilderte Fack. „Dreißig Minuten später schied man relativ friedlich."

Heftige Auseinandersetzungen mit der Großindustrie bilden einen prägenden Bestandteil der Gründungsgeschichte der Wirtschaftsredaktion. Denn sie belegen, wie sehr die von der Redaktion mit Verve verfochtenen marktwirtschaftlichen Ideen auch gegen einflussreiche Kräfte in der Wirtschaft verteidigt werden mussten. Entgegen einem verbreiteten Fehlurteil geht das Eintreten für die Marktwirtschaft keineswegs zwingend mit der Vertretung von Interessen der Unternehmen einher.

MIT LUDWIG ERHARD UND DER FREIBURGER SCHULE

Ein Plädoyer für die Marktwirtschaft stand kurz nach dem Zweiten Weltkrieg im Widerspruch zum Zeitgeist. Die CDU hatte sich im Ahlener Programm von 1946 zu „Planung und Lenkung" der Wirtschaft im Geiste einer „christlichen Sozialreform" bekannt. Privateigentum, wirtschaftliche Freiheit, besonders aber eine nicht regulierte Preisbildung standen nicht in hohem Ansehen. Für die Marktwirtschaft kämpften in der Politik Ludwig Erhard, der im Jahr 1949 Bundeswirtschaftsminister wurde, sowie die Ökonomen der Freiburger Schule um Walter Eucken.

Welter verschrieb sich Euckens Vorstellung einer freiheitlichen, auf Prinzipien wie Privateigentum, Wettbewerb, freier Preisbildung und stabilem Geld beruhenden Wirtschafts- und Gesellschaftsordnung, in der sich der Staat mit Eingriffen in die Wirtschaft zurückhielt. Zudem war Welter durch seine Mitgliedschaft in der liberalen Mont Pèlerin Society geprägt. So wurde die Wirtschaftsredaktion zum Herold einer die Soziale Marktwirtschaft sichernden Ordnungspolitik in einer überwiegend skeptischen Bundesrepublik.

Welter begriff die Vermittlung marktwirtschaftlicher Kenntnisse als Bildungsaufgabe. „Die Zentralverwaltungswirtschaft, die durch Kommando von oben nach unten gelenkt wird, untergräbt zwar die persönliche Freiheit, und ihr ökonomischer Wirkungsgrad ist gering. Aber sie weist einen großen Vorteil auf: Sie ist eine verständliche Ordnung", erläuterte er. „Das marktwirtschaftliche System beruht nicht auf Subordination unter einen einzigen Plan, sondern auf Wettbewerb und Koordination von unzähligen Plänen, die mittels in Geld ausgedrückter Preise miteinander verknüpft sind. Der Wirkungsgrad dieses Systems, der die persönliche Freiheit grundsätzlich unangetastet lässt, ist ungleich höher."

Damit sei jedoch eine entscheidende Schwäche verbunden, warnte Welter. Für das ungeschulte Auge sei nicht ohne Weiteres zu erkennen, dass gerade in diesem freiheitlichen System der Wirtschaftsprozess auf unsichtbare Weise viel sinnvoller gelenkt werde als in der Planwirtschaft. Daher fürchteten die Menschen, in einer Marktwirtschaft „Opfer einer Anarchie zu werden".

DEMOKRATIE ODER DIKTATUR?

Im sich entwickelnden Konflikt der Systeme ging es um die Frage: Demokratie oder Diktatur? Wer sich für die marktwirtschaftliche Ordnung einsetze, müsse sich „auch den Kopf darüber zerbrechen, wie sie erkennbar, durchsichtig, verständlich gemacht werden kann", schrieb Welter. Lernen müssten nicht zuletzt die Eliten. „Maßgebende Männer, die sich als Experten der Wirtschaft vorkommen", urteilten häufig „mit erschreckender Ahnungslosigkeit über Fragen, von denen sie schlechterdings nichts verstehen."

Gekennzeichnet war der Wirtschaftsteil von der beharrlichen Sorge, eine von Unkenntnis oder ideologischen Vorbehalten gegenüber der Marktwirtschaft beeinflusste Politik könnte den kräftigen Aufschwung der Wirtschaft beschädigen. Die westdeutsche Wirtschaft wuchs in den fünfziger Jahren mit einer durchschnittlichen Rate von 8,2 Prozent im Jahr; der Rekord wurde im Jahr 1955 mit gut 12 Prozent erreicht. Diese Zahlen erscheinen aus heutiger Sicht außergewöhnlich hoch und erklären, warum sich die Bezeichnung „Wirtschaftswunder" einbürgerte.

Vielen Menschen fehlte angesichts der vorangegangenen historischen Brüche jedoch das Zutrauen in eine langfristig gedeihliche Entwicklung. „Unser augenblickliches Wirtschaftssystem ist weit von dem marktwirtschaftlichen Ideal entfernt; und was schlimmer ist, auch von der möglichen Annäherung an dieses Ideal", klagte Jürgen Eick, der zunächst die Wirtschaftsredaktion unter Welters Ägide leitete und im Jahr 1963 zum für Wirtschaft zuständigen Herausgeber berufen wurde. „Die Marktwirtschaft rückt nicht weiter vor, sie ist in die Defensive gedrängt."

Als höchst umstritten erwies sich in den fünfziger Jahren der Umgang mit wirtschaftlicher Macht. Im Deutschen Reich waren Ballungen wirtschaftlicher Macht durch Kartelle, also Preisvereinbarungen von Unternehmen, sowie eine enge Zusammenarbeit von wirtschaftlicher und politischer Macht verbreitet gewesen. Die Alliierten hatten angekündigt, „zu dem baldmöglichsten Termin die deutsche Wirtschaft zu dezentralisieren". Ihre Absicht traf sich mit der Überzeugung deutscher Ordnungsdenker, wonach wirtschaftliche Macht eine Gefährdung für eine freiheitliche Wirtschafts- und Gesellschaftsordnung darstellt. Funktionsfähiger Wettbewerb war für Eucken, Erhard und Welter eine conditio sine qua non. „Die Marktwirtschaft bekommt ihren Sinn erst durch den Wettbewerb. Nur wo der Wettbewerb wirksam ist, besteht für alle Schichten der Bevölkerung eine Garantie, dass die Preise – durch den ständigen Druck der Konkurrenz – auf den Stand hinuntergepresst werden, der zur Deckung der notwendigen Kosten gerade noch erforderlich ist", schrieb Welter. „Erst der Wettbewerb, der für die Beteiligten nicht bequem ist, vermag der Marktwirtschaft den sozialen Stempel aufzudrücken."

DER KAMPF UMS WETTBEWERBSGESETZ

Die Versuche, eine Wettbewerbsordnung zu schaffen, scheiterten lange Zeit an erheblichen Widerständen in Teilen der Wirtschaft, für die vor allem der BDI

Das Grundgesetz der Marktwirtschaft

stand. Ihm gelang es, Einfluss auf wichtige Kreise in der CDU bis hin zu Bundeskanzler Konrad Adenauer zu erlangen, die Erhards Elan bremsten. „Für einen Teil der Unternehmer waren Preisabsprachen und Produktionszusammenschlüsse tägliche Praxis", konstatiert Maximilian Kutzner in seinem Buch über die Wirtschaftsredaktion („Marktwirtschaft schreiben"). So kam im Jahr 1954 ein Seifenkartell zustande, in

Im Hamburger Hafen warten Schiffe auf Ladung. Foto Fritz Fenzl

Wirtschaft

dem sich die Fabrikanten verpflichteten, Seifen nicht unter ihren Produktionskosten zu verkaufen. Kontrovers diskutiert wurde auch das im Jahr 1955 gebildete Mühlenkartell, mit dem die unter Überkapazitäten leidende Mühlenwirtschaft versuchte, den Preisverfall für Weizenmehl aufzuhalten.

In der Debatte um das Gesetz gegen Wettbewerbsbeschränkungen ging es wesentlich um die Frage: Verbotsprinzip oder Missbrauchsaufsicht? In großer Klarheit trat die Redaktion dafür ein, die Bildung von Kartellen grundsätzlich zu untersagen und nur nach einer Vorprüfung in Ausnahmefällen zu genehmigen. Das entsprach dem Verbotsprinzip. Die Anhänger der Missbrauchsaufsicht wie der BDI wollten dagegen die Bildung von Kartellen grundsätzlich gestatten; nur wenn später ein Missbrauch von Marktmacht nachgewiesen werden konnte, sollte ein Kartell verboten werden.

Gegen diese Missbrauchsaufsicht hegte Welter schwerste Bedenken: „Freilich erfordert das Wesen einer Marktwirtschaft, deren Seele und deren sozialer Garantieschein der Wettbewerb ist, dass es nicht den einzelnen überlassen werden kann, ob solche Vereinbarungen zur Regelung des Wettbewerbs vorgenommen werden dürfen oder nicht. Sonst könnte ja jeder kommen und probieren, auf dem Wege von Vereinbarungen die Konkurrenz abzuschwächen und auszuschließen."

Die Härte der Auseinandersetzungen war bemerkenswert. Die Befürworter der Missbrauchsaufsicht warfen den Anhängern des Verbotsprinzips vor, sie argumentierten aus einer rein theoretischen Warte und ignorierten die Bedürfnisse der Wirtschaftspra-

Auf einer Modenschau um 1960: Ein Mannequin wirft einen Blick durch den Vorhang.   Foto Lutz Kleinhans

Das Grundgesetz der Marktwirtschaft

xis. Der BDI lancierte mit der „Kartelldebatte" eine Publikation, die der F.A.Z. entgegentreten sollte. Zudem drohte der Verband kaum verhohlen mit dem Abzug von Anzeigen durch Mitgliedsunternehmen. Welter wiederum warf den Anhängern der Missbrauchsaufsicht Unverständnis der Regeln einer Marktwirtschaft vor. Als Erhard zu Kompromissen mit der Industrie bereit war, um ein Gesetz durch das Parlament zu bringen, wurde er von der F.A.Z. aufgefordert, hart zu bleiben.

Als im Jahr 1957 endlich das „Gesetz gegen Wettbewerbsbeschränkungen" zustande kam, feierte die F.A.Z. es als „Grundgesetz der Marktwirtschaft". Eines der „dramatischsten Kapitel der deutschen Nachkriegs-Wirtschaftsgeschichte" habe nun seinen Abschluss gefunden, hieß es in einem Artikel: „Der Bundestag hat sich nun – wenn auch unter vielen nicht ungefährlichen Zugeständnissen – im Prinzip zu einer Wirtschaftsordnung bekannt, die im Wettbewerb das Ordnungsprinzip sieht. Maßnahmen, die darauf abzielen, den Wettbewerb teilweise oder ganz auszuschalten, zum Beispiel durch Kartelle, sind im Grundsatz verboten. Missbräuchliche Ausnutzung von Monopolmacht kann verfolgt werden."

Das Gesetz erhielt als Konzession an die Gegner des Verbotsprinzips zahlreiche Sonderregelungen, aber insgesamt konnte die Wirtschaftsredaktion mit dem Ergebnis zufrieden sein. Ihre Bedeutung hatte innerhalb der Zeitung so erheblich gewonnen, dass Welter im Jahr 1958 einen Teil der wachsenden Berichterstattung in das Abonnenten vorbehaltene Spezialblatt „Blick durch die Wirtschaft" ausgliederte.

DIE AUFWERTUNG DER D-MARK

Der nächste Strauß mit dem BDI und Teilen der Regierung ließ nicht lange auf sich warten. Dieses Mal bildet mit der Stabilität des Geldwerts ein anderes Grundprinzip der Marktwirtschaft den Anlass. Deutschland gehörte mit seiner D-Mark einem internationalen System an, in dem die Kurse der Währungen am Devisenmarkt nur innerhalb geringer Bandbreiten um einen offiziellen Wechselkurs schwanken sollten. Bei größerem Anpassungsbedarf konnten die offiziellen Kurse durch politischen Beschluss geändert werden.

Die D-Mark befand sich angesichts des starken Wachstums der deutschen Wirtschaft unter einem kräftigen Aufwertungsdruck, den die Deutsche Bundesbank durch Käufe von Gold und Fremdwährungen gegen D-Mark zu reduzieren versuchte. Diese Käufe vergrößerten die D-Mark-Geldmenge; zudem strömte als Ergebnis von Spekulationen auf eine Aufwertung der D-Mark Auslandsgeld in die Bundesrepublik. Das zusätzliche Geld trug zu einem Anstieg der Inflationsrate bei. Sie war im Jahr 1958 mit 2,3 Prozent aus heutiger Sicht moderat, aber damals warfen Kritiker die Frage nach der Zukunft des Geldwertes der D-Mark auf.

Der Konflikt eskalierte im Jahr 1960. Erhard und die Wirtschaftsredaktion traten entschieden für eine Aufwertung der D-Mark ein, während Adenauer, der BDI, weitere Wirtschaftsvertreter und lange Zeit auch die Bundesbank eine Aufwertung mit Blick auf die Exportinteressen vehement ablehnten. Am Ende setzte sich Erhard durch. Er kündigte am

Wirtschaft

6. März 1961 eine offizielle Aufwertung der D-Mark um knapp 5 Prozent an. Ein Dollar kostete nun nur noch 4 D-Mark und nicht länger 4,20 D-Mark.

„Das ist eine gute, eine hervorragende Nachricht für die deutsche Wirtschaft, wenn man sie in ihrer Gesamtheit ins Auge fasst", kommentierte Eick. Die Redaktion konnte sich ein weiteres Mal bestätigt sehen. Aber mit dem sich abzeichnenden Ende des „Wirtschaftswunders" sollten neue Herausforderungen auf sie warten. *Gerald Braunberger*

Auch der Flugverkehr belebte sich kräftig. Das Bild zeigt Passagiere vor dem Frankfurter Flughafen Ende der fünfziger Jahre. Foto Lutz Kleinhans

STAATLICHE WIRTSCHAFTSLENKUNG BEDROHT DIE MARKTWIRTSCHAFT

Im Mitte der sechziger Jahre einsetzenden wirtschaftspolitischen und gesellschaftlichen Wandel sah die Redaktion die Demokratie und den Wohlstand gefährdet. Die zunehmende Zahl der Staatseingriffe in die Wirtschaft lehnte sie daher entschieden ab. Gleichzeitig bewahrte sie ihren klaren Blick auf die Stärke und die Anpassungsfähigkeit vieler Unternehmen.

Die Wahrnehmung der sechziger und siebziger Jahre des 20. Jahrhunderts durch die Wirtschaftsredaktion fassen zwei Buchtitel zusammen. Im Jahr 1958 veröffentlichte Jürgen Eick, damals Leiter der Redaktion, „Wenn Milch und Honig fließen". Fast ein Vierteljahrhundert später präsentierte Eick, nunmehr Herausgeber, sein „Als noch Milch und Honig flossen. Erinnerungen an die Marktwirtschaft". Das Ende der Ära Erhard und des Wirtschaftswunders, das unruhige Jahr 1968, die sozialliberale Koalition und der gesellschaftliche Wandel sowie Inflation und Arbeitslosigkeit lagen zwischen den beiden Büchern. Die Redaktion, die in den fünfziger Jahren die Wirtschaftspolitik Erhards häufig gestützt hatte, sah sich nun in der Rolle

Wirtschaft

eines um die Zukunft des Landes tief besorgten Gegenspielers zur Bonner Politik.

Die Redaktion hatte den Wandel des Zeitgeists früh geahnt. „Wir haben die verteufelte Tatsache zu respektieren, dass materielle Not fast immer auch seelische Not bedeutet, dass aber materielle Sicherung noch lange nicht seelische Zufriedenheit mit sich zu bringen braucht", hatte Eick 1958 geschrieben. „Darin liegt die Chance jeder Wirtschaftspolitik und zugleich ihre Grenze."

Das Scheitern Erhards als Bundeskanzler wurde zum Einschnitt. Die große Koalition unter Bundeskanzler Kurt Georg Kiesinger führte im Jahr 1966 erstmals zum Regierungseintritt der SPD, die trotz einer offiziellen Abkehr vom Marxismus skeptisch betrachtet wurde. Ihre Aufmerksamkeit fand besonders der neue Wirtschaftsminister Karl Schiller, der das nachlassende Wirtschaftswachstum mit staatlicher Unterstützung durch Finanzpolitik zu beleben bereit war. Sein Slogan lautete: „Marktwirtschaft plus Globalsteuerung".

ZWEIFEL AN DER SPD

Der Wirtschaftspolitiker Schiller sei für die SPD ein Glücksfall, konzedierte Fritz Ullrich Fack, aber überzeugt wirkte er nicht: „Die Ordnungspolitik genießt keine Vorrangstellung mehr." Die sechziger Jahre waren mit einem durchschnittlichen Wirtschaftswachstum von 4,4 Prozent alles andere als eine schlechte Zeit. Aber die Wachstumsraten hatten sich gegenüber den fünfziger Jahren nahezu halbiert und im Jahr 1967 erlebte die Bundesrepublik einen Rückgang ihrer Wirtschaftsleistung („Rezession").

Mit dem Amtsantritt der sozialliberalen Koalition unter Willy Brandt im Jahr 1969 brach in der Wirtschaftsredaktion Alarmstimmung aus. Sie sah das Erreichte durch einen weit ausgreifenden Einfluss des Staates bedroht. „Die wirtschaftspolitische Zukunft unseres Landes liegt heute mehr denn je im Dunkeln", klagte Eick im Frühjahr 1970. „Es ist nahezu alles möglich. Nicht einmal die marktwirtschaftliche Ordnung, dieses so entscheidende Fundament unserer Volkswirtschaft, kann noch als gesichert gelten. Neomarxistische Ideologen wie engstirnige Praktiker sägen an den Grundfesten, die den völlig überraschenden Wohlstand nach einem verlorenen Krieg erst ermöglicht haben."

Die in der westlichen Welt kräftig steigenden Inflationsraten verstärkten die Sorgen. „Das ganze Dilemma hat eine Wurzel: Weithin ist die monetäre Disziplin verlorengegangen. Das Sozialprodukt wird ständig überfordert, das Defizit zwischen Ansprüchen und Realisierungsmöglichkeiten nährt die Inflation", kommentierte Eick im Herbst 1971, dabei grundsätzliche Zweifel äußernd. „Es ist offensichtlich eine Schwäche der westlichen Demokratie, dass die Regierungen, weil sie wiedergewählt werden wollen, nicht die Kraft haben, für Stabilität zu sorgen und damit am Ende einen Interventionismus zulassen, der mit einer freiheitlichen Demokratie kaum noch vereinbar ist."

Im Jahr 1973 erreichte die Inflationsrate einen Stand von 7,1 Prozent. Die Bekämpfung der Geldentwertung durch die Deutsche Bundesbank führte die Wirtschaft in eine kurze Rezession. Eick diagnostizierte einen Niedergang der gesellschaftlichen Werte („Wer richtig arbeitet, ist dumm. Eine fleißige Nation

Staatliche Wirtschaftslenkung bedroht die Marktwirtschaft

ist demnach eine Herde von Dummköpfen."). Die betriebliche Mitbestimmung betrachtete er als Ausdruck „marxistischen Klassenkampfdenkens". Der Politik rief er zu: „Doch nach den Folgen fragt ihr nicht."

Auch nach dem Wechsel im Kanzleramt von Willy Brandt zu Helmut Schmidt im Jahr 1974 blickte Eick deprimiert auf ein Land „ohne Ideale". Die Bundesrepublik sah er unter anderem wegen „dramatischer Tendenzen in den Staatsfinanzen" auf dem „Weg in die Mittelmäßigkeit". In den westlichen Demokratien erblickte er nur mehr ein „Regime der Ohnmächtigen".

Das wirtschaftspolitische Gesicht der SPD: Karl Schiller wollte die Wirtschaftspolitik modernisieren, scheiterte aber an seiner eigenen Partei.

Foto Lutz Kleinhans

Wirtschaft

HOFFNUNG AUF EINEN POLITIKWECHSEL

Die Wirtschaftsredaktion plädierte unverdrossen für eine stärker marktwirtschaftliche Politik. So begrüßte Ernst Günter Vetter, der Verantwortliche Redakteur für Wirtschaftspolitik, im Sommer 1979 die Kanzlerkandidatur von Franz Josef Strauß (CSU): „Endlich ein Wirtschaftspolitiker". Als die sozialliberale Koalition im Herbst 1982 auseinanderbrach, sprach Jürgen Jeske, damals verantwortlich für Wirtschaftsnachrichten und ab 1986 Herausgeber, von einer „Stunde der Hoffnung".

Über ihrer harten Kritik an der sozialliberalen Koalition vergaß die Redaktion nicht den aufmerksamen Blick auf die Unternehmen. So beschrieb Max Kruk, der Verantwortliche Redakteur für Unternehmensberichterstattung, Mitte der siebziger Jahre „Großunternehmen im Aufwind"; kurz darauf erblickte er „neue Männer in den Großbanken". Und wenn er die Bundesrepublik Deutschland mit dem Ausland verglich, war sogar Eick plötzlich nicht mehr negativ gestimmt: „In einem Umfeld von Ländern, die sich in akuter Bedrohung befinden, ist die Bundesrepublik nach wie vor eine Insel von Stabilität und Prosperität; bewundert, beneidet, beargwöhnt – Erfolg schafft keineswegs nur Freunde." Das Wirtschaftswachstum hatte sich in den siebziger Jahren mit durchschnittlich 2,9 Prozent im Jahr gegenüber den sechziger Jahren zwar verlangsamt, aber es blieb immer noch signifikant. Die Siebziger waren ein Jahrzehnt der Unruhe, des Zweifels und des Wandels, aber nicht der permanenten Wirtschaftskrise. *Gerald Braunberger*

Frauen und Kinder auf dem Laufsteg: Modenschauen waren in den Wirtschaftswunderjahren gut besucht. Foto Lutz Kleinhans

WEHMÜTIGER ABSCHIED VON DER D-MARK

Den langen Weg zur Europäischen Währungsunion begleitete die Wirtschaftsredaktion mit einer bis zur blanken Ablehnung reichenden Kritik. Sie gründete auf ordnungspolitischen Bedenken unter anderem gegenüber jeder Form von Zentralismus in Europa sowie einer tiefsitzenden Furcht vor einer hohen Inflation nach der Einführung des Euros.

Mit der Europäischen Währungsunion fand die Wirtschaftsredaktion ein Großthema, mit dem sie sich prominent zu positionieren verstand. In ihrer Behandlung verband die Redaktion zwei seit Gründung der Zeitung beherzigte Überzeugungen: die Bewertung der europäischen Integration anhand ordnungspolitischer Prinzipien sowie eine tiefsitzende Furcht vor einer Entwertung des Geldes nach einer Entmachtung der Bundesbank. Wie Maximilian Kutzner in seinem Buch über die Wirtschaftsredaktion („Marktwirtschaft schreiben") belegt, bildete die Redaktion indes keinen monolithischen Block: Spätestens seit den siebziger Jahren habe eine „höhere Binnenpluralität" existiert.

Im Jahr 1950 hatte der französische Außenminister Robert Schuman einen Zusammenschluss der Produktion von Kohle und Stahl in Westeuropa („Montanunion") vorgeschlagen. Die Reaktion der Wirtschaftsredaktion trug weit in die Zukunft reichende

Wirtschaft

Züge: Sie begrüßte alle Schritte, etwa Zollsenkungen, die zu einem gemeinsamen europäischen Markt führten, solange sich Europa nicht vom Weltmarkt abschottete. Auch auf europäischer Ebene trat sie für Wettbewerb und gegen Kartelle ein. Sie vertrat die Idee eines friedlichen Europas der Nationen, das sich kritisch gegenüber dem Aufbau einer europäischen Bürokratie und gegen die Übernahme von „Hauptstadtfunktionen" (Erich Welter) durch Brüssel wandte. Wichtig war der Redaktion ferner die Beteiligung Großbritanniens, weil sie die liberale britische Aufgeschlossenheit gegenüber Märkten als Gegengewicht zu einem dirigistischeren und oft misstrauisch beäugten Frankreich wünschte.

Der Weg zur Währungsunion begann im Jahr 1970 mit einem noch folgenlosen Plan des luxemburgischen Premierministers Pierre Werner. Im Jahr 1979 traten mehrere Währungen, darunter D-Mark und

Menschen feiern in Frankfurt die Einführung des Euros als Buchgeld am 1. Januar 1999. Die Einführung des Bargelds folgte drei Jahre später.

Foto Wonge Bergmann

Wehmütiger Abschied von der D-Mark

Franc, in ein Europäisches Währungssystem (EWS) mit prinzipiell festen Austauschkursen ein. Der Währungsexperte Hans Roeper warnte vor einem „Fiasko mit heute noch unübersehbaren wirtschaftlichen und politischen Folgen". Sechs Jahre später urteilte Brüssel-Korrespondent Heinz Stadl-mann, viele Kritiker hätten den „primär politischen Charakter" des Systems nicht verstanden, dessen Schöpfern es vor allem um eine „Stabilisierung der Europäischen Gemeinschaft" gegangen sei, „die damals durch den rapiden Verfall des Dollars in ihrem Zusammenhalt gefährdet war".

AUF DEM WEG NACH MAASTRICHT

Im Jahr 1988 legte ein nach dem Brüsseler Kommissionspräsidenten Jacques Delors benanntes Komitee einen Drei-Stufen-Plan für eine Europäische Wirtschafts- und Währungsunion vor. Delors „sei als Franzose das Denken in staatlich beeinflussten Institutionen vertrauter als die Vorstellung einer unabhängigen Notenbank", gab Herausgeber Jürgen Jeske zu bedenken. „In Sachen Währungsunion wollen auf keinen Fall alle Länder das gleiche." Für Deutschland stehe besonders viel auf dem Spiel.

Schwung gewann das Projekt Ende 1991 auf dem europäischen Gipfeltreffen in Maastricht. In einem pointierten Kommentar mit dem Titel „Ein Weg ohne Umkehr" gab der Verantwortliche Redakteur für Wirtschaftspolitik, Hans D. Barbier, Ton und Linie für die kommenden Jahre vor. Helmut Kohl erklärte er zum „Kanzler, der die D-Mark hergab".

Barbier zeigte sich verwundert, dass in Deutschland bisher öffentliche Proteste ausgeblieben seien. „Die D-Mark hört dann auf, der disziplinierende Stabilitätsanker Europas zu sein. Für manches Mitgliedsland ist damit wohl schon der ganze Sinn der Währungsunion erreicht", schrieb er. Denn in einigen Ländern sei das Stabilitätsbewusstsein nicht so ausgeprägt. Die Chiffre „Maastricht" stehe für das Ende der Wirtschaftspolitik von Ludwig Erhard und Karl Schiller, schloss Barbier düster.

Wie in der Kartelldebatte in den fünfziger Jahren mobilisierte die Redaktion externen Sachverstand zur Untermauerung ihrer Position. Auf starke Resonanz stieß die Veröffentlichung eines von den Professoren Renate Ohr und Wolf Schäfer verfassten und von 62 Ökonomen unterschriebenen Manifests am 11. Juni 1992. Das Dokument mit dem Titel „Die währungspolitischen Beschlüsse von Maastricht: Eine Gefahr für Europa" sah in uneinheitlichen Wirtschaftsstrukturen und fehlenden Konvergenzzwängen eine schwere Bürde für die gemeinsame Währung. Die Europäische Zentralbank werde wegen unterschiedlicher nationaler Eigeninteressen nicht in der Lage sein, eine stabile Währung zu garantieren, sagten die Ökonomen voraus.

EIN KÜHNER GROSSVERSUCH

Weder die Festschreibung der Unabhängigkeit der künftigen Europäischen Zentralbank von politischen Weisungen noch die Entscheidung für Frankfurt als Sitz konnten die Einwände der Redaktion zerstreuen.

Wirtschaft

Als das Bundesverfassungsgericht im Jahr 1993 entschied, der Vertrag von Maastricht verstoße nicht gegen das Demokratieprinzip des Grundgesetzes, formulierte Barbier bleibende „Bedenken gegen den ausufernden Zentralismus in der Wirtschafts- und Sozialpolitik" sowie Sorge um die Stabilität der gemeinsamen Währung.

Aufhalten konnte die Wirtschaftsredaktion den Euro nicht; auch ein weiteres Manifest von 155 Professoren („Der Euro kommt zu früh") aus dem Februar 1998 erwies sich als wirkungslos. Wehmut war unverkennbar. Der Abschied von der D-Mark sei zugleich „ein Abschied von einem Stück deutscher Identität, die sich zuletzt eindrucksvoll in der Stunde der Wiedervereinigung offenbarte", schrieb Jeske in einem Artikel zum 50. Geburtstag der D-Mark im Jahr 1998.

Jeske begleitete den Prozess zur Währungsunion mit sachlicher Kritik und deutlich artikulierten Zweifeln, aber nicht mit unverblümter Ablehnung. „Da die europäische Integration politischer und nicht ökonomischer Rationalität folgt, kommen Effizienzgesichtspunkte und ordnungspolitische Überlegungen oft zu kurz. Darin liegen auch die Schwächen der Währungsunion", hielt er Anfang 2000 fest. Gleichwohl sei die Währungsunion, „der kühnste ökonomische Großversuch aller Zeiten", keine klassische Tragödie, in der das Schicksal unabwendbar seinen Lauf nehmen werde. So sollte es auch kommen. *Gerald Braunberger*

Ein EU-Gipfel im Jahr 1998: Die Zeit lief ab für die nationalen Währungen.  Foto Helmut Fricke

KRISENJAHRE

Am Sonntag, dem 29. Juli 2007, meldete sich ein Wirtschaftsredakteur in der Frankfurter Zentrale. Er habe von einer Krisensitzung gehört, weil sich eine deutsche Bank in einer Schieflage befinden solle, berichtete er. Auf die Frage nach dem Namen der Bank antwortete der Redakteur: „Angeblich die IKB". Diese Information löste in Frankfurt Erstaunen aus, galt die in Düsseldorf ansässige IKB Deutsche Industriebank doch als ein höchst solider Finanzierer des deutschen Mittelstands.

Am darauffolgenden Tag meldete FAZ.NET, das Internetportal der Zeitung: „Die Krise am amerikanischen Immobilienmarkt erfasst eine große deutsche Bank und zwar die IKB. Jetzt springt die Staatsbank KfW ein, schickt einen Krisenmanager und kommt für die Risiken auf. Auch die Bankenaufsicht ist alarmiert." Die sich entfaltende große Finanzkrise, deren Epizentrum sich in den Vereinigten Staaten befand, hatte schon in ihrer Frühphase Deutschland erreicht.

Diese Krise erscheint heute als einer der wichtigen Wendepunkte in der jüngeren Wirtschaftsgeschichte. Sie stand am Beginn einer Abfolge weiterer Krisen, die in vielen Menschen das Vertrauen in die bestehenden wirtschaftlichen und politischen Institutionen erschütterten und den Aufstieg des politischen Populismus be-

Wirtschaft

günstigten. Die Finanzkrise, zu deren Entstehung Fehlentwicklungen in der Politik wie in der Wirtschaft beigetragen hatten, führte zu weitreichenden staatlichen Eingriffen in vielen Ländern, die dem Ansehen der Marktwirtschaft schadeten und ein übergroßes Zutrauen in die Lenkungsfähigkeit des Staates erzeugten, das auf die Dauer enttäuscht werden musste.

EIN STRESSTEST FÜR DAS FINANZSYSTEM

Doch selbst in den Zeiten einer höchst aufregenden Tagesaktualität war die Redaktion bemüht, ordnungspolitische Analysen zu bieten. Im Herbst 2008 hatte der Zusammenbruch der amerikanischen Investmentbank Lehman Brothers Panik an den Finanzmärkten ausgelöst. Immer drängender wurden sehr hohe Verschuldungen von Staat und Wirtschaft als ein Kernproblem erkannt. „Kreditvergabe und Schuldenmachen sind unverzichtbarer Treibstoff für das Wirtschaftswachstum. Aber zu stark eingesetzt - das ist eine Lehre dieser Krise -, wird daraus ein zerstörerisches Gift", schrieb Finanzredakteur Benedikt Fehr. Gerald Braunberger, der Verantwortliche Redakteur für den Finanzmarkt, sah die Zentralbanken wie im späten 19. Jahrhundert in einer ungeliebten Rolle als Retter des Finanzsystems.

Ruhe kehrte nicht ein. Als Ende September 2008 bekannt wurde, dass dem großen deutschen Immobilienfinanzierer Hypo Real Estate die Insolvenz drohe, begannen Sparer, Bankguthaben in Banknoten umzuwandeln, die sie unter dem Kopfkissen aufbewahrten. Am 10. Oktober 2008 erklärten Bundeskanzlerin Angela Merkel (CDU) und Bundesfinanzminister Peer Steinbrück (SPD), die Spareinlagen seien sicher, was de facto einer Staatsgarantie glich. In einer Vertrauensfalle sah die Redaktion eine Politik, die sich zu immer neuen Rettungen veranlasst sehe. In der Wirtschaftskrise müsse der Staat aufpassen, sich nicht zu überfordern. Denn was bleibe noch, wenn auch noch das Vertrauen in den Staat und seine Zahlungsfähigkeit verloren gingen, hieß es. Gleichwohl begann sich im Spätherbst 2008 die Lage an den Weltfinanzmärkten zu beruhigen, auch wenn die Aufräumarbeiten noch mehrere Jahre in Anspruch nehmen sollten. Auf die Eurozone sollte jedoch bald eine neue Herausforderung warten.

Die ersten Jahre der Währungsunion waren bei niedrigen Inflationsraten unspektakulär verlaufen. Anfangs galt ein wenig wettbewerbsfähiges Deutschland als „kranker Mann" Europas, während Südeuropa von Kapitalzuflüssen profitierte, die häufig wenig effizient verwendet wurden. So entstanden in Südeuropa Leistungsbilanzdefizite, die vor allem in den Jahren 2010 bis 2013 schwere Staatsschulden- und Bankenkrisen verursachten.

Die Krisen begannen in Griechenland und griffen dann auf Irland, Spanien und Portugal über. Sie äußerten sich unter anderem in sehr hohen Renditen von Staatsanleihen und Wertpapieren der Banken. Die EZB reagierte mit der großzügigen Bereitstellung von Krediten an Banken und mit dem Kauf von Anleihen. Die Regierungen spannten zudem mit dem Europäischen Stabilitätsmechanismus (ESM) einen überstaatlichen finanziellen Rettungsschirm auf. „In Europa wird jetzt ‚Chicken Game' gespielt", konstatierte Rainer Hank, der Verantwortliche Redakteur für den

Krisenjahre

In der Eurokrise: Angela Merkel in einer Abstimmung im Bundestag 2011. *Foto Andreas Pein*

Wirtschaftsteil der Frankfurter Allgemeinen Sonntagszeitung: „Staaten rasen gegen Märkte. Wer zuerst nachgibt, ist der Feigling." Die Krisen und die Reaktionen der Politik weckten Zweifel am Bestand der Währungsunion und verursachten Änderungen ihrer Architektur, die besonders in Deutschland äußerst kritisch bewertet wurden. Die Wirtschaftsteile der F.A.Z. und der F.A.S. wurden zu Speerspitzen der Kritik.

LEIDEN AN DER EURO-RETTUNG

Zentrale Elemente finden sich in einem Interview mit dem Ökonomen Hans-Werner Sinn in der F.A.Z. vom 18. Februar 2012, dessen Positionen damals in der Redaktionsleitung starken Widerhall fanden. Sinn sah Deutschland „in der Falle", da es sich auf gemeinsame Maßnahmen zur finanziellen Rettung vorwiegend südeuropäischer Staaten und Banken eingelassen hatte, mit der das im Vertrag von Maastricht festgeschriebene Verbot der gegenseitigen Haftung von Staatsschulden (Nichtbeistandsklausel) de facto abgeschafft worden sei. Der Zug „in Richtung Transferunion" war nach Sinns Ansicht abgefahren; die deutsche Haftung bezifferte er zu diesem Zeitpunkt mit 643 Milliarden Euro. Über das Zahlungssystem Target 2 finanzierten die Südländer ihre Defizite „mit der Druckerpresse", klagte Sinn. Auf die EZB sei aus deutscher Sicht kein Verlass mehr, da sie die Bundesbank-Tradition verlassen habe: „Der EZB-Rat ist zu 70 Prozent in der Hand des Club Med und Frankreichs. Die anderen haben nichts zu melden." In der Praxis betreibe die EZB verbotene Staatsfinanzierung, sagte Sinn. Aus der Sicht der Wirtschaftsredaktion

Wirtschaft

war all dies das Gegenteil von Ordnungspolitik. Die Rettungspolitik passe nicht zum Erbe Ludwig Erhards, monierte Herausgeber Holger Steltzner.

Neben Sinn bezogen viele weitere Wissenschaftler Position; auch gehörten eurokritische Ökonomen im Jahr 2013 zu den Gründern der „Alternative für Deutschland". Die Kritik entzündete sich nicht allein an rein ökonomischen Einwänden; ganz im Gegenteil kam die deutsche Wirtschaft gut durch diese Zeit.

Viele Kritiker nahmen vor allem Anstoß an der politischen Behandlung der Krise; die Vorwürfe reichten bis zum Rechtsbruch. Bundeskanzlerin Angela Merkel hatte ihre Politik als „alternativlos" bezeichnet und die These vertreten: „Scheitert der Euro, scheitert Europa". Auch wurde der EZB eine ungebührliche Anmaßung von Macht spätestens seit der Londoner Rede ihres Präsidenten Mario Draghi im Juli 2012 vorgeworfen. Dort hatte Draghi gesagt: „Im Rahmen unseres Mandats ist die EZB bereit, alles Notwendige zu tun, um den Euro zu erhalten." Mehrfach wurde die Politik der Bundesregierung und der EZB vor das Bundesverfassungsgericht gebracht; auch traten erhebliche Spannungen zwischen der EZB und der Deutschen Bundesbank zutage.

„Der Präsident der Deutschen Bundesbank kämpft allein. Von der Bundeskanzlerin erhält er keine Unterstützung im Widerstand gegen den geplanten Kauf von Staatsanleihen durch die Europäische Zentralbank", monierte Steltzner. „Willkommen in den ‚Vereinigten Staaten von Europa'", wetterte Hank in der F.A.S. „Dieses vereinte Europa ist eine politische Zwangsveranstaltung, bei der es offenbar vor allem um Strafe (Sanktionen) und Entmachtung (Abgabe von Souveränität) geht. Eine freiheitliche Veranstaltung sieht anders aus."

Zur Erbitterung, die sich auch in der Sprache niederschlug („Rettungseuropäer", „Zombie-Union", „Konkursverschleppung", „sogenannte Geldpolitik", „Euro-Ornithologen", „Euro-Illusionskünstler"), trugen neben der Politik der Bundesregierung und der EZB die Entscheidungen des Verfassungsgerichts bei, weil Karlsruhe zwar mehrfach rote Linien definierte, im Ergebnis die Euro-Politik insgesamt aber mittrug. So beschäftigte sich das Verfassungsgericht im Sommer 2013 mit den Staatsanleihekäufen der EZB. „Es ist eins der wichtigsten Verfahren der Geschichte", schrieb Steltzner. „Heute geht es vor dem Bundesverfassungsgericht um den Rettungsfonds ESM, vor allem aber um Geldpolitik – oder, besser gesagt, um das, was die Europäische Zentralbank so nennt. Verhandelt werden die Anleihenkäufe überschuldeter Euroländer durch die EZB." Als das Bundesverfassungsgericht im Februar 2014 in der Sache erstmals in seiner Geschichte den Gerichtshof der Europäischen Union anrief, diagnostizierte Steltzner eine „Angst der Verfassungsrichter" und er sagte mit Blick auf den Gerichtshof in Luxemburg voraus: „Er wird die EZB nicht stoppen."

EINE WELT VOLLER UNSICHERHEIT

Die Zehnerjahre des neuen Jahrhunderts wurden in Deutschland zu einer wirtschaftlichen Erfolgsgeschichte mit einer steigenden Beschäftigung und einem dauerhaften Exportboom bei niedriger Inflation, auch wenn die EZB mit Negativzinsen seit dem Jahr 2014 und einem im Folgejahr begonnenen Programm

Krisenjahre

zum Kauf von Staatsanleihen in Deutschland weiterhin erbitterter Kritik ausgesetzt blieb.

Die nächste ernste Krise begann im Frühjahr 2020 mit dem Ausbruch der Corona-Pandemie. „Wir stehen vor einer für Friedenszeiten außergewöhnlichen Herausforderung. Wir haben es mit einer Kombination aus einem Angebotsschock und einem Nachfrageschock zu tun", sagte der Wirtschaftshistoriker Albrecht Ritschl in einem Interview mit der F.A.Z. Daher hieß in dieser Ausnahmesituation die Redaktion eine expansive Geldpolitik der EZB unter Einschluss eines Anleihekaufprogramms über 750 Milliarden Euro gut.

Braunberger, seit Frühjahr 2019 Herausgeber, schrieb: „Natürlich werfen Anleihekaufprogramme in

Bundeswirtschaftsminister Robert Habeck, Bundeskanzler Olaf Scholz und Bundesfinanzminister Christian Lindner (von links) im Herbst 2022.

Foto Omer Messinger

Wirtschaft

einer Währungsunion mit Blick auf Anreiz- und Verteilungseffekte im Vergleich zu Anleihekäufen in einem Nationalstaat zusätzliche Fragen auf. Für die notorischen Kritiker der EZB sollte immerhin die Erkenntnis bleiben: Ein zeitlich befristetes Anleihekaufprogramm verändert die Architektur der Eurozone weniger als die Einführung regelrechter Eurobonds, die man vermutlich nicht mehr loswürde."

Allerdings erwies sich die Geldpolitik aus Sicht der Regierungen nicht als ausreichend. Sie beschlossen zudem einen 750 Milliarden Euro schweren, durch Ausgabe europäischer Anleihen finanzierten „Wiederaufbaufonds", dem die Redaktion sehr skeptisch gegenüberstand. „Der Bundestag gibt einen Teil seiner Finanzhoheit an die EU ab", bemängelte Heike Göbel, die Verantwortliche Redakteurin für Wirtschaftspolitik. „Der Wiederaufbaufonds wird als eine Ausnahme bezeichnet. Doch dabei wird es kaum bleiben." Auch auf nationaler Ebene plädierte Göbel für „Hilfen mit Augenmaß": Der Corona-Schock sollte nicht als Hebel für sachfremde Vorhaben missbraucht werden. Der Einbruch verlief in Deutschland mit einem Rückgang der Wirtschaftsleistung um 3,8 Prozent im Jahr 2020 im europäischen Vergleich noch glimpflich; im darauffolgenden Jahr wuchs die Wirtschaft wieder um 3,2 Prozent.

Zwei Jahre später zog Sven Astheimer, der Verantwortliche Redakteur für Unternehmensberichterstattung, eine vorläufige Bilanz. „Gewaltige staatliche Finanzspritzen haben den Zusammenbruch von Teilen der Wirtschaft verhindert. Laut Wirtschaftsministerium wurden allein fast 80 Milliarden Euro an direkten Hilfen für Unternehmen gezahlt. Dazu kommen Kredite von rund 55 Milliarden Euro sowie bislang knapp 40 Milliarden Euro für Kurzarbeitergeld, mit dem die Unternehmen ihre Personalkosten entlasten können, ohne Mitarbeiter zu entlassen", hielt Astheimer fest, der die Regierung zu einer zurückhaltenden Gangart aufrief: „Die Unternehmen müssen wieder ohne Hilfen auskommen."

Das Ende der Pandemie beendete jedoch nicht das Zeitalter der Krisen. Nach dem Überfall Russlands auf die Ukraine am 24. Februar 2022 und der Zunahme der politischen Spannungen zwischen den Vereinigten Staaten und der Volksrepublik China gerieten die in der Pandemie bereits strapazierten globalen Lieferketten unter zusätzlichen Druck. Stark steigende Preise für Rohstoffe und Nahrungsmittel bewirkten zusammen mit der expansiven Geld- und Finanzpolitik während der Pandemie den größten Inflationsschub seit Jahrzehnten in der Welt. Die EZB erhöhte ihre Leitzinsen zehnmal in Folge; trotzdem stieg die Inflationsrate im Jahr 2022 in der Eurozone um 8,4 Prozent.

Russlands Krieg sorgte in Deutschland für eine Zeitenwende, weil sich nun Versäumnisse aus den Zehnerjahren zu rächen begannen: Deutschland fehlte eine strategische Energiepolitik, das Land hatte seine äußere Sicherheit vernachlässigt und sich in wirtschaftlicher Hinsicht auf die segensreichen Wirkungen einer Globalisierung verlassen, deren Blütezeit angesichts geopolitischer Spannungen vorbei sein könnte. „Deutschland muss um seiner Zukunft willen die freiheitliche Ordnung revitalisieren", forderte Braunberger im Frühjahr 2024: Auch Göbel plädierte für einen wirtschaftspolitischen „Kurswechsel" hin zu mehr Marktwirtschaft. *Gerald Braunberger*

MÜHEN DER WIEDERVEREINIGUNG

Ihre zweite große Bewährungsprobe hatte die Soziale Marktwirtschaft mit der Wiedervereinigung zu bestehen. Die Wirtschaftsredaktion ermutigte die neuen Mitbürger zur Marktwirtschaft. Ihre wichtigste Aufgabe sah sie aber darin, zu verhindern, dass der Osten dauerhafter Kostgänger des Westens würde.

Den Anspruch der F.A.Z., „Zeitung für Deutschland" zu sein, erfüllt die Wirtschaftsredaktion auch vor dem Mauerfall 1989 durch rege Berichterstattung über die Wirtschaft der DDR und kritische Analysen des sozialistischen Systems. Die Schwächen der Planwirtschaft, vor allem das Fehlen eines funktionierenden Preismechanismus, kommentiert sie scharf. Mit Hans Herbert Götz hat sie ab den späten 1970er-Jahren einen akkreditierten Korrespondenten, auch wenn der in West-Berlin wohnt. Schon vorher reisten Redaktionsmitglieder oft in die DDR. Fixpunkte im Kalender waren die Leipziger Messen, die trotz großer Staatspropaganda im Frühjahr und Herbst Einblicke in den Zustand der DDR-Wirtschaft und die Beziehungen zu Westdeutschland boten.

Die Misere der DDR-Mangelwirtschaft schlägt sich im Blatt vielfältig nieder. „Beim Einkauf braucht der Werktätige Glück", schildert Götz 1976 seine Eindrücke. Um zu bekommen, was er wolle, müsse der DDR-Bürger viel Zeit aufwenden. Ein Teil des Angebots sei von Stil und Qualität in der Bundesrepublik nicht verkäuflich, „miserabel" die Versorgung mit Wohnungen, Baubedarf, Dienstleistungen, Ersatzteilen oder Saatgut. Als prophetisch erweist sich ein Gastbeitrag von Werner Obst, der, wie die Redaktion anmerkt, viele Jahre im „Büro des Ministerrates der DDR" ökonomische Grundsatzfragen bearbeitet habe, bevor er nach Westdeutschland geflüchtet sei. Obst analysiert 1980 das tiefe Produktivitätsgefälle zum Westen und befindet: „Nur wer völlig realitätsfremd ist, kann deshalb dem DDR-Sozialismus bis zum Jahr 2000 noch eine ungetrübte Zukunft einräumen. Alles spricht vielmehr dafür, dass ein kritischer Punkt schon 1990 erreicht wird – mit Konsequenzen für das politische System."

Bis es 1989 tatsächlich so weit ist, künden Leitartikel wie „Wunder und Wirklichkeit" (1981), „Der Alltag bleibt grau" (1984) oder „Keine Experimente in der DDR" (1985) von wachsender Kluft zwischen politischem Anspruch und ökonomischer Realität in der DDR. Geld für Rohstoffe und Investitionen in den veralteten Produktionsapparat fehlten. Ihren Kreditbedarf kann die DDR bald bloß noch mit Bürgschaften der Bundesrepublik decken. Gespannt verfolgt die Redaktion auch den vom neuen Generalsekretär und späteren Staatschef Michail Gorbatschow 1985 unter dem Motto „Glasnost und Perestroika" eingeleiteten liberalen Reformprozess in der Sowjetunion – stets mit der Hoffnung auf Wandel in der DDR.

Doch selbst auf der Herbstmesse 1989 sieht Götz' Nachfolger Klaus Kemper keine Anzeichen für die bald folgende dramatische Wende: „Politische Ereignisse, wie die derzeitige Massenflucht junger Menschen aus der DDR in die Bundesrepublik, oder das starre Festhalten der Machthaber in der DDR an ihrem Wirtschaftssystem und deshalb die strikte Ablehnung von jeder Art von Joint Venture bauen zusätzliche Schranken auf." Auf dem September-Jour-fixe der Wirtschaftsredaktion im Frankfurter Gut Neuhof spielt die DDR keine Rolle. Laut Protokoll erwähnt der Bonner Korrespondent Walter Kannengießer nur, dass die Bundesregierung den „Zustrom" der Aus- und Übersiedler „eher als politische Belastung" empfinde. In einer ihrer Konferenzen im Oktober – kurz zuvor durften die DDR-Flüchtlinge in der Prager Botschaft ausreisen – stellt die Redaktion zwar Gedankenspiele für eine Wiedervereinigung an, aber letztlich wird sie vom Zusammenbruch der DDR überrascht.

AUFBRUCH IN DIE MARKTWIRTSCHAFT

Nachdem die DDR-Regierung am 9. November plötzlich doch unter Einfluss Gorbatschows dem Druck der Bevölkerung nachgibt und die Mauer öffnen lässt, wird die Einheit beherrschendes Thema der Wirtschaftsredaktion. Zunächst ist ungewiss, ob die DDR die Soziale Marktwirtschaft übernehmen will oder eine Art „Sozialismus light" plant. „Es gibt nur einen Sozialismus", warnt Wirtschaftspolitikchef Hans D. Barbier zwei Tage nach dem Mauerfall. „Es gibt gute Gründe, den Bürgern, die in der DDR bleiben, mit öffentlichen und privaten Mitteln zu helfen. An Solidarität in der Not soll es nicht fehlen. Doch es würde die wirtschaftliche Kraft der Bürger der Bundesrepublik übersteigen, nun in der DDR das Experiment einer neuen Variante des Sozialismus zu finanzieren. Zwischen dem Sozialismus und der Marktwirtschaft gibt es keine sinnvoll abgrenzbaren Re-

Mühen der Wiedervereinigung

formschritte." Herausgeber Jürgen Jeske, der aus Zeitz in Sachsen-Anhalt stammt, setzt sonntags darauf im einmalig erschienenen „Extrablatt" der Zeitung „auf die Hoffnung, dass der andere Teil Deutschlands in freier Selbstbestimmung einen Weg gehen kann, der gemeinsam mit der Bundesrepublik in Europa mehr Freiheit, Frieden und Wohlstand verwirklicht".

Die Redaktion will den neuen Bürgern Mut machen für die Marktwirtschaft, auch indem sie deren Funktionsweise erklärt. Die „freie Wirtschaft" könne, bei allen Verlockungen des Wohlstands, auch Ängste auslösen, räumt Barbier ein. Die Marktwirtschaft sei aber „keine brutale Vorteilsrangelei in der wilden Horde", sondern habe ihr Rahmenwerk zur Begrenzung der Macht und Sicherung des Einzelnen.

Noch wichtiger ist der Redaktion, dass die neuen Länder finanziell nicht abhängig vom Westen bleiben. Nachdrücklich fordert sie Rahmenbedingungen, unter denen wettbewerbsfähige private Unternehmen entstehen können. Heiß diskutiert man in Frankfurt daher, wie hoch der Schutz der zu DDR-Zeiten enteigneten Eigentümer zu gewichten sei gegenüber dem Ziel, die Privatisierung der maroden DDR-Staatsbetriebe und Modernisierung der kaputten Infrastruktur nicht zu behindern durch langwierige Klärung von Besitzverhältnissen und Entschädigungen.

Real existierender Sozialismus: Menschen stehen 1981 in Dresden Schlange.   Foto Barbara Klemm

Wirtschaft

Die D-Mark kommt 1990 in einem unauffälligen Lastwagen in Dresden an. Foto Matthias Lüdecke

Vergeblich warnt die Redaktion die Regierung Kohl vor Arbeitsplatzrisiken durch einen überhöhten Umstellungskurs der Mark der DDR auf D-Mark. Mit der Massenarbeitslosigkeit werden die wahren Kosten der Wiedervereinigung sichtbar, schwinden letzte Illusionen über den Wert der Staatsbetriebe, wachsen die Staatsschulden. Zwar hält auch die Wirtschaftsredaktion die Aufnahme hoher Kredite zur Finanzierung der Einheit für alternativlos, verlangt als Konsequenz aber Sparmaßnahmen sowie Reformen zur Begrenzung der Sozialausgaben und Verbesserung der Wettbewerbsfähigkeit. Kritisch verfolgt sie das steuerpolitische Taktieren von Kanzler Helmut Kohl (CDU) und Finanzminister Theo Waigel (CSU). Beide hatten höhere Steuern vor der Bundestagswahl Ende 1990 vehement ausgeschlossen, nur um kurz nach dem Wahlsieg „Einnahmeverbesserungen" dann doch als „unumgänglich" zu bezeichnen.

Den Kraftakt der Einheit hat Deutschland im Rückblick besser bewältigt, als die skeptische Wirtschaftsredaktion es in den von hoher Arbeitslosigkeit, Streit um die öffentlichen Finanzen und Reformmüdigkeit geprägten 1990er-Jahren erwartet hatte. Die Soziale Marktwirtschaft bestand ihre zweite Bewährungsprobe, allerdings dauerte es länger, bis die Mühen Früchte trugen und die „Friedensdividende" erkennbar wurde.

Früh hatte Herausgeber Jeske die Redaktion darauf hingewiesen, dass Deutschland nach dem Fall des Eisernen Vorhangs eine neue Rolle in Europa übernehmen werde, denn die Veränderungen Osteuropas spielten sich nach der Wiedervereinigung unmittelbar an der Ostgrenze Deutschlands ab. Daher seien auch die Veränderungen der Sowjetunion für die deutsche Zukunft mitentscheidend und von vitalem Interesse. Seine neue Rolle in der Welt sucht das wiedervereinigte Deutschland bis heute. *Heike Göbel*

DER BLICK AUF UNTER-NEHMEN UND DIE BÖRSE

Wirtschaftspolitik ist wichtig, aber sie ist nicht alles. Die Berichterstattung über Unternehmen und Finanzmärkte im In- und Ausland und ihre Kommentierung gehören ebenso zum Kern des Wirtschaftsjournalismus in der F.A.Z. Dabei hat die Zeitung immer wieder eigene Akzente zu setzen vermocht.

Die Redaktion pflegt seit der Gründung der Zeitung neben der Wirtschaftspolitik auch andere wichtige Zweige der Wirtschaftspublizistik. Darin eifert sie ihrer Vorgängerin, der renommierten Frankfurter Zeitung (1856 bis 1943) nach, die als ein auf Börsenthemen spezialisierter „Frankfurter Geschäftsbericht" begonnen hatte und später auch für einen vorzüglich redigierten Unternehmensteil bekannt war. Die Frankfurter Zeitung war allerdings in der Mitte der zwanziger Jahre des 20. Jahrhunderts in finanzielle Schwierigkeiten geraten, weil sie außerhalb der Wirtschaftskreise, in denen sie ein hohes Ansehen genoss, zu wenige Leser an sich binden konnte. Daraus schloss Erich Welter, der Gründungsherausgeber der F.A.Z. und ehemals langjähriger Wirtschaftsredakteur der Frankfurter Zeitung, dass die F.A.Z., wollte sie wirtschaftlich erfolgreich sein, als breit aufgestellte „Allgemeine" Zeitung eine größere Leserschaft ansprechen müsste. Selbstverständlich bedurfte die Zeitung eines sehr starken Wirtschaftsteils, aber er sollte die Zeitung nicht dominieren.

Einblick

LESELUST UND SELBST- BEWUSST

In den Lese- und Schreibprojekten „Jugend schreibt" und „Jugend und Wirtschaft" arbeitet die F.A.Z. seit Jahrzehnten mit Schulen zusammen. Schüler sind und machen neugierig.

Anfangs war das Misstrauen im Kollegenkreis beträchtlich: Schüler sollen für uns schreiben? Ist das nicht eine Nummer zu groß? Die kritischen Rückfragen sind längst verstummt, heute ist man stolz. Vor 37 Jahren war die F.A.Z. mit „Jugend schreibt" Vorreiter unter den überregionalen Zeitungen. 1420 Seiten sind seither erschienen. Seit 25 Jahren gibt es „Jugend und Wirtschaft". Längst sind die Seiten mit den besten Beiträgen nicht mehr wegzudenken, sie erfreuen sich großer Beliebtheit bei den Lesern, davon zeugen Reaktionen und Klickzahlen. Würden die Schüler in ihren Artikeln die Besinnungsaufsatzmaschine anwerfen, dann wäre das anders. Tun die jungen Autoren aber nicht. Sie schreiben mit neugierigem Blick über all das, was sie interessiert. Ihre Themen wählen sie selbst. Dazu zählen auch solche, die sie unmittelbar betreffen und über die sie viel authentischer als die Profis schreiben können. Das reicht von Mädchen, die ungewollt schwanger werden, über Transidentität aus der Sicht eines Betroffenen bis hin zu Teenagern, die erfolgreiche Start-ups mit der Züchtung von Ameisen oder dem Handel von limitierten Sneakern gründen. Außergewöhnliche Persönlichkeiten, Lebenserfahrungen und Hidden Champions geraten so ins Blickfeld des Lesers – und zwar aus jugendlicher Perspektive. Sie recherchieren, ziehen los für Interviews, weg vom Schreibtisch, hin zu Schauplätzen und schreiben auf, was sie erfahren haben. Und dann erfahren

Dauerthema Bildung: Wird im neuen Schuljahr alles besser?

sie etwas für sie Neues: Ein fertiger Text ist noch lange nicht fertig. Es geht ans Überarbeiten. Dafür entwickeln die meisten mehr Verständnis als für die Berichtigung einer Klassenarbeit. Und sie erfahren, dass es anders ist, für Leser zu schreiben als für Lehrer. Denn den Leser muss man erst einmal gewinnen. Schließlich präsentieren sie sich einem großen Publikum. Einem, das genau hinschaut. Von Beginn an sind die Projekte im Wirtschaftsressort beheimatet – von jedem der Herausgeber unterstützt. 58.000 Schüler haben bisher an „Jugend schreibt" teilgenommen, 27.000 an „Jugend und Wirtschaft". Vom Gymnasium bis zu Berufsschulen, von Berlin bis Berchtesgaden, und auch Schulen aus dem Ausland machen mit. All die Schüler und Lehrer betreut die Zeitung nicht allein, sondern sie arbeitet seit Beginn vertrauensvoll mit dem Aachener IZOP-Institut zusammen. Die besten Beiträge werden jährlich mit Preisen der FAZIT-Stiftung ausgezeichnet. Nach der Preisverleihung gibt es für die Lehrer ein Seminar, um ihnen Tipps zum Schreiben, aber auch zur Arbeit mit der Zeitung im Unterricht zu geben. Mindestens genauso wichtig ist das Leseerlebnis. Die Projekte bieten eine Fülle von aktuellem Material, das sich in den unterschiedlichsten Fächern nutzen lässt. Ein Jahr lang erhalten die Kurse kostenlos das E-Paper. Längst ist das auch für viele Gymnasiasten die erste Begegnung mit einer Qualitätszeitung, die ausgewogen und ausführlich berichtet. Anders als Häppchenjournalismus und nur auf eine Zielgruppe zugeschnittene Infosprengsel. Die witzigste (oder misslungenste) Schlagzeile, der Artikel, über den ich mich am meisten gewundert habe, das Foto, das mir nicht mehr aus dem Kopf ging: So lauten die ersten Arbeitsaufträge. Lesefreude zu entwickeln ist alles andere als ein Selbstläufer. Bei den Projekten mitzumachen, kostet ein wenig Überwindung, verschafft dann aber Selbstbewusstsein, berichten die Schüler. Es macht viel Arbeit. Aber auch Spaß. Und zwar uns, den Schülern und den Lehrern.

Lisa Becker, Ursula Kals

Wirtschaft

Schon Mitte der fünfziger Jahre hatte jedoch die Fülle relevanten Stoffs ein Ausmaß erreicht, das die Kapazitäten des Wirtschaftsteils weithin überforderte. Daraufhin konzipierte die Redaktion die vor allem für die Belange von Lesern aus der Wirtschaft ausgerichtete Spezialzeitung „Blick durch die Wirtschaft", die am 20. November 1958 erstmals erschien und den Untertitel „Zeitung für Finanzen, Steuern, Recht und Management" erhielt. Der „Blick", wie er intern genannt wurde, traf auf ein in der Nachkriegszeit erheblich zunehmendes Interesse deutscher Unternehmen an betriebswirtschaftlichen Themen. Er wurde von der Wirtschaftsredaktion der F.A.Z. geschrieben und redigiert. Der arbeitstäglich vertriebene „Blick" erreichte eine respektable Auflage von rund 25.000 Exemplaren. 1998 wurde er eingestellt; wichtige Themen wanderten in den in der Zwischenzeit, wie die gesamte Zeitung, kräftig ausgeweiteten Wirtschaftsteil.

DIE HUNDERT GRÖSSTEN UNTERNEHMEN

Im Jahr 1959 erschien im Wirtschaftsteil der F.A.Z. erstmals eine mit einem langen Text und einer großen Tabelle versehene Seite, die den Titel „Die hundert größten Unternehmen" trug. Verfasst hatte sie Max Kruk, der Verantwortliche Redakteur für Unternehmen. „Zwar sind den meisten am Wirtschaftsleben interessierten Menschen die Namen der führenden Unternehmen geläufig", schrieb Kruk. „Man braucht ihnen nicht zu sagen, wer Krupp, Siemens, Daimler oder das Volkswagenwerk sind. Aber viele Menschen suchen nach Orientierung, um deren Größe und Bedeutung wirklich ermessen zu können." Damals führte Krupp die Rangliste des Jahres 1958 der größten deutschen Unternehmen mit einem Umsatz von etwas mehr als 3,3 Milliarden D-Mark knapp vor Siemens und Daimler an; auf den weiteren Plätzen folgten Mannesmann, das Volkswagenwerk und die Gutehoffnungshütte. Die „hundert größten Unternehmen" sind seitdem in jedem Jahr erschienen. Heute beträgt ihr Umfang vier Seiten, auf denen eine Vielzahl von Tabellen mit Angaben über die größten Unternehmen in Deutschland und der Welt erscheinen.

WIE SICH DIE WIRTSCHAFT WANDELT

Ein Studium im Zeitablauf kann als Spiegel eines Strukturwandels dienen, der sich heute unter anderem in der Anwesenheit großer Handelsunternehmen in der Liste der Riesen niederschlägt. An der Spitze der hundert größten deutschen Unternehmen 2023 lag Volkswagen mit 322 Milliarden Euro vor der Schwarz-Gruppe, BMW, Mercedes, der Deutschen Telekom und Aldi. Auch hat die globale Ausrichtung vieler Industrieunternehmen neben den Umsätzen die Zahl der Mitarbeiter kräftig steigen lassen. Beschäftigte Krupp 1958 immerhin 105.200 Menschen, wies Volkswagen 2023 eine Zahl von 684.000 Mitarbeitern aus. Auch sind die Publizitätsvorschriften heute strenger. „Die Liste sähe in mancher Hinsicht anders aus, wenn beispielsweise auch Opel, die Metallgesellschaft, Röchling, die Portland-Zementwerke Heidelberg, Christian Dierig, die Oetker-Gruppe oder die Gesellschaften der Quandt-Gruppe, um nur einige zu nen-

FRANKFURTER ALLGEMEINE ZEITUNG — Wirtschaftsblatt — Samstag, 7. November 1959 / Nr. 259 / Seite 5

DIE HUNDERT GRÖSSTEN UNTERNEHMEN

Von Max Kruk

Welches Unternehmen ist das größte in Deutschland? Wer gehört zu den ersten fünfzig oder hundert? Wie ist die Rangfolge? Solche Fragen finden heute überall ein breites Interesse in der Bevölkerung. Zwar sind den meisten am Wirtschaftsleben interessierten Menschen die Namen der führenden Unternehmen geläufig. Man braucht ihnen nicht zu sagen, wer Krupp, Siemens, Daimler oder das Volkswagenwerk sind. Aber viele Menschen suchen nach einer Orientierung, um deren Größe und Bedeutung wirklich ermessen zu können. Sie möchten eine Ordnungsvorstellung gewinnen. Auch wirtschaftspolitisch ist eine Bestandsaufnahme der größten deutschen Unternehmen von Wert. Sie kann zur Klärung der Frage beitragen, welche Stellung die Großunternehmen und Konzerne im Rahmen der Gesamtwirtschaft heute einnehmen. Das ist besonders wichtig in einer Zeit, da der Tatbestand der Konzentration mehr und mehr in den Vordergrund wirtschaftspolitischer Ueberlegungen rückt.

Die amtliche Statistik hat vor dem Kriege die Frage nach den größten deutschen Unternehmen dadurch beantwortet, daß sie die Aktiengesellschaften nach ihrem Grundkapital geordnet hat. Daraus ergab sich beispielsweise, daß am 31. Dezember 1936 im damaligen Reichsgebiet 55 Gesellschaften bestanden, die ein Aktienkapital von 50 Millionen Reichsmark oder mehr besaßen. Eine entsprechende Veröffentlichung aus der Nachkriegszeit liegt nicht vor. Aber es ist nicht schwer, ein solches Verzeichnis etwa für den Stichtag des 31. Dezember 1958 aufzustellen. Wenn man dabei, um die inzwischen eingetretene Kaufkraftveränderung zu berücksichtigen, von einem Grundkapital von 100 Millionen D-Mark als Basis ausgeht, so erhält man eine Liste, die nur um wenige Gesellschaften größer ist als das Verzeichnis von 1936: sie enthält 62 Firmennamen, also sieben mehr.

Der Wert dieser Aufstellung liegt besonders in der Möglichkeit, sie mit dem Stand von 1936 vergleichen zu können (beide Listen sind auf Seite 9 der heutigen Ausgabe dieser Zeitung abgedruckt). Damals standen die I. G. Farbenindustrie und die Vereinigten Stahlwerke an der Spitze, zwei Konzerne, die nach dem Kriege „entflochten" wurden und nicht wiedererstanden sind. Die großen Nachfolgegesellschaften der I. G. Farbenindustrie sind, gemessen am Grundkapital, führende Unternehmen geblieben: sie belegen die Plätze eins, zwei und fünf der Nachkriegsliste. Von den Nachfolgern des Stahlvereins gehört nur die Gelsenkirchener Bergwerks-AG der Spitzengruppe an (Platz vier); die anderen Nachfolger erscheinen erst weiter unten, der erste auf Platz 14 (August Thyssen-Hütte). Auf den dritten Platz — nach den Farbenfabriken Bayer und der Badischen Anilin — ist Mannesmann gerückt, die damals an siebter Stelle gestanden hatte. Den vierten Platz hält, wie gesagt, die Gelsenkirchener Bergwerks-AG (damals Platz sechs), ihr folgen die Farbwerke Hoechst.

Es bedarf keiner Erläuterung, daß die Grundkapitalien der Gesellschaften ein recht fragwürdiges Kriterium für deren Größe sind. Das wird an dem Beispiel der Daimler-Benz AG besonders deutlich: sie arbeitet mit einem Aktienkapital von nur 72 Millionen DM, gehört aber zweifelsohne zu den größten deutschen Unternehmen. Als Maßstab ungleich besser geeignet ist der Jahresumsatz. Leider ist dies jedoch eine Zahl, deren Bekanntgabe den Gesellschaften in Deutschland weder gesetzlich vorgeschrieben noch bei der Veröffentlichung von Börsenprospekten regelmäßig zur Pflicht gemacht wird. Der Statistiker ist demnach auf freiwillige Angaben der Unternehmen angewiesen. Erfreulicherweise hat sich in diesem Punkt die Publizität gerade der Großunternehmen und Konzerne nach dem Kriege wesentlich gebessert. Unter den „Großen" des Landes gibt es nicht mehr allzu viele, die ihren Jahresumsatz als ein Betriebsgeheimnis betrachten. Insbesondere geben die Konzerne heute in aller Regel auch den Konzernumsatz unter Einbeziehung aller wirtschaftlich zu diesem Konzern gehörenden Unternehmen bekannt. Daher erscheint es gegenwärtig — anders als in der Vorkriegszeit — möglich und gerechtfertigt, den Jahresumsatz der Unternehmen zur Grundlage einer Statistik über die Größe der Unternehmen zu machen.

Freilich muß man sich bei der Beurteilung des Verzeichnisses dessen bewußt sein, daß Lücken bestehen. Die Liste sähe in mancher Hinsicht anders aus, wenn beispielsweise auch Opel, die Metallgesellschaft, Röchling, die Portland-Zementwerke Heidelberg, Christian Dierig, die Oetker-Gruppe oder die Gesellschaften der Quandt-Gruppe, um nur einige zu nennen, ihre Umsätze veröffentlichen würden, alles Unternehmen oder Konzerne, die nach der Höhe ihrer Umsätze vermutlich in die Liste der hundert Größten gehören würden. Da die Bekanntgabe der Umsätze freiwillig ist, gibt es auch weder Vorschriften noch Vereinbarungen darüber, wie der Umsatz zu berechnen und welche Zahl jeweils als Jahresumsatz zu publizieren ist. So kommt es, daß in unserer Liste keineswegs Umsatz gleich Umsatz ist. Zum Beispiel nennen Krupp, das Haus Siemens oder Mannesmann ihren „Konzernumsatz" im eigentlichen Sinne, also die Summe jener Umsätze, die von den Konzerngesellschaften mit Unternehmen außerhalb des Konzernbereichs erzielt worden sind. Bei anderen Konzernen enthält die als Konzernumsatz ausgewiesene Zahl dagegen häufig — oft unausgesprochen und damit nicht erkennbar — auch die Umsätze der Konzerngesellschaften untereinander; dadurch erscheinen solche Konzerne größer, als sie bei einer wirtschaftlich sinnvollen Berechnung ihres Umsatzes tatsächlich sind. Bei den meisten Unternehmen beruhen die Umsätze auf industrieller oder gewerblicher Tätigkeit; die Liste enthält aber auch Unternehmen, in deren Umsatzzahlen Handelsumsätze enthalten sind, und zwar oft „unsichtbar", so daß sie nicht eliminiert werden können — ein Umstand, der uns bewogen hat, auch die reinen Handelsunternehmen in das Verzeichnis mit aufzunehmen. Wo in den Erlösen Verbrauchssteuern stecken (vor allem in der Mineralölindustrie), verfahren die Gesellschaften unterschiedlich: ein Teil gibt den Umsatz einschließlich der Steuern an, ein anderer setzt die Steuern vorher ab und erscheint damit im Vergleich zu der ersten Gruppe relativ zu klein. Weiter ist zu berücksichtigen, daß einige Unternehmen in unserer Aufstellung nur deshalb fehlen, weil sie ihre Jahresabschlüsse für 1958 noch nicht publiziert hatten, als die Liste zusammengestellt worden ist. Schließlich beziehen sich die Umsätze der in der Liste verzeichneten Gesellschaften und Konzerne nicht exakt auf die gleichen Zeiträume, da die Geschäftsjahre zu verschiedenen Zeitpunkten enden. Das alles sind statistische Unzulänglichkeiten, die in Kauf genommen werden müssen.

An der Spitze der Tabelle stehen Krupp und Siemens, beide mit je etwa 3,3 Milliarden DM Jahresumsatz. Bei Siemens sind in dieser Zahl die Umsätze der ausländischen Produktionsunternehmen enthalten (rund 0,4 Milliarden DM), die wegen der Schwierigkeiten einer Währungsumrechnung exakt nicht anzugeben sind; daher können für den Gesamtumsatz des Hauses Siemens nur runde Zahlen genannt werden. Krupp hat solche Umsätze nur in verschwindend niedrigem Maße; andererseits sind jedoch in den Gesamtzahlen von Krupp schon für 1957 und 1958 auch die Umsätze des Bochumer Vereins enthalten, obwohl der Mehrheitserwerb offiziell erst 1959 vollzogen worden ist. Außerdem darf nicht übersehen werden, daß die Montangruppe des Krupp-Konzerns noch immer unter Verkaufsauflage steht. Wem heute wirklich der Ruhm zukommt, „das" größte deutsche Unternehmen zu sein, ist also nicht eindeutig feststellbar. Im Weltmaßstab sind Krupp und Siemens mit ihren jetzigen Umsätzen von 3,3 Milliarden DM oder knapp 0,8 Milliarden Dollar keineswegs zu den ganz Großen zu zählen. Nach den von „Fortune" veröffentlichten Uebersichten ständen die beiden größten deutschen Unternehmen in der Rangliste der amerikanischen Industriegesellschaften erst an 46. Stelle, in der Weltrangliste (die amerikanischen Firmen einbezogen) an 52. Stelle. In der westlichen Welt gibt es also mehr als fünfzig Industrieunternehmen, die größer sind als die beiden größten deutschen Firmen. Selbst wenn man deren Umsatz, dem wirklichen Kaufkraftverhältnis besser entsprechend, mit vielleicht rund 1,5 Milliarden Dollar ansetzte, kämen Krupp und Siemens in den Vereinigten Staaten erst an 21. Stelle, in der Weltrangliste an 24. Stelle.

Die beiden größten deutschen Unternehmen gehören Industriezweigen an, die heute bereits als „altehrwürdig" gelten können, Krupp der Montanindustrie sowie der Eisen- und Stahlverarbeitung, Siemens der — etwas jüngeren — Elektroindustrie. In Amerika ist das anders. Dort stehen zwei Unternehmen an der Spitze, die ihr Entstehen und ihre heutige Bedeutung einer „jungen" technischen Entwicklung, der Motorisierung, verdanken: General Motors und die Standard Oil of New Jersey. Auch in der Bundesrepublik drängen zwei Automobilproduzenten stark nach oben, Daimler-Benz und das Volkswagenwerk. Daimler ist im letzten Jahr durch die Einbeziehung der Auto Union mit einem großen Schritt in die Spitzengruppe der deutschen Unternehmen aufgerückt und steht jetzt mit einem Konzernumsatz von 3,15 Milliarden DM an dritter Stelle. Ebenso hat das Volkswagenwerk, das im letzten Jahr 2,72 Milliarden DM umgesetzt hat und damit auf dem fünften Platz rangiert, durch eine ständige beträchtliche Ausweitung seiner Kapazitäten in den letzten Jahren manch anderes Unternehmen überflügelt. Anders als in den Vereinigten Staaten gehört in Deutschland jedoch kein Unternehmen der Erdölindustrie zu den ersten Fünf. Sieht man von der BV-Aral (Platz 9) ab, deren Umsätze im wesentlichen auf dem Transport-, Lager- und Handelsgeschäft beruhen, so erscheinen als nächstgrößte Mineralölfirmen erst auf dem 15. Platz die Esso AG, auf dem 20. Platz die Deutsche Shell und auf Platz Nummer 33 die BP.

Das größte Unternehmen der chemischen Industrie, die Farbenfabriken Bayer, erscheint auf dem 11. Platz der Umsatzliste, die anderen beiden I. G.-Nachfolger stehen auf Platz 14 (Badische Anilin) und Platz 16 (Farbwerke Hoechst). Die I. G.-Nachfolger gehören also, gemessen am Umsatz, nicht zu den zehn führenden Unternehmen (nach dem Grundkapital stehen sie, wie gesagt, obenan, was ein Streiflicht auf ihre relativ hohe Kapitalausstattung wirft). Dieses Bild mag teilweise durch die erwähnten statistischen Unzulänglichkeiten beeinflußt sein: Vor den großen Drei der chemischen Industrie rangieren einige andere Konzerne möglicherweise nur deshalb, weil diese die Konzernumsätze nicht netto (ohne die Innenumsätze zwischen den Konzerngesellschaften) nennen oder weil sie in größerem Umfange auch das Handelsgeschäft betreiben. Dennoch ist klar, daß sich durch die Zerschlagung der I. G. Farbenindustrie die Rangfolge entscheidend geändert hat. Würde man die Umsätze der drei großen I. G.-Nachfolger zusammenzählen (was wegen der gegenseitigen Lieferungen der drei Firmen untereinander nicht ganz korrekt ist), so käme man auf einen Umsatzwert von insgesamt 5,8 Milliarden DM. In einem Unternehmen vereint, stände die I. G. also vermutlich nach wie vor an der Spitze.

Entsprechend haben sich in der Montanindustrie durch die Zerschlagung des Stahlvereins die Größenordnungen verschoben, zumal die anderen Montankonzerne die Entflechtung inzwischen — zumindest de facto, größtenteils auch de jure — weitgehend rückgängig gemacht haben. Zu den zehn größten Unternehmen gehören in Deutschland nicht weniger als vier Montankonzerne (in den Vereinigten Staaten nur einer): Krupp, Mannesmann, Rheinstahl und die Gelsenkirchener Bergwerks-AG. Die Montanindustrie dominiert auch, wenn man die Liste der hundert größten Unternehmen als Ganzes betrachtet. Von den 100 Unternehmen und Konzernen gehören 28 dem Montanbereich an, von der Summe aller Umsätze der hundert Unternehmen (90,4 Milliarden DM) entfallen 30,0 Milliarden DM oder fast ein Drittel auf Umsätze der Montanunternehmen. Daß davon ein sehr großer Teil Umsätze sind, die von Tochtergesellschaften der Montanholdings in anderen Bereichen des Wirtschaftslebens erzielt werden, insbesondere in der Eisen- und Stahlverarbeitung (Maschinen- und Fahrzeugbau, Werften, Stahlbau und anderes), darf nicht übersehen werden. Aber die Tatsache bleibt, daß Konzerne und Großunternehmen in Deutschland — ganz im Gegensatz zu den Vereinigten Staaten — in keinem Industriezweig so stark dominieren wie in der Montanindustrie.

Andererseits gibt es in Deutschland in keinem Wirtschaftszweig Konzerngebilde, die derart stark über die anderen Unternehmen hinausragen, wie das in Amerika der Fall ist. Dort ist der Umsatz des größten Konzerns, General Motors, fast viereinhalbmal so hoch wie der Umsatz des zehntgrößten Unternehmens, 14mal so hoch wie der Umsatz des fünfzigsten Unternehmens der Liste und 24mal so hoch wie der Umsatz des hundertsten. In der deutschen Rangfolge klaffen die Abstände nicht so weit auseinander: Der Umsatz von Krupp und Siemens ist nur knapp 1,6mal so groß wie der Umsatz der deutschen Unilever-Gruppe auf Platz 10, nur 5,8mal so groß wie der Umsatz des Unternehmens Nummer 50 (Chemische Werke Hüls) und nur 19mal so groß wie der Umsatz des „Letzten" (Didier-Werke). Die Umsätze der ersten zehn Unternehmen machen auf der deutschen Liste 30,5 Prozent der Umsätze aller hundert erfaßten Unternehmen aus (nämlich 27,6 von 90,4 Milliarden DM), in der amerikanischen Liste dagegen 36,0 Prozent. Die führenden Unternehmen der deutschen Wirtschaft haben bisher also nicht jenen Konzentrationsgrad erreicht wie die „Giganten" der amerikanischen Industrie, bei denen es sich zumeist um Weltfirmen mit Produktionsunternehmen in vielen Ländern der westlichen Hemisphäre handelt. Das darf nicht darüber hinwegtäuschen, daß der Konzentrationsprozeß bei vielen deutschen Großunternehmen in den letzten Jahren rasche Fortschritte gemacht hat.

Lfd. Nr.	Firma	Umsatz in Millionen DM		Beschäftigte in 1000		Anm.*
		1958	1957	1958	1957	
1	Krupp	3331	3370	105,2	111,7	K
2	Siemens	rd. 3300	rd. 3200	179,0	174,0	K B
3	Daimler	rd. 3150	.	80,0	64,0	K B
4	Mannesmann	2956	.	78,6	79,9	K B
5	Volkswagenwerk	2719	2260	47,9	.	K
6	Gutehoffnungshütte	2719	2517	71,8	72,5	K B
7	Rheinstahl	2665	2802	81,6	85,9	K B
8	Gelsenkirch. Bergw.	2520	2690	83,5	88,3	K B
	Volkswagenwk. GmbH	*2423*	*2037*	*44,0*	*41,3*	
	Fried. Krupp, Essen	*2308*	*2200*	*52,0*	*54,3*	*K*
	Daimler-Benz AG	*2151*	*1791*	*57,6*	*53,6*	*B*
9	BV-Aral AG, Bochum	2140	2079	5,8	.	
10	Dt. Unilever-Gruppe	2110	2102	.	.	K
11	Farben Bayer	2010	1853	52,5	49,8	K B
12	Handelsunion	2000	2300	6,1	6,2	K B
13	AEG	1955	1750	105,6	.	K B
14	Badische Anilin	1930	1800	.	.	K B
15	Esso AG	1906	1741	5,1	4,8	
16	Farbwerke Hoechst	1889	1761	43,3	42,7	K B
17	Aug. Thyssen-Hütte	1776	1722	.	.	K B
18	Salzgitter-Konzern	1739	1745	72,7	74,8	K
19	Hoesch	1619	1652	51,6	52,5	K B
	Siemens-Schuckertwerke AG	*1599*	*1560*	.	.	
20	Deutsche Shell AG	1527	1380	7,1	6,9	
21	Phoenix-Rheinrohr AG	1502	1629	30,0	30,5	B
22	Rheinisch-Westfälisches Elektrizitätswerk AG	1470	1350	13,8	13,5	B
23	GEG Großeinkaufs-Gesellschaft Deutscher Konsumgenossenschaften	1447	1370	11,3	11,2	K
24	Karstadt	1437	1297	.	.	K B
25	Klöckner	1430	1365	36,3	35,5	K B
26	Hibernia	1400	1500	59,1	.	K
27	Kaufhof	1324	1206	.	.	K B
	Allgemeine Elektricitäts-Gesellsch. (AEG)	*1313*	*1237*	*57,6*	*55,4*	*B*
28	Edeka eGmbH	1268	1123	.	.	K
29	Dortmund-Hörder Hüttenunion	1212	1247	.	.	K B
	Rudolph Karstadt AG	*1212*	*1096*	*32,4*	*29,3*	*B*
	Rheinhausen-Gruppe	*1141*	*1230*	*37,0*	*39,4*	*K*
	Dortmund-Hörder Hüttenunion AG	*1064*	*1138*	*22,1*	*22,6*	*B*
30	Bosch	üb. 1000	rd. 1000	50,0	.	K
31	Bayerische Warenvermittlung landwirtschaftlicher Genossenschaften AG	992	942	8,2	7,9	B
	Siemens & Halske AG	*991*	*1040*	.	.	*B*
	August Thyssen-Hütte AG	*974*	*838*	*11,2*	*10,7*	*B*
32	Franz Haniel & Cie GmbH	943	rd. 800	.	.	
	Kaufhof AG	*932*	*854*	*21,7*	*19,8*	*B*
33	BP Benzin und Petroleum AG	916	871	4,3	4,0	
34	Saarbergwerke AG	rd. 850	rd. 785	63,0	65,0	
35	Ford-Werke AG	781	640	15,0	13,3	B
	Hoesch-Westfalenh. AG	*770*	*797*	*14,8*	*15,8*	
36	Hüttenwerk Oberhausen AG	767	770	14,5	14,7	B
	Bergwerksgesellschaft Hibernia AG	*762*	*787*	*45,2*	*46,8*	
37	Demag	746	rd. 820	23,0	23,0	K B
38	Degussa	731	rd. 700	10,3	10,0	K B
	Ferrostaal AG	*728*	*590*	.	*0,8*	
	Hüttenwerk Rheinhausen AG	*722*	*786*	*14,6*	*15,4*	
39	Brown, Boveri	720	640	30,0	28,4	K B
40	Preussen-Elektra	695	634	.	.	K
	Maschinenfabrik Augsburg-Nbg. AG (MAN)	*694*	*664*	*29,7*	*29,4*	*B*
41	Continental Gummiwerke AG	689	636	21,2	20,0	B
42	Klöckner-Humboldt-Deutz-AG	688	744	22,3	23,3	B
43	Eschweiler Bergwk.	683	700	.	.	K B
44	Vereinigte Glanzstoff	671	671	21,8	23,4	K B
	Bochumer Verein für Gußstahlfabrikation AG	*652*	*722*	*16,2*	*18,0*	*B*
45	Borgward-Gruppe	622	607	.	.	K
46	Mobil Oil AG in Deutschland	619	537	3,7	3,6	
	Gelsenberg Benzin AG	*618*	*580*	*3,6*	*3,6*	
47	Hütte Siegerland	610	.	9,8	.	K B
48	Felten & Guilleaume-Gruppe	603	610	21,7	21,3	K B
	Hüttenw. Salzgitter AG	*599*	*538*	*9,8*	.	
49	Wintershall	583	541	10,9	10,8	K B
50	Chem. Wke. Hüls AG	578	523	11,4	10,5	
	Brown, Boveri & Cie. AG	*573*	*522*	*23,0*	*21,7*	*B*
51	Deutsche Erdöl	525	518	17,4	17,3	K B
52	Dynamit-Nobel	517	473	16,5	14,2	K B
53	Preussag	508	544	23,0	22,2	K B
	Bergbau Ewald — König Ludwig	*506*	*416*	*23,1*	*23,8*	*K B*
	Auto Union GmbH	*503*	.	*11,0*	.	
	Telefunken	*üb. 500*	*rd. 425*	*26,3*	*23,0*	*K*
54	Steinkohlenwerke Mathias Stinnes AG	494	485	24,4	24,3	B
	Hüttenwerke Siegerland AG	*488*	*468*	*7,0*	*7,5*	*B*
55	Ver. Elektrizitätswerke Westfalen AG	484	442	4,4	4,3	
	Niederrheinische Hütte	*481*	*508*	*9,3*	.	*K B*
56	Stahlw. Südwestfalen	481	446	10,0	9,8	K B
57	Feldmühle	466	386	7,0	6,7	K B
	Telefunken GmbH	*456*	*370*	*22,7*	*18,8*	
58	Neckermann Versand KG	450	fast 400	.	6,6	
59	Großversandhaus Quelle, Fürth	450	rd. 345	.	4,5	
	Knapsack-Griesheim AG	*446*	*419*	*6,6*	*6,6*	
60	Dillinger Hüttenwk.	445	rd. 395	6,3	6,6	
61	Ver. Aluminiumwke	436	461	9,6	10,6	K
	Dt. Edelstahlwerke AG	*431*	*472*	*12,7*	*12,3*	*B*
62	Deutsche Conti-Gas	rd. 430	rd. 436	19,0	18,9	K B
63	Ilseder Hütte	425	445	16,3	16,9	K B
	Ruhrstahl AG	*423*	*507*	*12,0*	*12,6*	*B*
64	Harpener Bergb. AG	422	468	26,6	27,7	B
	Eschweiler Bergwerks-Verein	*rd. 417*	*rd. 430*	*23,9*	*24,9*	*B*
65	Zellstoff Waldhof	407	409	10,1	9,6	K B
	Dynamit-AG vorm. Alfred Nobel & Co.	*403*	*368*	*13,1*	*12,6*	*B*
66	Südd. Zucker-AG	400	380	7,6	7,3	B
67	Kieler Howaldtswerke AG	rd. 400	.	13,1	13,3	
68	Ges. für Linde's Eismaschinen AG	392	366	10,3	9,9	B
	Ver. Glanzstoff-Fabriken AG	*391*	*383*	*12,1*	*12,8*	*B*
69	Salzdetfurth	379	384	12,0	12,5	K B
	Bergbau-AG Ewald — König Ludwig	*376*	*387*	*19,2*	*19,8*	*B*
70	Neunkircher Eisenwerk AG	375	360	.	9,4	
71	Salamander	372	347	.	.	K B
	Hoesch Walzwerke AG	*368*	*350*	.	.	
72	Stahl- u. Walzwerke Rasselstein-Andernach AG	362	351	5,6	5,9	
	Niederrh. Hütte AG	*359*	*385*	*4,7*	*4,7*	*B*
73	Rheinpreussen AG f. Bergbau u. Chemie	357	352	18,5	19,0	B
	Siemens Electrogeräte AG	*üb. 350*	.	.	.	
	Kaufhalle GmbH	*332*	*rd. 310*	.	.	
	Gutehoffnungshütte Sterkrade AG	*320*	*282*	*9,9*	*9,7*	
74	Gedelfi GmbH	319	296	0,02	0,02	K
	Preußische Bergwerks- und Hütten-AG	*312*	*308*	*15,7*	*15,0*	*B*
	Rheinstahl Hanomag AG	*309*	*245*	*8,7*	*8,3*	
	Hüttenwerke Ilsede-Peine AG	*309*	*339*	*9,0*	*9,1*	
	Zellst.-Fabrik Waldhof	*307*	*314*	*7,1*	*7,1*	*B*
75	Union Rhein. Braunkohlen Kraftstoff AG	307	187	3,8	3,8	
76	Buderus'sche Eisenw.	306	297	11,3	11,7	B
77	Standard Elektrik Lorenz AG	305	287	20,3	19,1	
	Scholven-Chemie AG	*305*	*278*	*3,1*	*2,8*	
78	Hamburgische Electricitäts-Werke AG	302	270	5,6	5,3	B
	Deutsche Werft AG	*rd. 300*	*305*	*9,6*	*9,7*	*B*
	Aktien-Ges. „Weser" unt.	*300*	*rd. 300*	.	*10,9*	*B*
	Wintershall AG	*297*	*269*	*5,5*	*5,5*	*B*
	Rheinstahl Bergbau AG	*294*	*329*	*19,7*	*20,2*	
79	Duisb. Kupferhütte	287	337	3,7	3,9	
	Vereinigte Aluminiumwerke AG	*281*	*320*	*5,1*	*6,0*	
80	Stahlw. Bochum AG	277	276	5,0	5,2	B
81	Eisen u. Metall AG	269	397	0,9	1,2	K
82	Eisenwerk-Gesellsch. Maximilianshütte AG	268	284	8,0	8,4	
	Salamander AG	*267*	*254*	*15,9*	*15,3*	*B*
	Rheinstahl Eisenwerke Mülheim/Meiderich AG	*265*	*313*	*7,6*	*8,5*	
83	Internat. Büromasch. GmbH, Sindelfingen	264	215	5,7	5,1	
84	Hochtief AG f. Hoch- u. Tiefbauten vorm. Gebr. Helfmann	260	217	8,8	8,6	B
85	Berliner Kraft- und Licht (Bewag)-AG	250	225	5,9	5,6	B
	Kalle & Co. AG	*247*	*190*	*6,2*	*6,3*	
86	Bayernwerk AG	246	268	2,8	2,9	
87	Deutsche Babcock & Wilcox-Dampfkessel-Werke AG	226	220	8,3	9,3	B
	Rheinstahl Eisenwerke Gelsenkirchen AG	*220*	*264*	*5,2*	*5,4*	
88	Gußstahlwerk Witten AG	220	225	5,9	6,0	B
89	Phrix-Werke	219	252	7,6	8,1	K B
90	Orenstein-Koppel und Lübecker Maschinenbau AG	218	192	8,6	8,7	B
	Bergb. AG Lothringen	*218*	*213*	*8,9*	*8,9*	*B*
91	Howaldtswerke Hamburg AG	214	187	8,6	9,3	
92	Gerresheimer Glas	205	175	6,5	6,3	K B
93	Zahnradfabrik Friedrichshafen AG	200	195	6,1	5,8	
94	Henschel-Werke GmbH	fast 200	.	8,0	.	
95	Bayerische Motoren Werke AG	195	149	6,5	5,7	B
96	Dyckerhoff Portland-Zementwk. AG	194	192	3,8	3,8	B
	Osnabrücker Kupfer- und Drahtwerk	*194*	*222*	*4,3*	*4,2*	*B*
97	Deutsche Linoleum-Werke AG	193	201	4,3	4,3	B
98	Aschaffenburger Zellstoffwerke AG	191	199	5,3	5,1	B
	IHAG-Gruppe	*190*	*182*	*2,3*	*2,3*	
99	Osram GmbH	188	170	12,6	11,2	
	Westfälische Union AG f. Eisen- u. Drahtind.	*187*	*196*	*3,5*	*3,7*	
	Felten & Guilleaume Carlswerk AG	*180*	*180*	*5,9*	*5,9*	*B*
	Phrix-Werke AG	*177*	*210*	*5,6*	*6,2*	*B*
	Olympia Werke AG	*177*	*145*	*14,6*	*12,3*	
100	Didier-Werke	176	167	7,2	8,0	K B

*) K = Konzernzahlen, B = Börsenwert. — Die in Kursivschrift gesetzten Angaben sind in den Umsatz- und Beschäftigtenzahlen eines vorher aufgeführten Konzerns bereits enthalten.

Eine Premiere am 7. November 1959: Die hundert größten Unternehmen in Deutschland. Foto F.A.Z.-Archiv

Wirtschaft

nen, ihre Umsätze veröffentlichen würden", bedauerte Kruk Ende der fünfziger Jahre. „Da die Bekanntgabe der Umsätze freiwillig ist, gibt es auch weder Vorschriften noch Vereinbarungen darüber, wie der Umsatz zu berechnen und welche Zahl jeweils als Jahresumsatz zu publizieren ist."

DIE GEBURT DES F.A.Z.-AKTIENINDEX

Mit dem kräftigen Wachstum vieler Unternehmen nach der Gründung der Bundesrepublik stiegen auch die Aktienkurse an der Börse. Am 3. Oktober 1961 präsentierte der Finanzredakteur Heinz Brestel einen aus hundert Werten bestehenden Aktienindex der F.A.Z., „der modernen Ansprüchen genügen wird und der für einen langen Zeitraum Gültigkeit haben dürfte". Die Idee eines Index besteht darin, das Börsengeschehen des Tages in einer Zahl zusammenzufassen. Die Herausforderung bestand darin, auf der Grundlage der an der Frankfurter Börse festgestellten Kurse rechtzeitig vor dem Redaktionsschluss den Index zu berechnen. „Die Zeitung hat sich deshalb entschlossen, moderne elektronische Hilfsmittel, nämlich einen Elektronenrechner in einem Frankfurter Rechenzentrum in Anspruch zu nehmen", erläuterte Brestel. Ein Mitarbeiter eines Frankfurter Börsenbüros schrieb an jedem Handelstag die Kurse von der Tafel ab und fuhr anschließend mit einem Motorroller zu dem in Frankfurt-Rödelheim gelegenen „Elektronenrechner", in den die Kurse mittels Lochkarten eingegeben wurden. Dann dauerte es nur noch wenige Sekunden bis zur Berechnung des Index durch die Maschine.

Der Index wurde bis 1950 zurückgerechnet. Er zeigt mit einem Anstieg von 19,73 auf 240,75 Punkte zwischen 1950 und 1960 (jeweils am Jahresende), wie sich das „Wirtschaftswunder" in den Kursen niederschlug. Seitdem hat der Index unter teils beträchtlichen Schwankungen auf 2.503,83 Punkte (Stand 13. August 2024) noch einmal ganz erheblich zugelegt. Dabei bildet der Index allein die Kursentwicklung ab, aber er berücksichtigt nicht die an die Aktionäre ausgeschütteten Dividenden und Bezugsrechte. Eine langfristige Betrachtung unterstreicht die Attraktivität der Aktie als dauerhafte Anlage, sofern der Anleger vorübergehende Kursrückgänge nicht zum Anlass nimmt, seine Papiere in Panik zu verkaufen. Im Laufe der Jahrzehnte ist eine ganze Familie von Indizes der F.A.Z. auf Aktien- und Anleihemärkten erschienen. Seit 2011 sind die Indizes investierbar; das heißt, es können auf ihrer Grundlage Wertpapiere begeben werden.

DAS THEMA FINANZEN GEHT ALLE AN

Mit den sich wandelnden Bedürfnissen der Menschen hat sich auch die Finanzberichterstattung der F.A.Z. verändert. Ihr gewachsenes Gewicht unterstreicht die Entwicklung eines eigenständigen, mehrere Seiten umfassenden Finanzteils seit der zweiten Hälfte der neunziger Jahre. Damit verbunden ist eine Ausweitung der Berichterstattung, die neben dem klassischen Kapitalmarktjournalismus heute alle wichtigen Themen im Umgang der Menschen mit Geld einschließt. *Gerald Braunberger*

EINE ROMANTISCHE ANGELEGENHEIT

Das Auto hat sich als höchst anpassungsfähig erwiesen. Es ist ein steter Motor des Fortschritts geworden. Und ein Spiegel der darum streitenden Gesellschaft.

Die Liebe ist etwas Wunderbares, Mystisches. Sie kribbelt im Bauch, vernebelt den Kopf und ist in jeder Sprache zu Hause. Sie entspringt allen Sinnen, schickt ihre romantische Botschaft als ein Strauß Rosen, in Gedichten, und auf vier Rädern. Oft schon bevor wissentlich eine innige Verbindung entstanden ist, entstehen kann, weil die Beinchen noch nicht ans Gaspedal heranreichen und im Schulunterricht die Namen Gottlieb Daimler, Carl Benz, André Citroën oder Enzo Ferrari erst viel später fallen, wenn überhaupt. Unter den ersten zehn Worten eines mit wachen Augen in die Zukunft startenden Kindes sind Mama, Papa, Auto. Letzteres bisweilen als Brummbrumm, ob das weiterhin so sein wird, ist eine jener großen gesellschaftlichen Debatten anno 2024.

75 Jahre begleitet die F.A.Z. jetzt das Leben in Deutschland, zu dem das Auto mindestens ebenso lange gehört wie kein anderes an sich ersetzbare Ding, das sich doch als unersetzbar erwiesen hat und allenthalben ein Familienmitglied geworden ist. Nicht mal das in jeden Lebensbereich vorstoßende Smartphone hat es verdrängt, weil es individuelle Freiheit und persön-

Wirtschaft

Unterwegs im VW Käfer. Foto Lutz Kleinhans

liche Geborgenheit schenkt, zu jeder Tages- und Nachtzeit, wann immer es gebraucht wird, wann immer man danach gelüstet.

Ist es zu weit gegriffen, Goethe als Paten einer fortdauernden Romantik zu bemühen, die er uns vom väterlichen Schutz im tosenden Wind bis zur Sehnsucht nach paradiesischen Reisen ins Geschichtsbuch geschrieben hat? Italien im VW Käfer, später im Fiat 500, viele haben das nach 1945 selbst erlebt. Erst mit dem Auto war es für die meisten möglich, in angemessener Weise das Land zu besuchen und sich von den Mühen des Krieges, der Nachkriegszeit und dem Einheitsgrau der zerstörten Städte für ein paar Tage zu erholen.

Die Wirtschaft nahm wunderbar Fahrt auf. Jahrzehntelang wurde rangeklotzt, aber es wurden auch Fünfe gerader sein gelassen als heute. Es gab Zeiten, da konnten Dreikäsehochs auf dem Schoß des Vaters heimlich im Hochfeld steuern üben. Zum Ölwechsel legten sie sich gemeinsam auf den Garagenboden, am Wochenende gab es Fußball im Fernsehen und Autoquartett zum Abendbrot. Der Diplom-Ingenieur wurde zu einer Institution und zum stolzen Inbegriff von Made in Germany. Mercedes-Benz hatte drei Jahre Lieferzeit. Alle Welt wollte mit dem Stern, im BMW oder Porsche fahren. Sie will es noch immer.

Zäsuren sind Teil der Entwicklung. Schon einmal Mitte der 1970er-Jahre war der Zeitgeist der Motorisierung nicht mehr so wohlgesinnt. Verkehrssicherheit und Umweltschutz begannen die Diskussion zu beherrschen, in den Städten stand sich das Auto zunehmend selbst im Weg. Es klingt damals wie heute wieder. Und doch ist die liebevolle Beziehung vielerorts unverbrüchlich, vielleicht zählt auch die Macht des Faktischen. 80 Prozent der Bewegungen finden auf vier Rädern statt, Tendenz eher steigend. Das Dasein besteht nicht nur aus flachen Innenstädten, die mit dem Rad befahrbar sind. Den Staaten mangelt es an Mitteln für den Ausbau des öffentlichen Personennahverkehrs. Es bleibt Aufgabe aller, Wege zu finden. Wege zu finden, dass die Menschen ihre Mobilität weiter genießen können. Dass Autofahrer, Radler, Fußgänger und Anwohner in friedlicher Koexistenz bestehen können. Dass dem Umweltschutz Genüge getan wird.

Das Auto hat sich als höchst anpassungsfähig erwiesen. Es wird immer sicherer und sauberer, ist schöner Schein und industrielle Basis. Aus der frühen Romantik ist ein steter Motor des Fortschritts geworden. Auch deswegen behauptet es seinen Platz im Herzen.

Holger Appel

SPÄTER REFORMWILLE: SCHRÖDERS AGENDA 2010

Hohe Arbeitslosigkeit bringt die erste rot-grüne Regierung ins Amt. Die Redaktion sieht ihre Skepsis schnell bestätigt, doch unterschätzt sie Schröders Willen zur Kurskorrektur.

Helmut Kohls letzte Amtszeit kennzeichnet Unruhe über die steigende Arbeitslosigkeit, die sich nicht mehr nur auf die Wiedervereinigung schieben lässt. Die Einheit hat Strukturschwächen des westdeutschen Systems bloßgelegt: übermäßige Regulierung, hohe Steuern und Abgaben und ein lähmender Föderalismus. Diese auch von der F.A.Z. oft angeprangerten Probleme ignoriert Kohl. „Hier sehe ich die echte verpasste Chance der Deutschen Einheit", schreibt sein Innenminister Wolfgang Schäuble 2024 in seinen Erinnerungen.

Die Quittung für mehr als 4 Millionen Arbeitslose kommt 1998. Mit fast 41 Prozent für die SPD wird Gerhard Schröder Kanzler der ersten rot-grünen Koalition. In seiner Regierungserklärung verspricht er, die Massenarbeitslosigkeit als „unser drängendstes und schmerzhaftestes Problem" anzugehen. „Jederzeit" will er sich daran messen lassen, was er zur Bekämpfung beigetragen hat.

Die Wirtschaftsredaktion begleitet den rot-grünen Start skeptisch. Von Schröders „Bündnis für Arbeit", einem runden Tisch aus Arbeitgebern und Gewerk-

Wirtschaft

schaften, hält sie nichts. Die neuen Steuern auf Benzin und Strom, von den Grünen als „Projekt der Moderne" gepriesen, nennt sie ein doppeltes Ärgernis: die „sogenannte Ökosteuer" bringe der Umwelt nichts und mindere den Reformdruck im Sozialbereich. Mit den Einnahmen will die Regierung die Rentenbeiträge senken, die aber auch steigen, weil Rot-Grün übermütig Sparmaßnahmen der Vorgänger zurücknimmt. „Rasen für die Rente", spottet Bonn-Korrespondentin Heike Göbel über die Rentensubvention.

Bundeskanzler Gerhard Schröder im Bundestagswahlkampf 2002 in Saarbrücken. Foto Torsten Silz

Wie befürchtet, entstehen so nur wenig Jobs. Arbeitsmarktredakteur Nico Fickinger wirft der Regierung vor, sie sei gefangen im „Glauben an die Inszenierbarkeit von Beschäftigung". Öffentlich ist bald vom „Fehlstart" die Rede, als Schuldiger gilt Finanzminister Oskar Lafontaine, der einen linkeren Kurs steuern will als der Kanzler. Aber als Lafontaine Anfang 1999 überraschend hinwirft, korrigiert Schröder die Richtung kaum, sondern zieht beschäftigungsfeindliche Pläne durch: Mehr Kündigungsschutz, Abschaffung der Minijobs, neue Regeln gegen Scheinselbständigkeit und ein Recht auf Teilzeit verteuern Arbeit und lähmen Unternehmen. Erst als die Wirtschaft infolge der geplatzten Internetblase und des Anschlags auf das World Trade Center in die Knie geht, die Arbeitslosigkeit steigt und ein Skandal die Bundesanstalt für Arbeit erschüttert, reagiert der Kanzler.

AUS DER DEFENSIVE MIT „HARTZ IV"

Um die Wiederwahl 2002 zu sichern, lässt er seinen Vertrauten Peter Hartz, VW-Personalvorstand, Reformen für Beschäftigung entwickeln. Eine Idee ist brisant: Das Arbeitslosengeld soll maximal zwölf Monate gezahlt werden, danach gibt es nur noch Sozialhilfe statt der höheren Arbeitslosenhilfe. Die Aussicht, schnell in der Sozialhilfe zu landen, beunruhigt selbst Besserqualifizierte. Gewerkschaften und Sozialpolitiker sind empört. Schröder scheut den Konflikt. „Dem Kanzler fehlen die Fußtruppen auf seinem Marsch in die Neue Mitte", konstatiert die Wirtschaftsredaktion. Sie misstraut auch seinem Versprechen, „Hartz" nach der Wahl umzusetzen. Als er nach knappem Sieg NRW-Ministerpräsident Wolfgang Clement als „Superminister" für Wirtschaft und Arbeit ins Kabinett holt, wertet sie das als großes Ablenkungsmanöver.

Wachsende Schulden führen zur Rüge aus Brüssel und verstärken den Druck. Als Sofortprogramm beschließt die Regierung höhere Rentenbeiträge, Einsparungen im Gesundheitssystem, eine Reform der Arbeitsvermittlung und Steuererhöhungen. Nach Ansicht der F.A.Z. schürt sie damit die Unsicherheit noch. „Im Würgegriff der Politik" titelt der Konjunkturbericht im November. Dass Deutschland „Bremsklotz" der EU geworden sei, führt Herausgeber Holger Steltzner im Leitartikel auf den „strangulierten" Arbeitsmarkt zurück und fordert, „das Tarifkartell zu entmachten".

Um aus der Defensive zu kommen, kündigt der Kanzler am 14. März 2003 mit der „Agenda 2010" ein überraschend breites Reformkonzept an. Die zentrale Botschaft: Arbeitslose „fördern und fordern". Wie von Hartz empfohlen, soll das Arbeitslosengeld auf ein Jahr begrenzt werden. Wer dann keinen Job hat, erhält unter strikten Auflagen nur noch das Existenzminimum, bald als „Hartz IV" beschimpft. Die Rückkehr der Minijobs, erleichterte Selbstständigkeit für Handwerker und das Vorziehen der letzten Stufe der Steuersenkungen sollen Wirtschaft und Beschäftigung beleben. Rentner müssen mit einer Nullrunde, Patienten mit Zuzahlungen und Praxisgebühr zur Finanzierung der Sozialkassen beitragen.

Obwohl sich Schröder dadurch unerwartet klar zu klassischer Angebotspolitik im Sinne der F.A.Z.-Wirtschaft bekennt, fällt ihr erstes Urteil schlecht aus. Schröder kratze wieder nur an der Oberfläche, korrigiere

Wirtschaft

Sozial- und Arbeitsmarktpolitik halbherzig und widersprüchlich – und bleibe weit hinter dem Notwendigen zurück. „Einigermaßen entschlossen" zeige sich der Kanzler allein darin, finanzielle Anreize zur Annahme von Arbeit zu erhöhen, zu wenig tue er für bessere Chancen Geringqualifizierter.

WIDERSTAND DER GEWERKSCHAFTEN

Auch wenn die Wirtschaftsredaktion überwiegend der Meinung bleibt, die Agenda springe zu kurz, zollt sie Schröder angesichts des harten Widerstands aus Gewerkschaften und SPD bald mehr Respekt. Für Rainer Hank, Wirtschaftschef der F.A.S., sind die konkreten Schritte zwar „kleinmütig, zaghaft und verlassen kaum das sozialstaatliche Paradigma". Doch könnten sie den Systemwechsel einleiten hin zu weniger Umverteilung, mehr Effizienz, urteilt er im April 2003.

Um zu verhindern, dass die Agenda an den Protesten scheitert, springt die Redaktion Schröder und Clement nun entschlossen bei. Die konfliktreiche Gesetzgebung begleitet sie mit anfeuernden Kommentaren, warnt vor Aufweichung der Kernpunkte, macht Verbesserungsvorschläge und erinnert die Gewerkschaften scharf an ihre Verantwortung für die Arbeitsmisere.

Schröder setzt wichtige Teile der Agenda gegen den Druck der Straße und des linken Flügels letztlich durch. Der Vertrauensverlust ist aber irreparabel, da die Wirtschaftswende ausbleibt. Als Schock wirken die für Anfang 2005 erwarteten 5 Millionen Arbeitslosen, die jedoch teils dem Systemwechsel zu „Hartz IV" geschuldet sind, der verdeckte Arbeitslosigkeit offenlegt. Inzwischen erkennt die Wirtschaftsredaktion Schröders Bemühen an und fordert Geduld und Stetigkeit ein, statt hastiger Konjunkturhilfen. Wenn es überhaupt einen Weg zu höherem Wachstum und Vollbeschäftigung gebe, sei der noch lang und unbequem, schreibt Heike Göbel, nun wirtschaftspolitische Ressortleiterin, im März 2005. Immerhin habe die Regierung manches begonnen, worauf sie aufbauen könnte. Aber Schröder verliert die vorgezogene Wahl im Bund knapp, von der er sich neue Legitimation für seinen Kurs erhofft hatte.

Die Früchte seiner Reformagenda erntet Nachfolgerin Angela Merkel. Fast 4 Prozent Wachstum bescheren ihrer ersten großen Koalition 2006 einen sorglosen Start. „Dieser Aufschwung wurde vor einiger Zeit von zwei Männern in den Weg geleitet: Alt-Bundeskanzler Gerhard Schröder und EZB-Präsident Jean-Claude Trichet", stellt Gerald Braunberger daraufhin in der F.A.S. fest. Fünf Jahre nach Ankündigung der Agenda würdigt die F.A.Z.: „Dass die Agenda die Anreize zugunsten der Beschäftigung und einen Beitrag zum Abbau der Arbeitslosigkeit geleistet hat, lässt sich nicht mehr bestreiten." Schröders Ansage selbst an die Mittelschicht, jede Arbeit schnellstens anzunehmen, um den sozialen Abstieg auf Hartz IV zu vermeiden sei eine „brutale wie heilsame" Lektion gewesen. Zehn Jahre später fordert die Redaktion Merkels reformträge schwarz-gelbe Koalition auf, sich an Schröder ein Beispiel zu nehmen: „Weiter im Geist der Agenda". *Heike Göbel*

DIE AMBIVALENZ DER MERKEL-JAHRE

In der Opposition gewinnt die neue CDU-Vorsitzende Angela Merkel Profil mit marktwirtschaftlichen Reformbeschlüssen des Leipziger Parteitags. Sie weckt damit in der Wirtschaftsredaktion Erwartungen, die sie als Bundeskanzlerin enttäuschen sollte.

Nach 16 Regierungsjahren ist die CDU in der Opposition lange mit sich beschäftigt und bleibt auch unter ihrer im April 2000 gewählten Vorsitzenden Angela Merkel inhaltlich diffus. Das ändert sich, als die Union mit Kanzlerkandidat Edmund Stoiber die Wahl 2002 überraschend verliert und Gerhard Schröder mit der „Agenda 2010" im Feld der Partei Ludwig Erhards wildert. Um der SPD keine Lücke zu lassen, setzt Merkel gegen Widerstände auf dem Leipziger Parteitag Ende 2003 marktwirtschaftliche Reformbeschlüsse durch. In der Einkommensteuer propagiert die CDU den Systemwechsel vom linearen Tarif zum Drei-Stufen-Modell mit niedrigen Sätzen ihres führenden Wirtschaftspolitikers Friedrich Merz. Er will alle Ausnahmen streichen, die Steuererklärung soll auf „einen Bierdeckel" passen.

Trotz Kritik der CSU votiert die CDU für den Umbau der Sozialsysteme nach den Ideen ihrer „Herzog-Kommission". Als Bundespräsident hatte Roman Herzog einen Reform-Ruck verlangt. Nun regt er an, die Finanzen der Sozialversicherungen teils von den Löhnen zu entkoppeln, um Arbeitsplatzverluste durch steigende Sozialbeiträge (Lohnnebenkosten) zu verhindern. So soll die gesetzliche Krankenversicherung von jedem Versicherten eine Monatspauschale von 200 Euro bekommen, ein Zuschuss Geringverdiener entlasten. Ziel dieser und anderer Reformen ist es, die Sozialkassen für die Kosten der alternden schrumpfenden Bevölkerung zu rüsten.

Die Wirtschaftsredaktion ist beeindruckt. „Die CDU hat wieder wirtschaftspolitischen Boden unter den Füßen", lobt Ressortleiterin Heike Göbel. Ungewiss sei aber, ob die Beschlüsse in der politischen Auseinandersetzung das Gewicht erhalten würden, das ihnen mit Blick auf Konjunktur und Demographie zukomme. Die Zweifel bestätigen sich noch vor Merkels Wahlsieg. Der Parteitag markiert schon den Höhepunkt des CDU-Reformmuts, den die Schwesterpartei nie teilt. Schnell gibt Merkel deren Druck nach, die Leipziger Konzepte werden stark verwässert. „Union der Kleinmütigen", kritisiert der Berliner Korrespondent Manfred Schäfers Anfang 2004. Merz zieht sich politisch zurück, als Ersatz holt Merkel im Wahlkampf 2005 den früheren Verfassungsrichter Paul Kirchhof in ihr Schattenkabinett. Der befürwortet ein noch radikaleres Steuermodel mit einem Einheitssteuersatz von 25 Prozent. Es gibt Spannungen, als Kirchhof der F.A.S. sagt, er wolle als Finanzminister eigene Ideen durchsetzen: „25 Prozent für alle, das ist die Obergrenze." Merkel widerspricht und verweist auf das CDU-Programm mit dem Spitzensatz von 37 Prozent, ein gefundenes Fressen für die SPD.

Die Wirtschaftsredaktion wirbt für eine schwarz-gelbe Regierung. Herausgeber Holger Steltzner mahnt: „Wer auch immer die Wahl gewinnt, er oder sie wird nichts verteilen können, sondern wird weiter kürzen müssen. Der Mut von Angela Merkel, der Kanzlerkandidatin der Union, das deutlich zu sagen, ist bemerkenswert. Sie bittet die Wähler um ein Mandat zur Sanierung Deutschlands, und sie verschweigt nicht, dass damit hohe Kosten und Schmerzen verbunden sein werden. Sie setzt gemeinsam mit der FDP auf die Erneuerung der Sozialen Marktwirtschaft."

MACHTINSTINKT BREMST REFORMWILLEN

Merkel siegt nur knapp. Die Reformpläne hätten Wähler abgeschreckt, glaubt die Union. Auf dem Weg ins Kanzleramt lässt sie ihre „Neue Soziale Marktwirtschaft" fallen. „Die CDU ist dabei, alles zu verspielen, wofür sie zuletzt stand, in der Finanzpolitik, aber nicht nur dort. Sie gibt Positionen in einem Tempo auf, dass einem der Atem stockt", urteilt Schäfers kurz bevor die Koalition mit der SPD steht. Am augenfälligsten zeigt sich dies an der „Reichensteuer", die die SPD der Union abtrotzt. Die symbolträchtige Anhebung des Einkommensteuerspitzensatzes um drei Punkte ist das Gegenteil des Kurses von Merz und Kirchhof. Doch Merkel gibt nach, um die SPD für die saftige Anhebung der Mehrwertsteuer von 16 auf 19 Prozent zu gewinnen. Mit dem Geld werden die Sozialkassen bezuschusst und der Haushalt konsolidiert, dessen Defizite die erlaubte Maastricht-Grenze übersteigen. Das erspart konfliktreiche Kürzungen und heikle Strukturreformen im Gesundheits- und Pflegesystem.

Nur in der Rentenpolitik beweist Merkels erste große Koalition Mut und Weitblick mit der Heraufsetzung des Rentenbeginns auf 67 Jahre. Das Verdienst gebührt

Angela Merkel am Abend der Bundestagswahl 2005. *Foto Wolfgang Eilmes*

SPD-Arbeitsminister Franz Müntefering, der heftigsten Attacken seiner Partei standhält. Die Redaktion unterstützt ihn. „Zur ‚Rente mit 67' gibt es in der Tat angesichts der demographischen Entwicklung keine Alternative – auch wenn dies in Fällen, in denen Arbeitnehmer vor der Zeit in Ruhestand gehen, im Vergleich zur heutigen Versorgung künftig zu Einbußen führt. Wer das Umlagesystem erhalten will, muss diese Konsequenz aushalten", kommentiert die Berliner Redakteurin Kerstin Schwenn.

Zur Wahrheit gehört, dass Merkels große Koalitionen 2013 und 2017 in der Rente die Rolle rückwärts machen. Scharf kritisiert die Redaktion neue Leistungen für ältere Mütter und die abschlagsfreie „Rente mit 63". Ohne tragfähige Finanzierung erweitern Union und SPD die Pflegeleistungen, ungelöst bleiben die Strukturprobleme der Krankenkassen. Denn der Reformdruck hat nachgelassen, seit die Arbeitslosenzahl Ende 2006 unter 4 Millionen gesunken ist. Unterbrochen nur von der Finanzkrise beginnt ein stabiler Beschäftigungsaufschwung, während die Niedrigzinspolitik die Haushaltslage entspannt. Fast von selbst gelingt CDU-Finanzminister Wolfgang Schäuble 2014 der erste schuldenfreie Haushalt seit 1969. Die Voraussetzung für die „schwarze Null" hatte SPD-Vorgänger Peer Steinbrück geschaffen mit einer harten Schuldenbremse im Grundgesetz 2009.

Merkels Machtinstinkt fällt in der Energiepolitik unterdessen eine wichtige Kurskorrektur zum Opfer. Als ein Tsunami in Japan 2011 zur Havarie der Atommeiler in Fukushima führt, entscheidet sie fast über Nacht, die zuvor verlängerten AKW-Laufzeiten zu revidieren und den Ausstieg zu beschleunigen – ungeachtet der dadurch wachsenden Abhängigkeit von Russlands Gas. „Deutschlands Versorgung mit Strom wird nicht klimafreundlicher, nicht sicherer, wohl aber teurer", warnt der F.A.Z.-Energieexperte Andreas Mihm. „Das ist der Preis der deutschen Atomangst."

Die Bundeskanzlerin hinterlässt 2021 trotz Rekordbeschäftigung und (bis zur Corona-Krise) günstiger Konjunktur sowie sinkenden Defiziten ein schweres wirtschaftspolitisches Erbe: Merkel hat die Sozialkassen nicht auf den Alterungsschub vorbereitet. Statt Weichen für die Zuwanderung von Fachkräften zu stellen, belastet die ungeregelte Migration das Land. Ein strategischer Fehler ist auch der hastige Atomausstieg, der die Klimaschutzkosten treibt und die deutsche Energieversorgung stärker in die Hand von Russlands Präsident Putin legt, als auch die Wirtschaftsredaktion lange wahrhaben will. *Heike Göbel*

Einblick

DIGITALER WANDEL IM JOURNALISMUS

Die digitale Transformation der F.A.Z. zeigt, wie sich traditioneller Journalismus in der modernen Medienlandschaft weiterentwickelt: von FAZ.NET bis hin zur digitalen Zeitung und zu FAZ+. Mit rund 280.000 Abonnenten tragen die digitalen Produkte zur kontinuierlichen Verbesserung und Erweiterung des journalistischen Angebots bei.

Das digitale Einstiegsabo FAZ+ der Frankfurter Allgemeinen Zeitung gibt es seit dem 10. Oktober 2018. Das ist noch keine lange Zeit in der Geschichte des Hauses. Aber die Erfahrungen, die Redaktionen mit Abos dieser Art sammeln, verändern die Arbeitsweise im Journalismus so schnell, wie es früher kaum vorstellbar war – zum Positiven. Die Redaktionen erfahren verlässlicher als früher, was die Leser wirklich interessiert, für welche Texte sie bereit sind, Geld zu bezahlen. Das steigert den Qualitätsanspruch im Online-Journalismus kontinuierlich. Gerade dort zählt das Vertrauen, das sich eine Marke im Wettbewerb mit der Vielzahl leicht erreichbarer Konkurrenzangebote Tag für Tag neu erwerben muss.

Hinzu kommt, dass das journalistische Angebot, das den Lesern gemacht wird, dort so gesteuert werden kann und auch muss, dass nicht nur möglichst viele Leser sich immer neu für diese Abonne-

Einblick

Einblick

ments entscheiden, sondern auch so, dass sie danach treue Leser werden und bleiben. Das gelingt der F.A.Z. inzwischen bei rund 145.000 FAZ+ Abonnenten und in etwa noch einmal so vielen Abonnenten der digitalen Zeitung (E-Paper und Edition), die dadurch ebenfalls Zugang zu FAZ+ Texten im Netz und den Apps haben.

Ein Abonnement wie FAZ+ führt also dazu, dass Webseiten qualitativ immer besser und inhaltlich umfangreicher werden. Es führt zu kontinuierlichen Investitionen in das Design und damit die Nutzerfreundlichkeit von Website und Apps. Es finanziert neue Angebote in den Bereichen Audio (zum Beispiel die Vorlesefunktion, die Integration etwa mit Apple Car Play oder zu Podcasts wie zum Beispiel dem „Podcast für Deutschland") und Video (TikTok, Instagram, Vertical Storytelling). Es ermöglicht den Ausbau von Multimedia- und Datenjournalismus-Teams, vor allem aber auch die Verstärkung von Redaktionen, denen es besonders gut gelingt, Artikel zu schreiben, die Leser zum Abschluss eines digitalen Abonnements motivieren. Das können neue Korrespondenten in Amerika sein, Wissenschaftsjournalisten, aber auch Redakteure, die sich vor allem mit gesellschaftlichen Themen beschäftigen. Es geht also nicht um immer mehr Reichweite um jeden Preis. Gewünscht sind vielmehr handwerklich gut gemachte, interessante Texte und Überschriften, die die Bedürfnisse der Leser bedienen, die unsere zahlenden Kunden sind oder werden.

Sie sorgen dann dafür, dass die Redaktion jederzeit bereit ist, in einen ehrlichen Dialog mit den Leserinnen und Lesern zu treten, der kritisch, aber nicht beleidigend, sein darf. Dies kann zum einen durch die quantitative Messung des Leseverhaltens geschehen, die unmittelbare Rückschlüsse auf die Seitenführung im redaktionellen Alltag zulässt, zum anderen aber auch durch die regelmäßige Aufforderung, sich bei inhaltlichen oder technischen Anregungen und Schwierigkeiten sofort zu melden. Dies geschieht beispielsweise durch den samstäglichen Newsletter „Das Beste lesen mit FAZ+", der inzwischen fast 300.000 Adressen erreicht. Am Ende jeder Newsletter-Ausgabe findet sich das Angebot, bei Fragen direkt an den Autor zu schreiben. Die Leser können mit einer schnellen Antwort rechnen und machen von dieser Möglichkeit regen Gebrauch.

Dabei ist die Disziplin groß, nur selten kommt es zu einem Austausch weit auseinanderliegender inhaltlicher Positionen. Viel häufiger geht es um konkrete Fragen zum FAZ+ Abonnement. Dabei erfährt man, wie sehr das noch junge Angebot inzwischen zum Alltag der Leser gehört, wie wenig es für die Stammleser aus ihrem täglichen Informationsverhalten wegzudenken ist, wie sehr man der Marke tatsächlich zutraut, Navigator durch eine immer komplizierter werdende Welt zu sein.

Deutlich wird auch, dass die treuen Leser zwar häufig über Themen wie Geldanlage, Partnerschaft oder Ernährung zum Abonnement gekommen sind, dann aber das gesamte Angebot der Frankfurter

Einblick

Allgemeinen Zeitung für sich entdecken. Das heißt, sie lesen Politik, Wirtschaft, Feuilleton, die Rhein-Main-Zeitung oder den Sport so, wie es bei der Konzeption der gedruckten Zeitung vorgesehen war. Und die Erwartungen werden meist übertroffen: Ging es anfangs meist „nur" um den Zugang zu Texten, erfahren die Leser schnell, dass in ihrem neuen Abo in der digitalen Welt viel mehr steckt als gedacht. Auch so kann Vertrauen wachsen, Tag für Tag.

Die Frankfurter Allgemeine Zeitung wurde 1949 als „Zeitung neuen Typs" gegründet, wie es in der ersten Ausgabe hieß. In den 75 Jahren seither hat das Haus immer wieder publizistisches Neuland betreten, auch rund um die Uhr im Netz und in zahlreichen Apps für Tablets und Smartphones. In der digitalen Welt greifen immer mehr Leser mit ihren mobilen Endgeräten auf die digitalen Angebote zu, am liebsten mit dem Handy. Mehr als 70 Prozent aller Zugriffe auf unser Online-Angebot FAZ.NET erfolgen über mobile Endgeräte. Und was jetzt für so viel Aufmerksamkeit sorgt, ist selbst noch gar nicht so alt: Die App für das iPad gibt es seit April 2011, die App für das iPhone ein knappes halbes Jahr länger. Als E-Paper-Ausgabe gibt es die Rhein-Main-Zeitung erst seit Mai 2008, das E-Paper der überregionalen F.A.Z. seit April 2004. Die Einführung war ein erster wichtiger Schritt, um ein digitales Geschäftsmodell aufzubauen. Insgesamt hat die F.A.Z. derzeit rund 280.000 Abonnenten ihrer unterschiedlichen digitalen Produkte. Und auch bei den digitalen Traditionsangeboten hören die Verbesserungen nicht auf: Seit 2023 kann man im E-Paper schon von 18 Uhr an in die Zeitung des nächsten Tages schauen.

Das Internet selbst eroberte die F.A.Z. Anfang Januar 2001. Damals startete der Online-Auftritt unter der Adresse faz.net, der sich von Anfang an zu einem der führenden Online-Nachrichtenportale im deutschsprachigen Raum entwickeln sollte. Noch nie hat die F.A.Z. so viele Leserinnen und Leser erreicht wie heute. Und das jüngste digitale Angebot? Das sind die neuen PRO-Briefings, die 2023 mit dem Produkt „Digitalwirtschaft" Premiere feierten. Das Briefing informiert über Künstliche Intelligenz und Plattformökonomie. Unter der Marke PRO wird eine Reihe von professionellen Informationsangeboten aufgebaut, die sich an Leser richten, die über das Angebot einer allgemeinen Zeitung hinaus tiefer in ein Thema einsteigen wollen. Die PRO-Informationsangebote bestehen aus einem wöchentlichen E-Mail-Briefing, das durch eine Website, Live-Sendungen und Podcasts ergänzt wird.

Nichts verändert sich so atemlos wie die digitale Welt. Erkenntnisse, die noch vor zwölf Monaten als gesichert galten, können sich durch eine Änderung des Google-Algorithmus, den Einfluss Künstlicher Intelligenz oder ein anderes Verhalten der großen Social-Media-Plattformen schnell ändern. Ebenso zügig muss die Redaktion darauf reagieren, ohne ihren Qualitätsanspruch aus den Augen zu verlieren. Beides zu gewährleisten, ist eine Verpflichtung für die Zukunft.

Carsten Knop

Jackson Pollocks Gemälde „Number 32" war 1959 eine Hauptattraktion der zweiten documenta in Kassel. Fünf Jahre später erwarb Werner Schmalenbach das Bild für die Kunstsammlung Nordrhein-Westfalen. *Foto Wolfgang Haut*

Feuilleton

Ich sah vor mir die Anfänge einer Grammatik der Biologie

Dies ist die letzte Sequenz des menschlichen Genoms: Eine Dokumentation des Zieleinlaufs

Gestern morgen um drei Uhr früh schickte Craig Venter uns den undokumentierten Datensatz. Er enthält die letzte Sequenz des menschlichen Genoms, die von Venters Unternehmen Celera Genomics entschlüsselt wurde. Erst mit diesen Kombinationen der vier Basen der DNS (ausgedrückt durch die Buchstaben C, G, A und T) wurde die größte wissenschaftliche Sensation unserer Zeit ermöglicht: die Bekanntgabe der Zusammensetzung des Stoffs, aus dem das Leben ist. Gestern morgen erhielten wir vom Deutschen Humangenomprojekt die letzte Sequenz, die die deutschen Wissenschaftler an das Hugo-Konsortium geliefert haben. Auch sie wird heute dokumentiert. Venters mit der so genannten Shotgun-Technik vollzogene Gensequenzierung hatte die seit 1990 am internationalen Humangenomprojekt tätigen Wissenschaftler in diesem Jahr unter großen Druck gesetzt. Der private Konkurrent drohte dem mit gewaltigen öffentlichen Mitteln geförderten Forschungsverbund bei der Entschlüsselung zuvorzukommen. Der amerikanische Präsident Clinton und der britische Premierminister Blair riefen daraufhin beide Seiten zu gemeinsamer Forschung auf. In den vergangenen Wochen haben Celera und das Humangenomprojekt in enger Kooperation an der Entschlüsselung gearbeitet. Diesem Zusammengehen ist es zu verdanken, dass das Ergebnis nun schon Jahre vor dem beim Start des Humangenomprojekt projektierten Zeitpunkt vorliegt. Denn die verbündeten Forschergruppen konzentrierten sich jeweils auf einzelne Schwerpunkte. 1970 prophezeite Erwin Chargaff eine „Grammatik der Biologie". Die hier abgedruckten Kombinationen bilden das Schlusskapitel im Buch des Lebens, einem Text, der aus 3,2 Milliarden Basenpaaren besteht. Unser Abdruck gibt weniger als 0,1 Prozent des Genoms wieder. Zusätzlich haben wir deutsche und internationale Experten um ihre Einschätzung der Bedeutung der Entschlüsselung des Genoms gebeten. Ihre Stellungnahmen sind denkbar uneinheitlich ausgefallen.

F.A.Z.

Lesbarkeit der Welt

Die Offenbarung des Wortlauts der beiden Humangenome fällt auf einen Tag. Diese Feststellung ist schon fast alles, was der naturwissenschaftliche und theologische Laie über die Sache sagen kann. Für einen Moment möchte er sich über die kalendarischen Capriccios wundern, die die Weltgeist gelegentlich veranstaltet. Eine Spiegelung des Gegensätzlichen dieses Tages erlaubt allerdings die literarische, die sprachliche Form, in der sich darstellt. Die Botschaft von Fatima" heißt die, es gestern in Rom der Kardinal Ratzinger stellte er feierlichkeit vor. Faksimiliert ist darin der Brief des portugiesischen Nonne vor Lucia, die das dritte Geheimnis von Fatima mitteilt: Die portugiesischen Bischof getroffen zu haben, auf die Kugeln der Attentäter getroffen wurde, hat sie – in einer wohl gespielten Geste – auf sein eigenes Schicksal bezogen. Die Kirche sanktioniert, mit welch entscheidenden Interpretationen auch immer, eine ihrer Visionen aus der Geschichte des vergangenen Jahrhunderts. Und die Sprache der Vision war es, die im gleichen Moment mit den Hirtenkindern auch die Dichter der Rimbaud-Avantgarde Europas suchten, die Rimbaud und den Gesängen des Maldoror nachfolgen wollten. Das andere literarische Ereignis ist die Buchstabenfolge des menschlichen Genoms, die heute veröffentlicht wird. Und wir erinnern uns auch dafür in der Dichtung der spätesten Avantgarde, die von Kurt Schwitters und John Cage herkam, ein Modell gefunden zu haben: in der „Konkreten Poesie" von Eugen Gomringer, Franz Mon und Hans Imhoff. So lautet die erste Zeile von „Der Sand" aus dem Jahr 1984: „ehrir macgiphöahs.chöonökng". Das um anderthalb Jahrzehnte frühere Langgedicht „Pyrrho" beginnt mit der Zeile: „ES E R L I T E R — L E N S — D—". Wer wissen will, was ist, kann nichts Besseres tun, als an die Ränder der Sprache zu gehen, dorthin, wo sie erzitterlich an das Schweigen grenzt. Für die Lesbarkeit der Welt mag dieser Tag ein Schlüsseldatum sein. Möge er seinen Blumenberg finden.

L.J.

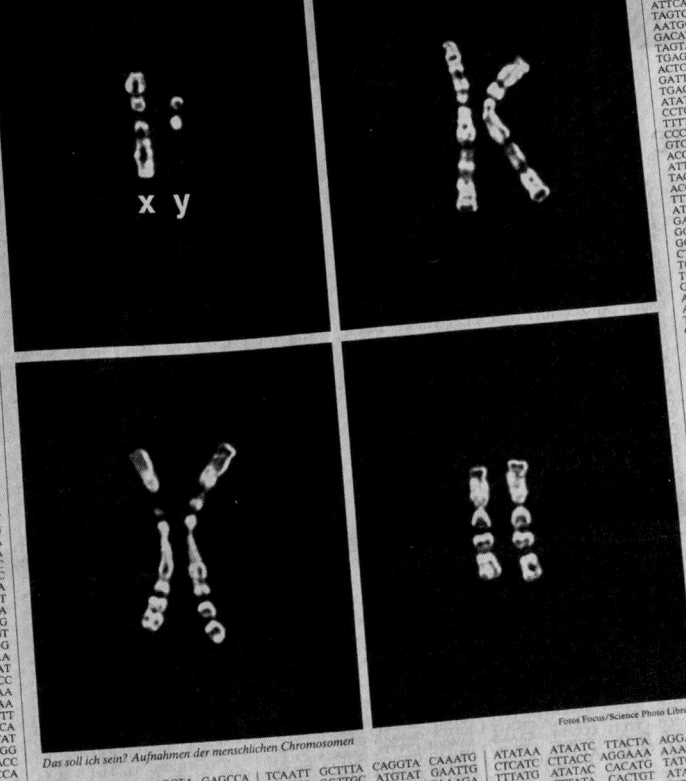

Das soll ich sein? Aufnahmen der menschlichen Chromosomen

Fotos Focus/Science Photo Library

Erwin Chargaff

Dieses Ding wird die zweite Cheopspyramide sein: ein Klotz, der herumliegt und niemandem nutzt.

Erwin Chargaff, geboren 1905, lehrte von 1935 bis 1974 Biochemie an der Columbia University in New York. Seine DNS-Forschungen waren Voraussetzung für das Modell der Doppel-Helix von Crick und Watson.

Morgen in Geisteswissenschaften

Raus aus dem Polizeigriff – Ein Disput über Hilary Putnam

Rein in den Urwald – Befremdliche Blicke auf das Fremde

Jimis Tempel

Frank Gehrys Rockmuseum

In Seattle ist zum Wochenende mit einem Dreitagefestival Frank Gehrys neues Museum eingeweiht worden. Der Gebäudekomplex, der sich „Experience Music Project" nennt, geht auf eine Idee von Paul Allen, Partner des Microsoft-Gründers Bill Gates, zurück, der in der Heimatstadt von Jimi Hendrix eine Gedenkstätte zu Ehren des genialen Rockgitarristen errichten lassen wollte. Das Multarristen errichten lassen wollte. Das Museum, das in der typischen Schachtelbauweise Gehrys in unmittelbarer Nachbarschaft zur „Space Needle", dem Wahrzeichen Seattles, in der verzerrten Form einer gigantischen E-Gitarre angelegt wurde, umfasst nicht nur ein Rockmuseum mit Dokumenten und Internetarchiven zu sechzig Jahren populärer Musik sowie Devotionalien von Bob Dylans erster Gitarre bis zu Janis Joplins Federboa.

Es ist zugleich ein interaktives Musikzentrum, in dem Workshops und Konzerte abgehalten werden, Instrumente ausprobiert werden können, Einführungen in moderne Klangerzeugung und -speicherung stattfinden. Zudem wird dem Bedürfnis nach Identifikation Jugendlicher mit der Rocksphäre Rechnung getragen: So kann man etwa in einem eigens dafür ausgestatteten Raum sich selbst in den virtuellen Zustand eines Rockmusikers versetzen, vor spektakulärer Konzertkulisse auftreten und ein Video davon drehen lassen. Zur Eröffnung des Museums, das in sympathischer Weise dem Unterhaltungsbedürfnis von Jugendlichen entgegenkommt und zugleich sachlich, hochmoderne Lern- und Studiermöglichkeit schafft, gab es eine Reihe von Konzerten, unter anderem mit Metallica, Patti Smith, Eurythmics, Rickie Lee Jones, Matchbox 20 und Veteranen des Rockgeschäfts wie Taj Mahal oder Bo Diddley.

EIN RESSORT FÜR GEGENSTANDSLOSIGKEIT

Die traditionelle Zuständigkeit für die schönen und auch die nicht mehr schönen Künste erschöpft die Aufgaben des Feuilletons nicht. Es beteiligt sich an der gesellschaftlichen Krisendiagnostik und überprüft deren Instrumente. Dabei liefert es keine Lösungen, sondern Argumente, Eindrücke und Gesichtspunkte.

Das Feuilleton ist ein merkwürdiger Teil der Zeitung. Was in den Seiten steht, die mit Politik, Wirtschaft, Sport und Lokales überschrieben sind, erschließt sich leicht. Denn diese Begriffe werden auch außerhalb der Zeitung verwendet. Für das Feuilleton gilt das nicht. Man kann nicht sagen, im Feuilleton werde über das Feuilletonistische im Weltgeschehen berichtet.

Mit anderen Worten meint Feuilleton eine Form des journalistischen Schreibens, kein bestimmtes Berichtsgebiet. Das heißt: Alles, was in der Gesellschaft geschieht, kann auch im Feuilleton berichtet und kommentiert werden. In den jüngsten Jahrzehnten ist das besonders deutlich geworden. Die traditionelle Zuständigkeit des Feuilletons für die schönen und auch die nicht mehr schönen Künste ist deutlich erweitert worden. Schon unter dem Herausgeber Joachim C. Fest, der das Feuilleton der F.A.Z. von 1973 bis 1993 leitete, wandte es sich verstärkt Themen des historischen Selbstverständnisses der

Feuilleton

Bundesrepublik zu, diskutierte die Aufgaben der Geistes- und Sozialwissenschaften, kommentierte die Lage an den Universitäten und generell das, was die „geistige Situation der Zeit" genannt wurde. Zu den Seiten „Natur und Wissenschaft" kamen von 1985 an unter Leitung von Henning Ritter die „Geisteswissenschaften" hinzu.

Das folgte einem Bedeutungswandel der Künste. Lange wurde ihnen eine Schlüsselfunktion für das Verständnis der Gesellschaft, ja, der Welt zugeschrieben. Dass Friedrich Sieburg, einer der ersten Literaturchefs der F.A.Z., in den fünfziger Jahren nur alle vierzehn Tage von seinem schwäbischen Landsitz in die Frankfurter Redaktion gekommen sein soll, verdeutlicht außer dem Umfang der feuilletonistischen Arbeit anekdotisch das damalige Selbstbewusstsein von Leuten, die sich in der zeitgenössischen Literatur auskannten. Einer seiner berühmten Nachfolger,

Der Literaturnobelpreis für Heinrich Böll bedeutete 1972 die Rückkehr Deutschlands in die Weltrepublik des Geistes. Am Tag nach dem Fall der Berliner Mauer veranstaltete die Feuilletonredaktion eine Umfrage unter Intellektuellen in der ganzen Welt. Foto F.A.Z.-Archiv

Ein Ressort für Gegenstandslosigkeit

Karl Heinz Bohrer, der 1968 das Literaturressort der Zeitung übernahm, verkörperte bei entgegengesetzten ästhetischen und politischen Einstellungen einen ähnlichen Geist. Auch für ihn war die Kunst, hier nun die avantgardistische und jedenfalls provokative, der Maßstab aller Dinge.

Das leuchtete wenig später kaum mehr ein. Noch immer konnten Debatten über gegenstandlose Malerei, den „Nouveau Roman", die Neue Musik, das „Regietheater" oder die postmoderne Architektur heftig geführt werden. Redakteure wie Helmut Scheffel, Gerhard Stadelmaier, Dieter Bartetzko und Eduard Beaucamp standen dafür. Doch es konnte niemandem verborgen bleiben, dass nicht mehr alles vom Ausgang solcher Debatten abhing. Die Kunst wurde allmählich ein Gebiet gesellschaftlicher Sinnbehauptung unter anderen.

Das Feuilleton reagierte darauf mit der erwähnten Hinwendung zu anderen Diskussionen. Charakteristisch war die Entwicklung Frank Schirrmachers, der als Nachfolger Joachim C. Fests von 1993 an das Feuilleton dieser Zeitung prägte. Erwachsen geworden war er als Literaturredakteur, dessen Interessen dem deutschen Ästhetizismus der Zeit von Stefan George, Hugo von Hofmannsthal und Ernst Jünger galten. Seine Magisterarbeit und Dissertation hatte er über Franz Kafka geschrieben. Doch nachdem er unter turbulenten Umständen Herausgeber geworden war, wandte er sich in seinen eigenen Engagements peu à peu von der avancierten Literatur ab. Heute ist er vielen als derjenige in Erinnerung, der eine ganze Ausgabe der F.A.Z. dem Abdruck der sinnfreien Buchstabenfolge des menschlichen Genoms widmete, der zahllose Artikel zur demographischen Krise der Bundesrepublik zum Abdruck brachte oder der ebenso viele Beiträge zu den Gefahren einwarb, die von Google und dem Kapitalismus als solchem ausgingen.

KLIMAWANDEL UND POLITISCHER ISLAM

Der wichtigste Effekt dieser Kampagnen war die Öffnung des Feuilletons für alle möglichen Themen gesellschaftlicher Krisendiagnose. Es sind seitdem der Klimawandel, der politische Islam und die Frage danach, was Europa bedeuten kann, hinzugekommen. Manche Leser beschweren sich über diese Ausdehnung des Spektrums, andere können gar nicht genug davon bekommen. Solange die Basis der ästhetischen und sozialen Urteilskraft in der Auseinandersetzung mit den Künsten nicht aufgegeben wird, besteht aber kein Anlass, dem Feuilleton Begrenzungen seiner Themen aufzuerlegen.

Ein hübsches Beispiel dafür war die Reaktion der „Berliner Seiten", die 1999 als Beilage der F.A.Z. für Leser in der Hauptstadt eingerichtet wurden, auf die Faszination für die genetischen Forschungen, die zur Entschlüsselung des menschlichen Genoms geführt hatten. Unter der Überschrift „Der Berliner ist entschlüsselt" wurden Bildchen kommentiert, die Chromosomenpaaren ähnelten, tatsächlich aber Gummibärchen, Zigarettenstummel oder Currywürste zeigten – ein Spott auf die Begeisterung für die Vorstellung, bloße Strukturen und die Ermittlung biologischer Sequenzen teilten etwas Letztgültiges über den Men-

Feuilleton

schen mit. Auch das ist Feuilleton: jedwedes Urteil, auch das eigene, mit einem „Aber" zu versehen.

In der Geschichte der Bundesrepublik gab es reichlich Anlässe für solch ein „Aber". Das Feuilleton der F.A.Z. notierte die allmähliche Ausbreitung der Popkultur ins öffentliche Bewusstsein. Es mischte sich in die Studentenproteste von 1968 ein. Später diskutierte es die seltsamen Thesen des Historikers Ernst Nolte zu den Ursprüngen des Nationalsozialismus, die den sogenannten Historikerstreit auslösten. Man stritt über den Beschluss, die Hauptstadt von Bonn nach Berlin umzusiedeln. Und man debattierte kontrovers die Entscheidung für das Berliner Stelenfeld, das an die Ermordung der Juden durch Deutsche erinnern soll.

DER PUNKT, AUF DEN ES ANKOMMT

In solchen Streitfällen liefern die Feuilletonisten Argumente. Natürlich üben sie dadurch nicht den „zwanglosen Zwang" der besseren Begründung aus. Was politisch, ästhetisch, rechtlich oder moralisch entschieden werden muss, muss es ja gerade deshalb, weil sich die richtige Entscheidung nicht ausrechnen und nicht zweifelsfrei beweisen lässt. Das Feuilleton steuert Eindrücke bei, Gedanken, Gesichtspunkte, nicht mehr und nicht weniger. Die Atemlosigkeit der vollständig Überzeugten, die ungeduldig auf die Durchsetzung ihrer einwandfreien Vorschläge warten, ist ihm fremd. Es fühlt sich den Nachdenkern näher als den Vordenkern.

Das Feuilleton der F.A.Z. versucht seit 75 Jahren, diesen Stil zu kultivieren. Seine Grundlage ist die Urteilsfähigkeit der Redakteure in ihrem Fachgebiet, ihre Bildung. Hinzutreten muss, was einst „Witz" hieß: das Gefühl für den Punkt, auf den es ankommt, die Pointe, das treffende Argument. Redakteuren ohne Humor fehlt etwas. Denn wir leben in einer Welt, die sich ohne Sinn für Absurditäten, unfreiwillige Widersprüche und objektive Komik nicht adäquat beschreiben lässt. Alle Appelle an den Ernst der Situation, die das nicht berücksichtigen, haben keinen Begriff der Situation. *Jürgen Kaube*

Ohne Selbstironie gäbe es kein Feuilleton und vielleicht überhaupt keine Kultur. Foto F.A.Z.-Archiv

GLANZ UND GEFAHR DES PERFEKTIONISMUS

Herbert von Karajan wurde 1955 Chefdirigent der Berliner Philharmoniker und blieb es bis zu seinem Tod 1989. Seine Karriere spiegelt das Wirtschaftswunder, an das die Westdeutschen weiter glaubten, als härtere Tage kamen. Er trieb die industrielle Verwertung der Musik voran, ohne die Kritik arbeitslos zu machen.

Am frühen Abend des 30. November 1954 muss die Redaktion der Frankfurter Allgemeinen Zeitung von einer tiefen Erschütterung erfasst worden sein. Sie brach mit einem gestalterischen Grundsatz, der noch bis zum Beginn des 21. Jahrhunderts hatte gelten sollen: Die Seite 1 blieb ohne Bild. In Windeseile wurde der Titel umgebaut und erschien am 1. Dezember doch mit einem Bild, einspaltig, knapp dreißig Zeilen hoch – ein Porträt des Dirigenten Wilhelm Furtwängler. Darunter wurde vermeldet, dass er am Vorabend um 17 Uhr an einer Lungenentzündung gestorben war. Für viele Jahrzehnte danach wurde niemandem durch die F.A.Z. eine solche Ehre, die des Bildes auf dem Titel, zuteil, weder Theodor Heuss noch Konrad Adenauer.

In den Tagen darauf erschienen Nachrufe sowohl im Politikteil als auch im Feuilleton. Besonderes Augenmerk widmete die F.A.Z. der Betrachtung, was Furtwänglers Tod für die Berliner Philharmoniker, deren Chefdirigent er gewesen war, bedeutete. Das

Feuilleton

Das im Krieg zerstörte Frankfurter Opernhaus wurde 1981 als Konzerthaus mit dem Namen Alte Oper wiedereröffnet. Im Oktober 1985 gastierten die Berliner Philharmoniker unter Herbert von Karajan mit der zweiten und der dritten Symphonie von Johannes Brahms.

Foto Lutz Kleinhans

Glanz und Gefahr des Perfektionismus

Orchester genoss damals schon eine Wertschätzung, die es über andere deutsche Orchester hinaushob. Dass es in Westberlin, umschlossen von der DDR, beheimatet war, mochte bei dieser Aufmerksamkeit mitschwingen.

LEITARTIKEL ZUR AMERIKA-TOURNEE

Doch die politisch geschärfte Sensibilität schloss das kritische Urteil nicht aus. Als die Berliner Philharmoniker 1959 nach langer Zeit endlich wieder in Frankfurt am Main, nun mit ihrem neuen Chefdirigenten Herbert von Karajan, gastierten, erschien die Konzertbesprechung von Hildegard Weber zwar auf Seite 2 im Buch der Politik, aber sie nannte das Programm des Orchesters (Mozarts Haffner-Symphonie, Wagners Vorspiel und Liebestod aus „Tristan und Isolde", Brahms' zweite Symphonie) „eines der unoriginellsten, ja der langweiligsten, das man seit langem gehört hat, älteste Symphoniekonzert-Schablone, gegen die anzugehen immer wieder versucht wird, wie sich zeigt, völlig hoffnungslos".

Den Weg Herbert von Karajans mit den Berliner Philharmonikern hat die F.A.Z. aus allen Perspektiven ihrer Redaktion begleitet: Das Gesellschaftsressort beobachtete die Vertragsunterzeichnung in Berlin, die Geburt von Karajans Tochter Arabel, die Ohrfeige Karajans für einen Fotografen bei den Salzburger Festspielen und den folgenden Streik der Festspielfotografen. Der Wirtschaftsteil kommentierte den Erfolg des Orchesters bei dessen erster Japan-Tournee mit Karajan im Herbst 1957. Und die Politik sah sich zu Stellungnahmen schon 1955 herausgefordert, als Karajan noch vor seiner Vertragsunterzeichnung die Amerika-Tournee der Philharmoniker leitete.

Damals hatte es in „Neuyork" – so die Ortsmarke der Zeitung für New York – Gewerkschaftsproteste gegeben: gegen die Subventionierung der Tournee durch die Vereinigten Staaten und gegen die politische Verstrickung Karajans in den Nationalsozialismus. Der Leitartikel auf Seite 1 trat am 22. Februar 1955 den amerikanischen Protesten entgegen: „Weil der große Dirigent einige Jahre Mitglied der nationalsozialistischen Partei gewesen ist, bezeichnen sie ihn als ‚verantwortlich für den Tod und die Exilierung unzähliger Musiker unter Hitler'. Wer immer in Deutschland gelebt hat, weiß, wie sinnlos die Beschuldigung ist. Es ist der gleiche Vorwurf, mit dem man lange das Auftreten Furtwänglers in den Staaten zu verhindern gesucht hat. Solche verallgemeinernde Anklagen zeigen, daß sich freie Menschen in ein diktatorisches System offenbar gar nicht hineindenken können. Sie setzen unbewußt voraus, daß die Bevölkerung in solchen Ländern politisches Subjekt bleibe. In Wirklichkeit wird sie Objekt, aus der Politik ausgeschaltet. Das Gegenteil muß in jedem einzelnen Fall nachgewiesen werden. Im Fall Karajan wird es den Nachweis nicht geben."

Die musikalische Kritik bemerkte sehr früh den technischen Perfektionismus Karajans. Hans Heinz Stuckenschmidt hörte 1957 Richard Wagners Musikdrama „Die Walküre" an der Wiener Staatsoper, wo Karajan sein zweites Amt übernommen hatte, und resümierte am 8. April in der F.A.Z.: „Ein Abend der Perfektion. Sie hat etwas Unheimliches, und die Beunruhigung läßt einen nicht los. Es bleibt die Sorge, ob so viel formender Aufwand das Kunstwerk unbeschädigt läßt. Der Erfolg aber gibt dieser Zauberei recht."

In einem großen Essay für „Bilder und Zeiten" widmete sich Stuckenschmidt am 5. April 1958 „Glanz und Gefahr des Stardirigenten", ausgelöst durch die internationale Ämterfülle Karajans und dessen sagenhaften wirtschaftlichen Erfolg mit Hilfe der Tonträgerindustrie: „Auch wirtschaftlich ist der Dirigent eine führende Figur im Kunstbetrieb geworden; seine Jahreseinnahmen rücken schon an ein Viertel dessen heran, was Preisboxer und Sexbomben erreichen können, bleiben, freilich noch, immer bescheiden neben manchen Industrieeinkommen." Stuckenschmidt beschrieb ausführlich, wie bei Karajan und den Berliner Philharmonikern ein Klangideal, das sich an der Hi-Fi-Technik orientierte, auf die Spielkultur übergriff, einem Luxus- und Rauschbedürfnis der Hörer entgegenkam und damit den wirtschaftlichen Erfolg vorantrieb. Es war eine Analyse systemischer Resonanz von Ästhetik, Spielkultur, Technik und Wirtschaft. Karajan dirigierte gewissermaßen in verschiedenen Sphären der modernen Gesellschaft gleichzeitig.

Doch anders als Theodor W. Adorno, der in Karajan fast ausschließlich den „Genius des Wirtschaftswunders" sah und hörte, wollte Stuckenschmidt, der selbst ein Verfolgter des Nazi-Regimes gewesen und immer ein Verteidiger der klassischen Moderne geblieben war, seine Faszination für Karajan und die Berliner Philharmoniker nicht verleugnen. Als Stuckenschmidt 1967 in Berlin die „Gurrelieder" von Arnold Schönberg hörte, schrieb er, der bedeutende Schönberg-Biograph, einfach nur hingerissen: „es war die beste Aufführung des Riesenwerks, an die ich mich erinnere".

IN ALLEN POSEN, VON ALLEN SEITEN

Karajan trieb die industrielle Verwertung reproduzierter Musik auf Schallplatte, auf Video, im Fernsehen, schließlich auf CD mit Furor und gespenstischem Können voran. Gerhard R. Koch, der bei Adorno studiert hatte, spießte 1968 eine bildtechnisch ambitionierte Fernsehaufzeichnung des ersten Klavierkonzerts von Peter Tschaikowsky mit Alexis Weissenberg am Klavier, begleitet von den Berlinern Philharmonikern und Karajan, als „Flimmerkisten-Kitsch" auf: Man könne „ausgiebig Karajans Kopf bewundern" und zwar „in allen Posen, von allen Seiten und aus allen Perspektiven". Doch Münder und Hände, Körper, die Klang erzeugten, sah man kaum.

Karajans technischer Perfektionismus schien die romantische Ablösung der Musik von Bild und Sprache, die Idee der absoluten Musik, fortzuschreiben als komplette Ablösung von Körper und Atem, als Ablösung von allem Humanen. Die Kritiker der F.A.Z., Stuckenschmidt und Koch, Wolfgang Sandner und Ellen Kohlhaas, haben das in einem Zwiespalt aus Bezauberung und Erschrecken verfolgt. Nachdem Herbert von Karajan am 16. Juli 1989 gestorben war, wurde sein Tod am Folgetag auf Seite 1 der Zeitung oben links als Spitzenmeldung bekanntgegeben. Ein Foto aber gab es an dieser Stelle nicht. *Jan Brachmann*

KOPFSCHÜTTELN ÜBER KOPFNICKEN

Das Feuilleton muss sich rechtzeitig mit neuer Musik beschäftigen, auch wenn Bandnamen dann manchmal noch unvertraut klingen. Die Rolling Stones waren 1965 sogar Chefsache. Herausgeber Karl Korn rief mit seiner Glosse lauten Protest gut unterrichteter junger Leser hervor.

Beatles oder Stones? Diese legendäre Frage stellte sich in der F.A.Z., wirft man einen selbstkritischen Blick zurück auf die Zeit des beginnenden Höhenflugs dieser Popgruppen, nicht. Denn beide wurden im Blatt zunächst gleichermaßen geschmäht. Die Art und Weise mag heute amüsant wirken, war damals aber eine ernstere Angelegenheit. Angesichts der um sich greifenden „Beatlemania" war am 3. Januar 1964 in dieser Zeitung von einer „landesweiten Mistkäferplage" die Rede. Der Autor, London-Korrespondent Roland Hill, befand ferner: „Die elektrischen Drähte, die der Schallverstärkung der Gitarren dienen, scheinen auch die Körper der Popsänger mit Energie zu versorgen, denn häufig schreien sie auf wie in unerträglicher Qual, unbekümmert um seine Begleiter hämmert der Trommler auf sein Instrument ein. Alle Anwesenden, Spieler, Zuhörende und die dienstbaren Geister an der Bar, sind wie von Todeszuckungen befallen. Mit ausgestreckten Armen und Hüften, mit geschlossenen Augen und offenen Mündern wird ein geschlechtsloser Veitstanz aufgeführt."

Feuilleton

Am 2. Juli 1964 machten die Beatles auf der Rückreise von Australien nach London in Frankfurt Station. Foto Lutz Kleinhans

Da war „Sympathy for the Devil" von den Rolling Stones noch gar nicht erschienen, aber es erging ihnen dennoch nicht besser. Am 14. September 1965 bekannte Karl Korn, Mitbegründer und Herausgeber der F.A.Z., in einer Feuilleton-Glosse mit der Überschrift „Rollende Steine": „Nicht einmal dem Namen nach waren uns die Rolling Stones bekannt. Plötzlich mußten wir uns belehren lassen, daß diese heitere Angelegenheit bedrohliche Ausmaße annehmen kann und ernst genommen werden muß. Sechstausend Jugendliche im westfälischen Münster, wo ungefähr zur selben Zeit der Dom mit vermutlich geringerer Beteiligung säkular gefeiert wurde, strömten herbei, um die Londoner Beats zu hören und zu sehen." Korn schrieb hier über das erste Konzert der Rolling Stones in Deutschland, das am 11. September 1965 in der Halle Münsterland stattgefunden hatte. Und fragte sich:

„Wem galt der Rausch?" Seine Antwort lautete: „Fünf jungen Männern, die die Haare länger tragen als Mädchen und eine erbärmlich einfallslose primitive Musik zum besten geben." Am Verhalten der Bandmitglieder störten ihn die „seltsam affenähnlichen ruckweisen Bewegungen"; vom „frenetischem Hüftwippen und Kopfnicken der Zuhörer" war Korn äußerst befremdet und beschwor, dass sie doch wohl nur einen Bruchteil „der Jugend" darstellten. Dennoch empfand er ihr Verhalten als „massenhaft und beängstigend".

Korns Glosse löste Kritik aus. Am 23. September 1965 las man auf der Leserbriefseite: „Wir, die Klasse UIIIA des Adalbert-Stifter-Gymnasiums von Castrop-Rauxel, haben Ihren Zeitungsartikel über die Rolling Stones in der Frankfurter Allgemeinen Zeitung gelesen. Wir sind empört. Schon der erste Satz Ihres Artikels zeugt von der gänzlichen Unkenntnis auf dem Gebiet der Schlager- und Beat-Musik." Die Schüler stellten richtig: „Der ‚Rausch' der jungen (und auch nicht junger) Menschen gilt der Musik, dem Beat. Von Ausnahmen ist abzusehen! Und dieser Beat ist nicht primitiv, nicht erbärmlich einfallslos, sondern von normalen Menschen komponiert."

ARMBEWEGUNGEN WIE IN SCHLIMMERER ZEIT

Dem Eindruck der Primitivität und der Angst vor Verwahrlosung der Jugend trat auch die Hamburger Leserin Jutta von Luck in einem bemerkenswerten Brief entgegen: „Um uns brauchen Sie sicherlich keine Sorgen zu haben. Wenn wir gestern in der Ernst-Merck-Halle gekreischt haben, so sind wir heute dabei, über

Kopfschütteln über Kopfnicken

Brecht zu diskutieren, und morgen werden wir von Hamlet oder Aida genauso gepackt sein, wie Sie es waren. Wir sind weder eine Gefahr für Ihren (und unseren) Staat, noch sind wir durch ‚affenähnliche' Bewegungen der Pilzköpfe sittlich gefährdet. Wir absolvieren unser Pensum in Schule und Beruf genauso brav, wie Sie es taten, und wollen ebenso tüchtig und vernünftig werden wie unsere Eltern. Lassen Sie uns doch unsern Spaß!"

Das Befremden Karl Korns angesichts der Massenhysterie konterte die Leserin so: „Wenn 14 000 Arme gleichmäßig auf- und abgerissen werden – erinnert Sie das nicht an etwas? Vielleicht fallen Ihnen Ereignisse ein, die Sie und Ihre Generation selbst erlebt haben und die ich nur vom Hören-Sagen und aus Büchern kenne. (...) In einer satten Gesellschaft gab es immer Gruppen, die gegen die Bürgerlichkeit rebellierten. Ich bin zu jung, um beurteilen zu können, ob das früher gefährlich oder beängstigend war."

Mit 32 Jahren war Korn 1940 Feuilletonchef der Wochenzeitung „Das Reich" geworden, die das Propagandaministerium als kulturpolitisches Schaufenster des NS-Staats konzipiert hatte. Seine am 29. September 1940 veröffentliche Rezension des antisemitischen Hetzfilms „Jud Süß" wurde 1959 Gegenstand eines Feuilletonskandals, als Korn und die F.A.Z. von rechtsextremer Seite des Opportunismus bezichtigt wurden. Ob Korn auf den Nationalsozialismus angespielt hatte, als er in seiner Stones-Glosse ausdrücklich auf seine „Erinnerungen" Bezug nahm, fragte 1965 noch ein anderer Leser, Kurt Wagner aus Braunschweig. Zu Korns Häme über die fünf langhaarigen jungen Musiker aus dem Ausland schrieb er sarkastisch: „Vor dreißig Jahren war das anders! Da war's nur einer, der trug sein Haar schön gescheitelt, hatte einen Bart über der Oberlippe, stammte auch nicht aus Deutschland, und gab politische Parolen zum besten. Der entfesselte einen weitaus gefährlicheren Rausch. Herr Korn: ich verstehe Ihren Satz nicht: ‚Man hat Erinnerungen und guten Willen – und begreift es nicht.' Haben Sie sich der Vorgänge in den dreißiger Jahren erinnert?"

Auch Roland Hill, der aus einer jüdischen Familie in Hamburg stammte und über Prag und Wien 1938 nach England emigriert war, waren in seinem F.A.Z.-Artikel über die Beatles-Hysterie 1964 Erinnerungen wachgeworden, sehr heterogene, darunter an „die ekstatische Wirkung afrikanischer Trommelmusik, Ausbrüche der Massenhysterie im Mittelalter, Begleiter-

Bei der Frankfurter Zwischenlandung der Rolling Stones am 26. Januar 1969 wurden Keith Richards und Mick Jagger von Anita Pallenberg begleitet.   *Foto Renate und Tadeusz Dabrowski*

scheinungen der Militärmusik neuerer Zeit, die Ekstasen der Nürnberger Parteitage und anderes".

Zu den bemerkenswertesten Äußerungen angesichts der Beat-Hysterie in der F.A.Z. aber zählt die Einschätzung von Richard Huelsenbeck. Der Mann, der 1918 das Dadaistische Manifest verfasst hatte und inzwischen als Psychoanalytiker in New York tätig war, schrieb am 26. Februar 1964 in einem Gastbeitrag im Feuilleton über die „Invasion der Beatles" von den „knabenhaften, kindischen Gitarre- und Paukenspielern von Liverpool". Kaum hüpften die in ihren rosafarbenen Anzügen herum und stießen wilde Schreie aus, so Huelsenbeck, spielten alle verrückt: „Alte Damen kriegen Weinkrämpfe, Hunde kriegen Junge, die stärksten Polizisten (alte Boxerchampions) fallen in Ohnmacht." In solchen Reaktionen erkannte er den Ausdruck einer kranken Gegenwart: Die Beatles erfüllten „ein Bedürfnis unserer Zeit, in dem Sinne, daß diese Zeit diesen ungehobelten, platten, ungeistigen Wahnsinn braucht". Und fügte aber noch hinzu: „Ich bin der Ansicht, daß die Beatles der Zeit etwas Gutes tun, daß sie eine Art Medizin sind, so ähnlich wie die Dadaisten es in ihrer Zeit waren."

BOHRER BEZEUGTE DEN HAMBURGER RAUSCH

Für „Misstöne in der Berichterstattung" über die Beatles in der F.A.Z. (die man ebenso auch in Bezug auf die Rolling Stones und noch manche andere Popgruppe feststellen könnte) bat der Redakteur Jörg Thomann am 10. Juni 2017 in einem satirischen Gruß an Sir Paul McCartney zu dessen 75. Geburtstag diesen um Verzeihung. Außer für einige haarsträubende Fehlschreibungen von dessen Namen in dieser Zeitung leistete Thomann bei McCartney auch Abbitte für die falsche Zuschreibung des Liedes „Yesterday" an John Lennon im Nachruf auf diesen durch den damaligen Englandkorrespondenten Karl Heinz Bohrer vom 12. Dezember 1980. Bohrer hatte sich als einer der mit den Beatles „gleichaltrigen oder doch nur wenige Jahre älteren deutschen Fans" zu erkennen gegeben, die 1965 „in so vielen Hamburger Nächten" auf „dem ersten Höhepunkt der Beatlemanie", beim „Stampfen" von „A Hard Day's Night" mitgezuckt hätten.

Es hat aber seit den frühen Misstönen keine sechs Jahrzehnte gedauert, bis die Popmusik in der F.A.Z. fairer betrachtet und auch ästhetisch gewürdigt wurde. Zum Tod von Jimi Hendrix etwa konnte dieser bereits anerkannt werden als „einer der bedeutendsten und virtuosesten Gitarristen" (von Wolfgang Sandner am 21. September 1970).

Andererseits ist manche Kritik an der populären Kultur vielleicht gar nicht so überholt, wie es zunächst scheinen mag. Die damals auch gerichtlich (wegen Abgaben an eine Verwertungsgesellschaft) erörterte Frage, ob Pop überhaupt Musik sei, würden viele Hörer von inzwischen als „klassisch" geltendem Pop wohl vehement mit ja beantworten, während sie zugleich manch aktuellerem (immer minimalistischeren, immer weniger melodiösen) Pop den Musik-Charakter womöglich absprechen würden. Wäre etwa, wer heute eine Schmähkritik über Taylor Swift und ihre Fans schriebe, genauso im Unrecht wie die frühen Verächter der Beatles und der Rolling Stones? Darüber würden wir gerne ein Urteil in 75 Jahren hören. *Jan Wiele*

LOBREDE IN VERSEN, VERRISS PER BRIEF

Marcel Reich-Ranicki, Literaturchef von 1973 bis 1988, nahm auch in der Korrespondenz mit Autoren kein Blatt vor den Mund. Ein kritisch begnadeter Dichter wie Peter Rühmkorf wusste solche Irritation zu schätzen. Rühmkorfs Geburtstagsgedicht zum Siebzigsten von Reich-Ranicki schmeichelte ihm nicht.

Den lyrischen Höhepunkt setzte Peter Rühmkorf geschickt, und er setzte ihn gewissermaßen post festum. Während der anderthalb Jahrzehnte, die Marcel Reich-Ranicki Literaturchef der F.A.Z. gewesen war (von 1973 bis 1988), hatten Rühmkorf und er eifrig Briefe gewechselt, denn Reich-Ranicki bewunderte die Gedichte des neun Jahre Jüngeren, und dieser reichte deshalb immer wieder neue zum Abdruck ein. Zwei Jahre nach Reich-Ranickis Ausscheiden als Literaturchef bat dessen Nachfolger Frank Schirrmacher den Dichter um ein weiteres, diesmal als Geburtstagsgruß zum bevorstehenden siebzigsten Geburtstag des pensionierten passionierten Kritikers, und Rühmkorf ließ sich nicht lange bitten. Sein „Landschaftliches Lehrgedicht für M.R-R" erschien unter dem Titel „Am grünen Hang entlang" am 2. Juni 1990 auf der ersten Seite des F.A.Z.-Feuilletons.

Feuilleton

Ach, grüner Hang so schön,
anhaltend langer schöner grüner Hang,
mit Margeriten im Gefolge, Geißblatt, Schafgarbe
    undsoweiter, Klee,
dient er, im Gegensatz zu uns,
einem sonst überhaupt nicht Darstellbaren.

Straßen, die keine gute Wendung nehmen,
kennen wir zur Genüge.
Woher des Wegs? Aus der Irre.
Wohin die Fahrt? In den Dreck.

Vorbei an Motocross, Autocrash, Burkardt's
    Rollender Sommerdisco –
Ich nicht, ich will mich noch ein Stückchen
an der Böschung hochziehn,
Trauerweiden kitzeln meinen Augenrand.

Ins Nichts hinein schaffen können nur Göttinnen,
die keinen Begriff von sich haben;
wir müssen uns weiterhangeln:
langsam den Hang entlang,
den Augen nach,

den Blicken – bis sie innehalten – wo? –
D A ! eine Blume scharf wie ein Brandy,
    Gott wie heißt sie?
Wenn sich wie unterm Einfluß von Sonne plötzlich
dein gesamtes Gesicht zum Lachen verzieht …

Und jetzt gehen wir doch noch über in einen Bereich,
wo die Kultur ihr Recht verloren hat
und keine Kritik mehr zuständig ist.

Rühmkorf muss es mit sardonischer Freude geschrieben haben, vielleicht auch mit leicht satanischer, denn dass Reich-Ranicki selbst die Kritik als für irgendetwas unzuständig eingeschätzt hätte, war undenkbar. „Es hat bißchen Schmirgel", kokettierte der Dichter gegenüber Schirrmacher in seinem Begleitbrief zum Poem, „aber warum eigentlich nicht." Rühmkorf wusste ja, dass Reich-Ranicki ihm fast alles nachsah, nur eines nicht, wie er sich erinnerte: „daß sich überhaupt jemand anderes noch für mich interessiert".

Wobei es zwischenzeitlich eine Meinungsverschiedenheit gegeben hatte, die schlaglichtartig die jeweiligen Empfindlichkeiten aufgezeigt hatte. Rühmkorf war im April 1983 telefonisch bei Reich-Ranicki vorstellig geworden, um ihm ein in Arno Schmidts Roman „Das steinerne Herz" enthaltenes Gedicht zur Interpretation in der Frankfurter Anthologie vorzuschlagen. Reich-Ranicki sagte zu, doch als er einen Monat später Rühmkorfs Beitrag erhielt, sandte er ihn „mit größtem Bedauern" zurück, weil das Gedicht die für die Anthologie geltende Maximallänge überschritt. Rühmkorf indes vermutete andere Gründe, politische, in seinem noch unpublizierten Tagebuch findet sich am 24. Mai 1983 der Eintrag: „Ranicki hat die mühsam erarbeitete Schmidt-Skizze zurückgeschickt (f. Frankfurter Anthologie gedacht + so besprochen) – auch das Feuilleton zieht sich zu. Alles verhangen, alles trübe" – womit er auf die Ablösung der sozialliberalen Regierungskoalition und die durch den neuen Bundeskanzler Helmut Kohl ausgerufene „geistig-moralische Wende" anspielte. So antwortete Rühmkorf dann auch auf die Absage: „Eines weiß ich gewiß, lieber Herr Ranicki, nicht in der Länge liegt hier die Enge, sondern in der merkwürdig

Lobrede in Versen, Verriss per Brief

geschrumpften Brust der FAZ – die hat nicht mehr die schöne pluralistische Breite von Anno 76–80. Machen wir uns nichts vor und fassen Ihre Schwierigkeiten ins Auge. Der Wind, wir wissen es, hat sich gedreht." Im Tagebuch folgt in Erinnerung an die nunmehr gegenstandslose Telefonabsprache noch die Bemerkung: „Die Unterhaltungen mit Ranicki wie mit einem Sprechautomaten, präparierten Papageien." (Der Abdruck der beiden Zitate aus Rühmkorfs Tagebüchern erfolgt mit freundlicher Genehmigung der Arno Schmidt Stiftung und des Testamentsvollstreckers Stephan Opitz.)

Der „Sprechautomat" replizierte eine Woche später, am 3. Juni 1983, mit dem wütendsten Brief, den der 2015 beim Wallstein Verlag erschienene Band mit beider Korrespondenz enthält: „Wir kennen uns schon 22 oder 23 Jahre. So sehe ich auch keinen Grund, mich in diesem Brief an Sie umständlich oder diplomatisch auszudrücken. Um es kurz zu machen: Ihr Brief vom 26. Mai ist eine Unverschämtheit. Es ist noch viel schlimmer: Ihr Brief ist töricht." Die unterstellte politische Intention bei der Ablehnung des Gedichts, so Reich-Ranicki, sei „barer Unsinn", der Brief habe ihn „gekränkt und verletzt". Denn „Sie können offenbar nicht begreifen, was Freiheit und Toleranz bedeuten. Ich bin in dieser Zeitung bald zehn Jahre, und es gibt noch keinen einzigen Artikel, keinen einzigen Absatz, den ich hier gedruckt sehen wollte und der unveröffentlicht geblieben wäre."

Reich-Ranickis langes, erregtes Schreiben – sein umfangreichstes im 33 Jahre umspannenden Briefwechsel mit Rühmkorf – kulminiert in dem Satz: „Jeder deutschsprachige Autor kann in dem Literaturteil unserer Zeitung gedruckt werden, vorausgesetzt, daß sein Manuskript etwas taugt. Und wenn Sie, lieber Herr Rühmkorf, mir allwöchentlich ein ordentliches Manuskript schicken sollten, wird allwöchentlich ein Beitrag von Ihnen bei uns erscheinen. Sie können es ja ausprobieren."

Das verschlug selbst dem wortgewaltigen Rühmkorf die Sprache; für die Antwort ließ er sich beinahe zwei Monate Zeit. Erst Ende Juli beschwichtigte er: „Sie mögen recht haben oder unrecht – so aus der Ferne und ohne die genügenden Hilfsmittel kann ich das ja

Mit Reich-Ranicki in der Hochschätzung für Freund Heine verbunden: Peter Rühmkorf im Oktober 1989. Foto Barbara Klemm

Feuilleton

gar nicht entscheiden." Aber dann folgte noch ein bedenkliches „na-na, ob Sie sich da nicht doch etwas zu forsch in die Kurve legen? Ich meine: wo zum andern doch weit unangenehmere Kränkungen zugefügt worden waren, barsch unbekümmerte, fast legere Rücksendung eines keineswegs heruntergeschmierten Manuskripts. Ach, wenn es Ihnen doch gegeben wäre, in sich zu gehen – nur um einige Millimü!" Darauf folgten diverse Themenvorschläge, was Reich-Ranicki sofort nach Erhalt des Briefs antworten ließ, dass er sich freue, dem Schreiben entnehmen zu können, „daß es Ihnen jetzt gesundheitlich erheblich besser geht, daß Sie also drauf und dran sind, Ihr psychisches Gleichgewicht wiederzufinden". Und dann stimmte er allen Rühmkorf'schen Vorschlägen zu: „Nichts kann meine Bewunderung Ihres Talents erschüttern." An einem wöchentlichen Einsenderhythmus hat sich Rühmkorf trotzdem nie versucht.

Er blieb aber weiterhin ein treuer Lieferant von Beiträgen für die Frankfurter Anthologie, die Reich-Ranicki auch nach seinem Ausscheiden betreute. Und so gehörte auch er zu den Geladenen der Feier, die die Zeitung Marcel Reich-Ranicki zu dessen siebzigstem Geburtstag im „Frankfurter Hof" ausrichtete. Rühmkorf reiste nicht aus Hamburg an, schrieb aber einen Glückwunschbrief, in dem er sich für jahrzehntelange „Förderungen, Ermunterungen, Bedrängelungen" bedankte. Diesmal nahm Reich-Ranicki sich fast zwei Monate Zeit mit der Antwort, die dann beinahe gerührt klang und vor allem Rühmkorfs lyrischen Gruß in der F.A.Z. lobte. „Nun kommt vielleicht das Allerwichtigste: Das Gedicht, das Sie mir zum Geburtstag gewidmet haben. Es ist ein wunderbares Gedicht, in dem das Entscheidende steht: ‚wir müssen uns weiterhangeln: langsam den Hang entlang.' Ja, das müssen wir. Ja, ‚ich will mich noch ein Stückchen an der Böschung hochziehn'." Über die Kompetenzbeschneidung der Kritik in Rühmkorfs Widmungsdichtung kein Wort. Selbst ein Reich-Ranicki wusste bisweilen, wann es zu schweigen galt. Vielsagend. Ein Millimü an Selbsterkenntnis? *Andreas Platthaus*

Unser Heiterster: Marcel Reich-Ranicki im Mai 2008 bei seiner Lieblingsbeschäftigung. Foto Helmut Fricke

KUNSTBÜRGERLICHE REVOLUTION

Mit dem Maler Werner Tübke verband den Kritiker Eduard Beaucamp eine Freundschaft, die sich aus den Tiefenregionen intellektueller Empfindlichkeit und historischer Vorstellungskraft speiste. Beide sahen die Moderne skeptisch, manchmal sogar apokalyptisch. In Bad Frankenhausen steht das Denkmal ihrer eigensinnigen Weltanschauung.

Werner Tübke gilt mit Bernhard Heisig und Wolfgang Mattheuer als einer der Gründerväter der Leipziger Schule der Malerei, die in der zweiten und dritten Generation mit Neo Rauch, Matthias Weischer, David Schnell, Tim Eitel oder Michael Triegel außerordentlich erfolgreich ist. Eduard Beaucamp gebührt das uneingeschränkte Verdienst, als Leiter des Kunstressorts der F.A.Z. von 1966 bis 2002 diese drei zentralen Vertreter der Leipziger Schule fast von Beginn seiner Tätigkeit an für „den Westen" entdeckt und durch ständige Begleitung berühmt gemacht zu haben. Uneingeschränkt nicht zuletzt deshalb, weil er mit dieser Mission in der westdeutschen Presse allein auf weiter Flur stand, zumindest anfangs auch nicht unkritisiert. Die intensivste Verbindung, nach Jahren des Vertrauenfassens seitens des einzelgängerischen Malers sogar eine Freundschaft, bestand mit dem 1927 im sächsischen Schönebeck geborenen Werner Tübke. Sein erstes Interview mit dem zeitweiligen Rektor der Leipziger Hochschule für Grafik und Buchkunst führte Beaucamp 1968. Damals wollte Tübke nicht einmal seinen Namen im Zentralorgan des Klassenfeindes genannt wissen. Zahlreiche Texte und Bücher sollten in den kommenden Jahrzehnten folgen, so zuletzt etwa die Publikation des Briefwechsels Beaucamps mit Tübke.

INDIVIDUELLE FREIHEIT KRAFT VERTRAG

Das Hauptwerk aller Malerei im Osten Deutschlands ist das Bauernkriegspanorama im nordthüringischen Bad Frankenhausen. In der marxistischen Geschichtsschreibung der DDR wurde der Bauernkrieg als „Frühbürgerliche Revolution" verbucht. Einige Jahre vor 1975, dem Jahr der 450. Wiederkehr der entscheidenden Schlacht des vom radikalen Endzeitprediger Thomas Müntzer angeführten Bauernheeres gegen die Fürsten am Südhang des Kyffhäusergebirges, fasste die DDR-Regierung den Entschluss, den Verrat der Bauern durch Martin Luther und die Niederlage des wild zusammengewürfelten Haufens vom begnadetsten Maler des Arbeiter-und-Bauern-Staates verewigen zu lassen, Werner Tübke. Bis 1975 wurde die bauliche Hülle einer monumentalen Rotunde aus Betonmodulen errichtet, im Volksmund schon bald „Elefantenklo" genannt.

Am 1. Januar 1976 unterzeichnete Tübke einen sehr selbstbewusst von ihm mit Hilfe seiner Frau Brigitte, einer Juristin, aufgesetzten Vertrag, der ihm uneingeschränkte individuelle Freiheiten in der Ausführung dieses größten Panoramagemäldes der Welt gab: „Das Projekt wird von vornherein so angelegt, dass es hochqualifizierte Malerei wird, persönliche Malerei, von mir mit allen Möglichkeiten der Überhöhung etc.; es wird nicht pädagogisch als Illustration von Geschichte konzipiert." Die in dem Rundbau aufgespannte, in Russland gewebte Leinwand ist 123 Meter lang und 14 Meter hoch. Der Leinenstoff allein wiegt 1,1 Tonnen, an die 500 Kilogramm Farbe hat Tübke mit wenigen Helfern auf 1722 Quadratmetern vermalt, mehrere hundert Kilogramm wiegt dabei schon die fünffache Grundierung, die nach einem russischen Spezialrezept mit Störleber angemischt wurde, um die Farben noch stärker leuchten zu lassen. Und eine in der deutschen Kunstgeschichte nach 1945 in figurativer Kunst vergleichslose Farbpracht ist das Wesentliche, was der erste Blick in die pseudosakral abgedunkelte Rotunde beim Aufstieg über die DDR-fürstlich mit Terrazzoplatten aus rotem Porphyr ausgelegte Treppe mit Messinggeländer erhascht: drei in einer Achse übereinander gestaffelte Rundformen, namentlich ein Wasserbecken mit leuchtend roten Blüten darin und elf Meister-Künstlern und -Denkern der deutschen Renaissance im Halbkreis darum versamelt, vor allem Albrecht Dürer und Lucas Cranach, in deren Mitte Tübke Luther stellt, allerdings mit dem Kopf deutlich näher an seinen Wittenberger Propagandisten gerückt.

Das Raffinement von Tübkes Zitaten erweist sich etwa daran, dass er den jungen Dürer in der extravaganten schwarz-weißen Kleidung von dessen Madrider Selbstbildnis von 1496 zitiert, wodurch er, der beim Malen oft eine in der DDR exotisch wirkende usbekische Kappe trug, Dürer deutlich näher an seine Gegenwart heranholt, während er Cranach wesentlich älter erscheinen lässt, indem er ihn im luxuriösen Pelz des

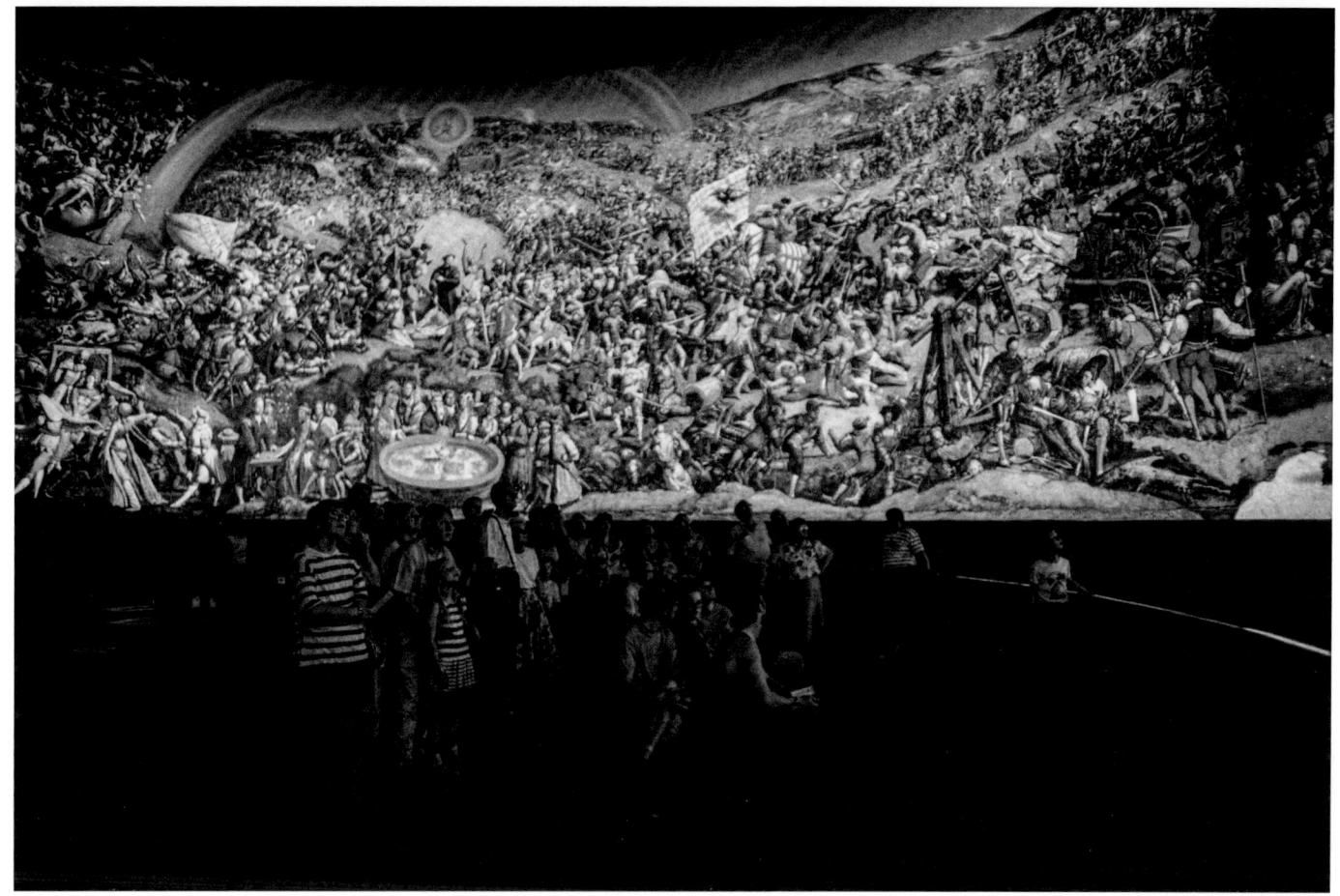

Solch ein Gewimmel blieb von der DDR: Tübkes Panorama des Bauernkrieges.   *Foto Barbara Klemm*

arrivierten Hofkünstlers als undistanzierten Gefolgsmann charakterisiert. Dargestellt ist auch der Bildhauer Tilman Riemenschneider, was nur auf den ersten Blick verwundert. Zu Tübkes Zeiten war noch die Überzeugung vorherrschend, Riemenschneider als mit den Bauernhorden sympathisierendem Bürgermeister von Würzburg sei nach der verlorenen Schlacht auf Befehl des Fürstbischofs zur Strafe die Werkhand abgehackt worden. Außerdem nahm man an, dass er aus dem thüringischen Heiligenfeld stamme. Über diesem illustren Künstlerkreis schwebt eine irreal lindgrün leuchtende Lichtung inmitten des entsetzlichsten Gemetzels, an deren unterem Ende Thomas Müntzer, sich der Niederlage bereits bewusst, die Bundschuh-Fahne senkt – und hierüber wiederum eine orangerot glimmende Aureole mit der wichtigsten Symbolfigur der DDR-Malerei überhaupt, dem stürzenden Ikarus. Das Strahlendste aber ist eine unterbrochene halbrunde Form über allem,

der Regenbogen als Signum der Aufständischen, entlehnt dem biblischen Neuen Bund Gottes mit den Menschen bei der Sintflut, der aber als Zeichen für den Verlust der Schlacht in der Mitte unterbrochen ist.

Beaucamp hat das Panorama „Sixtina des Nordens" genannt. Wie bei Michelangelos vatikanischem Meisterwerk mit seinen nach der Restaurierung wieder ungebrochen strahlenden manieristischen Komplementärkontrasten und gewagten Tonalitäten ist auch bei Tübke kaum zwischen den sich ununterbrochen durch das Rund ziehenden Farbwellen und Menschenwogen aus mehr als dreitausend Figuren zu scheiden. Oder in den Worten Beaucamps: „Diese Farbigkeit vereinte das Spektrum der altdeutschen mit der Raffinesse der italienischen Manieristen und mit modernen, zum Teil expressiven Effekten, darunter auch solchen der Popart."

Im Jahr 2025 jährt sich die vernichtende Niederlage des aufständischen Bauernheeres, das Ende 2023

Feuilleton

bis Anfang 2024 in den teils gewalttätigen Protesten französischer und deutscher Landwirte seine spukhafte Fernwirkung zu haben schien, zum fünfhundertsten Mal. Ähnlich vermählt Tübkes Panorama die Bildwelten seiner bewunderten Vorbilder von vor fünfhundert Jahren wie Dürer, Bosch und Bruegel mit einer figürlichen Malerei, die erkennbar durch die Moderne hindurchgegangen ist. In jedem der farblich in die vier Jahreszeiten gegliederten Abschnitte von je etwa dreißig Metern Länge finden sich Hinweise, dass hier kein hoffnungslos anachronistischer Maler Geschichte in einem Retrostil illustriert, sondern vielmehr ein Zeitgenosse überzeitlich gültig den Untergang der Moderne in einem so endlosen wie sinnfreien Rundlauf zirkulieren lässt. Im Frühling fällt der fortschrittstrunkene Ikarus wie ein moderner Jet vom Himmel. Im Sommer schwebt getreu der Mission des Propheten Jeremias ein sehr modern wirkender, abgetrennter Kopf über bauchigem Gefäß vor feuerrotem Roman-Signer-Explosionsfeuerball auf einer amorphen Fläche Yves-Klein-haften Blaus. Im Herbst tummeln sich picassoeske Harlekine in gebrochenen Farben. Und im Winter setzt Tübke ein weißes Ei in Schnee derselben Farbigkeit, womit er inhaltlich genial unkitschig die dem lebensspendenden Ausbrüten fehlende Wärme in seiner winterlichen Babelturm-Dystopie symbolisiert, formal aber eine Anspielung auf den von ihm sehr geschätzten Salvador Dalí und dessen Surrealismus-Veste Figueres einschmuggelt und vielleicht seinem Panorama sogar noch eine subtile Reprise auf Kasimir Malewitschs Moderne-Ikone „Weiße Form auf weißem Grund" intarsiert.

Nicht nur die auf den Turmbau folgende babylonische Sprachverwirrung und heillose Zerstreuung der drei Urvölker, der Semiten, Hamiten und Japhetiten, mithin der hier grundgelegte Zwist zwischen „Juden", „Arabern" und „Europäern", dauert an; auch ein anderes zentrales Bild des unausgesetzten Rundlaufs aus Liebe und Hass, Geburt und Tod und der ewigen Wiederkehr des immer Gleichen, das Schachern der Mächtigen am Spieltisch um die Länder der Welt, wirkt ungemein aktuell. Tatsächlich hat Tübke den Habsburger Doppeladler Kaiser Karls V., der beim Kartenspiel mit dem französischen König und den anderen Regenten nur vage am verschwommenen, wie von Gerhard Richter mit dem Rakel verzerrten Wappen in seinem Rücken erkennbar ist, hinter dem heraldischen Schild – arg baselitzig zerzaust – versteckt. Es bedarf allerdings keiner dieser gelehrten Anspielungen auf parallele Kunstentwicklungen im Westen, um eines deutlich zu machen: Tübke weiß sehr genau Bescheid, was jenseits der Mauer malerisch vor sich geht, er sieht aber ähnlich wie Beaucamp auch die Grenzen der Avantgarde und nicht das Ende der Geschichte, sondern – horribile dictu noch schlimmer – die Katastrophe der sich stets wiederholenden Historie in Form der Farce. Nur in dieser einen, einzigen Hinsicht dürfte das Nicht-Historienbild von Bad Frankenhausen marxistisch-sozialistisch genannt werden. Seinem Wesen nach hingegen folgt es einer wohltuend nüchtern-pessimistischen Weltsicht ohne jede Entwicklung zu Höherem, wie sie auch Eduard Beaucamp in fast vier Dekaden der siebeneinhalb Jahrzehnte F.A.Z. zu Recht immer verfochten hat. *Stefan Trinks*

WORTBRÜCHIGKEITEN FÜR MITSCHREIBER

Der Philosoph Hans Blumenberg führte die Existenz eines gelehrten Einsiedlers und lobte die Distanz ganz allgemein als die dem Menschen dienlichste Einstellung. Henning Ritter gewann ihn trotzdem als Mitarbeiter für die Zeitung. Sprachkritik, wie sie bei Blumenberg hinter allem steht, kam auf diese Weise zur Sprache.

Als der Philosoph Hans Blumenberg 1989 nach der Publikation seiner 828 Seiten starken „Höhlenausgänge" aufhörte, Bücher zu veröffentlichen, und zur kleinen Form des Zeitungsfeuilletons zurückkehrte, profitierte auch das Feuilleton der Frankfurter Allgemeinen Zeitung davon. Das Jahr 1990 wurde für die F.A.Z. ein Jahr etlicher, dicht aufeinander folgender Blumenberg-Texte, zusammengebracht in der Kolumne „Begriffe in Geschichten" auf der wöchentlichen Seite „Geisteswissenschaften". Wie es dazu kam, erfährt man bei Rüdiger Zill in seiner Blumenberg-Biographie „Der absolute Leser" (Suhrkamp, 2020). Bereits im Februar 1979 gab es, indirekt vermittelt von Michael Krüger, dem Hanser-Verleger und Herausgeber der Literaturzeitschrift „Akzente", eine freundschaftliche Verbindung zwischen Blumenberg und Henning Ritter, und als Ritter sechs Jahre später in der F.A.Z. Verantwortlicher Redakteur der neu gegründeten „Geisteswissenschaften" wurde, bat er Blumenberg um Mitarbeit.

Dieser ziert sich, bevor er zusagt. Zill weist in einer pointierten zeitungsgeschichtlichen Passage darauf hin, dass Ritters Anfrage den Philosophen kurz nach seiner Emeritierung erreichte, „in dem Moment, als er allen verkündet hat, er könne nichts Neues mehr schreiben, habe er doch die logistischen Kapazitäten dafür nicht mehr. Das teilt er auch Ritter mit. Als Kompensation für diese Absage empfiehlt er seinen ehemaligen Assistenten Manfred Sommer, der zu einer Mitarbeit durchaus bereit ist." Auch wenn sich Ritter über diese Empfehlung freut, möchte er auf Blumenberg im Autorenstamm der neuen Seite doch nicht verzichten. Auf die abwehrende Frage des Bedrängten, „Weshalb wollen Sie Blumenberg, wenn Sie Sommer haben können?", habe, so Zill, Ritter nicht locker gelassen und zu bedenken gegeben, „dass ein Sommer noch keine Seite mache". So wurde mit Blumenberg schließlich die Reihe „Begriffe in Geschichten" eingeführt und über sechs Jahre erfolgreich fortgesetzt.

Womit im Feuilleton eine hermeneutische Denkungsart Gestalt gewann, die als Entlastungsstrategie von eingeredeten Absolutismen ernst nimmt, was der Philosoph Blumenberg als anthropologisches Grundgesetz formulierte: „Der menschliche Wirklichkeitsbezug ist indirekt, umständlich, verzögert, selektiv und vor allem ‚metaphorisch'." Anders gesagt: Es gilt, den Handlungszwang herunterzureden, den feuilletonistischen Mehrwert darin zu erblicken, dass der ungehinderten Überlegung das Vorrecht eingeräumt wird, mal thetisch-streng, mal spielerisch, von der gesellschaftspolitischen Analyse bis zur sprachkritischen Glosse.

Bei Blumenberg wird reflektiert, was im Feuilleton als Lob des Umwegs zu den sprachlichen Distanzmitteln gehört: „Umständlichkeit, prozedurale Phantasie, Ritualisierung implizieren den Zweifel daran, dass die kürzeste Verbindung zweier Punkte auch der humane Weg zwischen ihnen sei", liest man weiter in den „Wirklichkeiten, in denen wir leben", jenem ursprünglich unter dem Titel „Anthropologische Annäherung an die Aktualität der Rhetorik" erschienenen Essay von 1981. Als Kritik an einer politischen Rhetorik der Alternativlosigkeit ist feuilletonistisch entfaltete Rhetorik stets aktuell, hinsichtlich der Temporalstruktur von Handlungen dagegen ein Inbegriff der Verzögerung.

BILDUNG SORGT FÜR VERZÖGERUNG

Und damit für Blumenberg auch ein Medium eingriffsbedachter Technikkritik, wie Zill darlegt: Obwohl davon überzeugt, dass Technik etwas Lebenserleichterndes ist, nimmt der Philosoph ihre assimilierenden Effekte ins Visier. Verfügbare Daten wollen demnach ohne Zeitverzug verarbeitet sein, der so Informierte soll sich schnell entscheiden. So kommen Techniker als Funktionäre in Betracht: „Die Handlung verkümmert zur Reaktion, je direkter der Weg von der Theorie zur Praxis ist, der gesucht wird", schrieb Blumenberg in besagtem Essay noch lange vor dem digitalen Aufschwung der Lebenswelt. Umso produktiver erscheinen ihm Verzögerungen durch Bildung und jede Art rhetorischer Umwege, die er laut Zill als „institutionelles Atemholen begreift", damit die Kulturkritik des Soziologen Arnold Gehlen aufgreifend, ohne sich direkt auf sie zu beziehen. Aber was würde dem Feuilleton seinen kritischen Spiel-

Wortbrüchigkeiten für Mitschreiber

Technik verkürzt geistige Lieferzeit durch Verlängerung der Ketten: EDV-Geräte warten im Frühjahr 1988 in einem Flur auf den Umzug in das neue Redaktionsgebäude auf der anderen Seite der Hellerhofstraße. Foto Lutz Kleinhans

raum verschaffen, wenn nicht im Sinne Gehlens eine Idee vom Menschen als Mängelwesen, instinktentbunden angewiesen auf kulturelle Formen der Daseinsbewältigung?

Als der Emeritus Blumenberg, der seit 1970 in Münster gelehrt hatte, sich nach 1985 in seine private Schreibhöhle in Altenberge zurückzog und gemäß einem Bonmot seines Fachkollegen Odo Marquard „sozusagen die Klingel am Höhlenausgang abgestellt" hatte, da gehörte Henning Ritter zu den wenigen, die den „Mut" hatten, „nicht nur durch Telefonkontakte diese Barriere hin und wieder zu überwinden". In einer Würdigung Blumenbergs unter dem Titel „Entlastung vom Absoluten" hat Marquard, der in Münster bei Joachim Ritter studiert hatte, dem Vater von Henning Ritter, den feuilletonfähigen Grundgedanken Blumenbergs wie folgt paraphrasiert: „Die Menschen halten das Absolute nicht aus. Sie müssen – in verschiedenster Form – Distanz zu ihm gewinnen." Als Blumenberg 1980 in Darmstadt den Sigmund-Freud-Preis der Deutschen Akademie für Sprache und Dichtung erhielt, das Pendant des Georg-Büchner-Preises, hielt Marquard die Laudatio, in der er diese Blumenberg-Deutung erstmals erprobte. Anschließend fragte er den Gerühmten, ob er sehr unzufrieden mit dieser Interpretation sei. „Darauf er, der sehr höflich sein konnte: ‚Unzufrieden bin ich nur damit, dass man so schnell merken kann, dass alles ungefähr auf diesen Gedanken hinausläuft.'"

In einem von Blumenberg inspirierten Feuilleton verdankt sich der Entlastungsgedanke auch der psychologischen Erfahrung, dass es im Alltag nur selten zu einer Umsicht reicht, die alle einschlägigen Daten simultan auf dem Schirm hat. Anders gesagt: dass unser Weltver-

Einblick

STILVOLLE DENKANSTÖSSE

Die Frankfurter Allgemeine Sonntagszeitung verbindet seit jeher das intellektuell Anspruchsvolle mit dem Unterhaltsamen. Seriosität und Leichtigkeit gehen bei ihr Hand in Hand.

Als die Frankfurter Allgemeine Sonntagszeitung am 30. September 2001 überregional an den Start ging, konnten die Umstände kaum ungünstiger sein. War die bis dahin nur regional erscheinende Sonntagsausgabe der F.A.Z. über viele Jahre ein Verlustbringer, waren die Aussichten für einen Relaunch auf nationaler Ebene wegen der Werbeflaute um die Jahrtausendwende alles andere als erfolgversprechend. Die Entscheidung der Herausgeber, sich ein Stück vom Sonntagszeitungs-, aber auch vom Wochenzeitungskuchen zu holen, erforderte Mut und Risikobereitschaft. Die F.A.S. hob sich zwar von Beginn an mit ihrer bunten, luftigen Aufmachung und ihren anspruchsvollen, aber zugleich auf intelligente Weise unterhaltsamen Inhalten sowie den vielen Grafiken, Illustrationen und Bildern von der Tageszeitung ab. In den Anfangsjahren kam sie jedoch oft als eine Art siebter Ausgabe der F.A.Z. daher, was insbesondere an der kleinteilig, sowohl inhaltlich als auch im Duktus nüchtern-nachrichtlich aufgemachten Titelseite lag.

    Was sich in all den Jahren weiter entwickelte, war die aufwendige Gestaltung der Seiten in allen Ressorts. Eine markante Bildsprache und das Spiel mit Typographie und Illustrationen haben einzelne Seiten immer wieder zu kleinen Kunstwerken gemacht. Dies war auch der Grund, dass die F.A.S. seit 2009 schon sieben Mal als „International Newspaper of the Year" ausgezeichnet wurde, zuletzt 2024 mit der Begründung der Jury, dass sie „seriös, cool und stilvoll" sei.

Die Umstellung des Erscheinungstages der F.A.S. auf Samstag im Frühsommer 2021 war eine Reaktion auf die Schwierigkeiten bei der Zustellung am Sonntag. Mit der Umstellung ging eine Weiterentwicklung in Textsorten und Gestaltung einher, die der Sonntagszeitung einen deutlichen Magazincharakter gibt und sie noch mehr die ganze Woche gut lesbar macht. Besonderes Merkmal ist die in den einzelnen Ressorts unterschiedlich akzentuierte Themensetzung, die Aktuelles aufnimmt, sich aber nicht zum Sklaven des nachrichtlichen Tagesgeschäfts macht.

Insbesondere die neu konzipierte Titelseite fällt ins Auge. In der Regel besteht die Aufmachung aus einer großen, auch mal essayistischen Titelgeschichte in Verbindung mit einer Großillustration. Mit dieser Entscheidung für großflächige Eindeutigkeit auf dem Titel, unterscheidet sich die F.A.S. schon auf den ersten Blick von ihren Konkurrenten. Die Titelseite wird dabei zwar vom politischen Ressort verantwortet, ist aber nicht ausschließlich dessen Spielwiese, sondern steht allen Ressorts offen.

Weil unsere Leser gut informiert sind, lassen sie sich ungern Meinungen aufzwingen. Was sie hingegen schätzen, sind Denkanstöße durch überraschende Sichtweisen zu wichtigen Themen. Das entspricht ganz dem freiheitlichen Geist, den das Haus F.A.Z. prägt, und der natürlich auch in der F.A.S. weht. In diesem Sinne könnte man augenzwinkernd sagen: die F.A.S. ist keine Zeitung, die man lesen muss, sondern eine, die man lesen will.

Richard Wagner

Feuilleton

hältnis von Aussetzern geprägt ist, von Geistesabwesenheiten und blinden Flecken, von einer erkenntnisleitenden Unzuverlässigkeit mithin, die den absoluten Geltungsanspruch dort, wo er auftritt, immer wieder ins Vorläufige zurückzuholen hätte. So bleibt alles in offener, wenn man so möchte: glossenartiger Bewegung.

Wenn es gut läuft, gibt es dabei Lichtenberg-Momente. Georg Christoph Lichtenberg gehört zu den Urahnen der philosophischen Sprachkritik, auf den sich

Besonders kurze Texte in Hans Blumenbergs Glossenserie „Begriffe in Geschichten" erschienen bisweilen auch unter dem Kürzel „Bb.". Foto F.A.Z.-Archiv

wie vor ihm Ludwig Wittgenstein auch Hans Blumenberg bezieht, letzterer mit dem Gedanken einer geschichtlichen Auffrischungsbedürftigkeit von Sprache, die den Preis der unvermeidlichen Irreführung durch jede Art imaginativer Belebung in Kauf nimmt. Die feuilletonistische Erfrischung ist demnach das Gegenteil einer „Orthosprache", einer von Wissenschaftstheoretikern erträumten methodisch aufgebauten Wissenschaftssprache. Es könne getrost zugestanden werden, so Blumenberg in Ausdeutung von Lichtenbergs Frische-Appell, „dass das erfrischende Element der Sprache noch etwas falscher ist als alles, zu dessen Erfrischung es dient. Die Metaphorik, derart gegen die geschichtliche Selektion des Brauchbaren und Fungiblen eingesetzt, enthält alle Gefahren der Verleitung und Mißweisung zum Fehlverstand dessen, was nicht dazu bestimmt sein kann, beim Wort genommen zu werden."

Welch eine Befreiung durch Sprache, wenn erst einmal klar ist, dass sie doch nur in ihrer Vieldeutigkeit beim Wort genommen werden kann. Das ist die Antithese zur Funktionärsprache, zum Phantasma des Gegebenen, zum naiven oder manipulativen „Sagen, was ist". Mit dem Faktencheck kommt man allenfalls in den Vorhof der Wahrheit, vielleicht auch geradewegs zur Lüge, am Leitfaden von lauter Richtigkeiten. Als schief verwirft Blumenberg daher das Bild, dass die Sprache „so etwas wie die bloße Umhüllung des nackten Gedankens" wäre, „an den man als das letztlich und eigentlich zu erreichende Ziel ihrer Interpretation und Aufschließung ständig zu denken hat".

Ist das vielleicht ein Versuch, das Feuilleton für unentbehrlich zu halten? So kann man es lesen.

Christian Geyer

PUTIN UND EINIGE SEINER ZEITGENOSSEN

Zwei Jahre nach dem Fall der Berliner Mauer entsandte die F.A.Z. eine Kulturkorrespondentin nach Moskau, wo die Transformation eines Imperiums spannendste Aussichten eröffnete. Kerstin Holm blieb bis 2013 auf ihrem Posten und begleitete die postsowjetische Zivilgesellschaft von der Wiege bis zur Bahre.

Als ich Anfang 1991 nach Moskau umzog – als erster Auslandskorrespondent für Kultur im (damals noch sowjetischen) Russland für die F.A.Z., die wegen ihrer Autorität und der konservativen Haltung „Prawda der BRD" genannt wurde –, bäumte sich die Sowjetunion gerade noch einmal auf. Ein unionsweites Referendum im März ergab einen überwältigenden Zuspruch für den Erhalt des Gesamtstaates, Gorbatschow verhandelte mit den Republikchefs über einen neuen Unionsvertrag, was aber durch den missglückten Augustputsch torpediert wurde, der ungewollt den Riesenstaat zum Einsturz brachte. Die chinesische KP, die zwei Jahre zuvor die eigene, von Gorbatschow inspirierte Demokratiebewegung blutig niedergeschlagen hatte, fühlte sich bestätigt, und auch die heutige russische Elite sowie ein Großteil der Bevölkerung glauben nicht mehr daran, dass Demokratie und der Erhalt des Landes vereinbar seien.

Doch während des Neubeginns damals wollte man auf dem kurzen Weg nach Westen. Nach den neoliberalen Rezepten von Jeffrey Sachs und seiner von der US-Regierung unterstützten Harvard-Mannschaft wurde die Marktwirtschaft per Schocktherapie eingeführt, mit Hyperinflation, Massenverarmung und dem Zusammenbruch vieler Betriebe. Das Land stürzte ins Chaos: Im Moskauer Stadtzentrum boten mittellos gewordene Menschen auf der Straße ihr Hab und Gut feil. Lastwagen mit humanitärer Hilfe aus dem Westen steckten in Staus von Luxuslimousinen korrupter Beamter und Mafiosi. An den Landstraßen verkauften Arbeiter, die wegen des Bankenkollaps mit Fabrikware entlohnt wurden, diese an Vorbeifahrende. An jedes Unternehmen klebten sich Schutzgeldtruppen, und die Oligarchen bestimmten zusehends die Politik.

Doch die Medien erlebten eine Blüte. 1993 gründete der Oligarch Wladimir Gussinski den privaten Fernsehsender NTW, dessen Nachrichten und Analysen eine zuvor und später in Russland unerreichte Seriosität und kritische Distanz zur Macht erreichten. Im gleichen Jahr gründeten Journalisten um den späteren Friedensnobelpreisträger Dmitri Muratow die „Nowaja gaseta", die sich durch investigative Recherchen über den Tschetschenienkrieg, Korruption, Wahlfälschung und Polizeigewalt hervortat, weshalb über die Jahre sechs ihrer Reporter ermordet wurden. NTW wurde 2001 durch Gasprom übernommen und zu einem aggressiven Werkzeug der Staatspropaganda gemacht, die „Nowaja gaseta" verlor nach Beginn der russischen Großinvasion in die Ukraine ihre Lizenz.

Die frühen Neunziger waren auch im Kulturleben eine Gründerzeit. Die seit 1990 bestehende Kunstgalerie Regina (heute: Ovcharenko) und die 1993 eröffnete Galerie XL, die bis heute weiterbestehen, machten zusammen mit der Kunstmesse Art Moscow die russische Gegenwartskunst auch international bekannt. 1992 organisierte die Literaturwissenschaftlerin Irina Prochorowa ihren Verlag „Neue Literarische Umschau" (NLO), der bis heute internationale geisteswissenschaftliche Literatur in russischer Übersetzung herausbringt.

KULTURGUTSCHUTZ ALS SYMPTOM

Ein Dauerthema, an dem sich demokratischer Aufbruch und imperiale Wende kristallisierten, war die Beutekunst: Kulturgüter, die die Rote Armee Ende des Zweiten Weltkriegs in Deutschland beschlagnahmt hatte, die dann versteckt und jahrzehntelang geleugnet wurden. Seit der Perestrojka versuchten russische Kunsthistoriker, die Schätze publik zu machen, um einiges an Deutschland zurückzugeben und dafür geraubtes russisches Kulturgut zurückzubekommen. Doch je mehr Beutebestände – wie die Impressionisten aus deutschen Privatsammlungen oder Schliemanns Troja-Schatz – gezeigt wurden, und je mehr deutsche Politiker auf der Illegalität jeglicher Kulturgüterverschleppung beharrten, desto entschiedener erklärten russische Politiker die Trophäen zum rechtmäßigen, durch den Sieg im Zweiten Weltkrieg erworbenen Kulturerbe. Es war bezeichnend, dass zum 300. Geburtstag von Immanuel Kant im April 2024 der Gouverneur von Kaliningrad den deutschen Philosophen eine „russische Trophäe" nannte.

Putin und einige seiner Zeitgenossen

Wladimir Putin, dem Jelzin die Macht übergab, war Ideologie zunächst egal, seine Priorität war die Machtvertikale. Der Rohstoffboom der Nullerjahre, der die Einkommen anschwellen ließ und so viele und so hochkarätige deutsche Luxuslimousinen nach Russland brachte, wie man sie in Deutschland nie sah, wogen in den Augen seines Volkes und westlicher Investoren die Zerstörung unabhängiger Medien, die Abschaffung der Gouverneurswahlen sowie die unaufgeklärten Wohnhausexplosionen und den zweiten Tschetschenienkrieg, die Putin an die Macht gebracht hatten, mehr als auf.

Russland setzt wegen seiner durch Übergröße, lange Landgrenzen und Kadermangel eingebauten Zerfallsneigung seit je auf die harte politische Hand. Aus Putins Sicht torpedieren Informationsfreiheit, unabhängige Gerichte, ehrliche Wahlen oder gar Rechenschaftspflichten der Machthaber die Manövrier-

Welthistorische Pausenstimmung: 1997 ging in Moskau alles seinen unsozialistischen Gang. Foto Frank Röth

Feuilleton

fähigkeit des Staates. Menschenrechtsbewegten Intellektuellen, die den Ordnungskräften Zusatzbelastungen aufbürden, würde er nie politische Verantwortung anvertrauen. In den späten Nullerjahren trat er gerne mit Raubkatzen, Schusswaffen oder als Biker vor die Kamera und stilisierte sich so zur Raubtiernatur, die in der Machtpolitik allein geschäftsfähig ist. Zivilgesellschaftliche Grasfresser, die Rechte einklagten, wurden mit demonstrativer Brutalität aus dem Weg geräumt, so die Journalistin Anna Politkowskaja, die über Gräuel während des Tschetschenienkrieges berichtete und 2006 in ihrem Haus erschossen wurde. Oder der Rechtsanwalt Sergej Magnizki, der illegale Steuerrückerstattungen durch Ordnungshüter aufdeckte, 2008 inhaftiert und im Gefängnis zu Tode gequält wurde. Wie tief Putin Schwache verachtete, die verlangen, die Mächtigen sollten Gesetze befolgen, zeigte er nach den Protesten gegen Fälschungen der Dumawahlen 2011, als Tausende Moskauer mit weißen Schleifen – als Reinheitssymbol – demonstrierten. Höhnisch erklärte er, er habe die weißen Schleifen für Präservative gehalten.

Als ich 2013 Moskau verließ, hatte Putin den Kampf gegen die Zivilgesellschaft begonnen: Nichtregierungsorganisationen wie Memorial, Amnesty International, Frauenrechts- oder Umweltgruppen wurden zu „Ausländischen Agenten" oder gar „Unerwünschten Organisationen" ernannt, es folgte die Annexion der Krim. Ich besuchte Russland weiter, schrieb über das widerständige intellektuelle und kulturelle Leben, interviewte 2018 sogar Bischof Tichon (Schewkunow), der als Putins Beichtvater gilt. Als Tichon die F.A.Z., auf deren erster Feuilletonseite er prangte, Putin zeigte, soll der Präsident ungläubig gesagt haben, das sei eine Fälschung. Doch auch ich hätte nicht geglaubt, dass der Kremlherrscher einen so furchtbaren Krieg beginnen, die europäische Bildungsschicht seines Landes „wegsäubern" und mit seiner Wende hin zu China das von Zar Peter dem Großen nach Westen aufgestoßene Fenster zumauern würde – obwohl rückblickend alle Vorzeichen schon da waren. *Kerstin Holm*

An denselben Orten wie die lokale Bevölkerung versorgte sich die Korrespondentin mit Neuigkeiten und Gemüse. Foto Frank Röth

VERGÄNGLICHE SCHÖNHEIT PROVOZIERT

Christos „Verhüllter Reichstag" spaltete in der Phase der Planung und Werbung Gesellschaft und Politik in Deutschland. Als der Künstler das Projekt 1995 realisieren durfte, war der Zustrom des Publikums gewaltig und das kritische Urteil vielfältig. Was bleibt, ist das Staunen über die Einmaligkeit eines Anblicks auf Zeit.

Kein einziger Faltenwurf war dem Zufall überlassen. Nichts störte die nun beinahe sanften Konturen. Als Christos „Verhüllter Reichstag" am 24. Juni 1995 vollendet dastand, mochte niemand mehr von „Verpackung" sprechen angesichts der Transformation des schweren Baukörpers in eine monumentale, silbrig schimmernde Skulptur. Den Parlamentsbau, in dem der Deutsche Bundestag damals noch nicht tagte, umgaben 100.000 Quadratmeter aluminiumbedampften Polypropylengewebes, zusammengehalten von mehr als 15.000 Metern blauen Seils. Die heutige, begehbare 23 Meter hohe Kuppelkonstruktion aus Glas und Stahl war dem Reichstag 1995 noch nicht aufgesetzt. Der ursprüngliche Bau des Architekten Paul Wallot hatte dem Geschmack des ausgehenden 19. Jahrhunderts entsprochen. Entsprechend den Maßgaben des Historismus des Stils operierte Wallot mit eklektischen Elementen der Neorenaissance und des Neobarocks. Im Dezember 1894 war das Gebäude fertig, ziemlich genau hundert Jahre vor seiner Verhüllung. Als diese

Feuilleton

geschah, sah die Topographie des Regierungsviertels ganz anders aus als heute. Die Wiese vor der Hauptfassade des Reichstags erstreckte sich weit nach Westen und sollte sich in den zwei Wochen der Verhüllung zu einer Art Festplatz entwickeln.

Die Verwirklichung von Christos Vorhaben dauerte von den ersten Entwürfen 1971 bis zur Fertigstellung beinahe ein Vierteljahrhundert. (Bereits 1961 hatte der Künstler die prinzipielle Idee für das „Projekt eines verpackten öffentlichen Gebäudes" in einer Fotomontage niedergelegt.) Bis heute hat keine Kunstaktion eine so weitreichende Kontroverse quer durch alle gesellschaftlichen Gruppen Deutschlands ausgelöst wie der „Wrapped Reichstag". Fast jeder wusste, dass Christo und seine Frau Jeanne-Claude schon seit den sechziger Jahren Objekte jeglichen Ausmaßes verpackten, viele

Kompakt, griffig, schillernd, auf Anhieb lesbar und zum Aufblättern gemacht: Es ist wohl kein Zufall, dass Zeitungsleute sich für Christos Werk begeistern konnten.

Foto Barbara Klemm

kannten ihre früheren Interventionen im öffentlichen Raum überall auf der Welt. Dennoch oder gerade deswegen weckte der Plan, den einstigen und künftigen Sitz des deutschen Parlaments auf diese Art auf Zeit zu verwandeln, heftige Widerstände; allerdings auch engagierte Zustimmung, die am Ende überlegen sein sollte. Da das Reichstags-Projekt zunehmend zum Politikum geworden war, kam es am 25. Februar 1994 zur entscheidenden Debatte im Bundestag. Bei der namentlichen Abstimmung gab es keinen Fraktionszwang; das Ergebnis lautete 292 Pro- und 223 Kontrastimmen. Damit setzte sich in führender Rolle Rita Süssmuth, von 1988 bis 1998 Präsidentin des Deutschen Bundestags, vor allem gegen den Widerstand ihrer Parteifreunde durch, namentlich des Bundeskanzlers Helmut Kohl, der das Gebäude als sakrosankt empfand, und Wolfgang Schäubles, des Vorsitzenden der CDU/CSU-Fraktion. Dass er sich geirrt habe, bekannte Schäuble übrigens 2019, als er es war, der als Bundestagspräsident die Laudatio hielt anlässlich der Hommage der Konrad-Adenauer-Stiftung an Christo für sein Lebenswerk im Jahr vor dessen Tod 2020.

BETRIEBSAUSFLUG ZWECKS AUTOPSIE

Wer aus der Feuilletonredaktion Lust hatte, konnte im Juni 1995 eine Dienstreise nach Berlin unternehmen. Es gab sozusagen einen Betriebsausflug in Sachen eigener Inaugenscheinnahme, dessen Erträge in den Ausgaben der Zeitung vom 26. und 28. Juni 1995 nachzulesen sind. Die Meinungen der Redakteure und Redakteurinnen waren durchaus gespalten. „Verschwenderische, provozierende Schönheit", so betitelte Wilfried Wiegand, der damalige Feuilletonchef, seinen Artikel. „Groß und hell und fremdartig ragt Christos Objekt über die Dächer", schrieb er, „ein Fremdling in Farbe, Form und Funktion", als „bedeutungsfreies Faltengebirge". Als Kenner der Moderne und ihrer Avantgarden verwies er auf die Verbindung zum Surrealismus etwa eines Man Ray (der 1920 seine eingepackte und verschnürte Nähmaschine das „Das Rätsel des Isidore Ducasse" nannte). Wiegand erkannte in der Zweckfreiheit von Christos Werk dessen Stärke – als „eine Provokation, wie alle Schönheit es sein sollte".

Dagegen stand der sehr kritische Einwand, Christo habe das Haus der Volksvertreter in eine Zeichnung verwandelt, mithin das Ergebnis der Geschichte in den Einfall eines Augenblicks. So habe der Künstler seine Machtphantasien in der Moderne als gleichsam monarchischen Traum inszeniert, indem der Blick auf sein Werk den Stadtraum selbstherrlich neu ordne. Und es gab die Erwägung, dass dasselbe, seit Jahrzehnten geplante Stoffgebilde noch in Zeiten des Kalten Kriegs, der Trennung in zwei deutsche Staaten von 1949 bis 1989, als triumphale Geste der Westkunst, als pathetisches Zeichen der Freiheit verstanden worden wäre. Wenngleich auch danach Christos Kunst ein Produkt des Westens verkörpere, war doch entscheidend der Hinweis auf die Zeitlichkeit dieser Verhüllung. Denn nach der Enthüllung, nach der Rückkehr des kunstlosen Alltags werde die Erinnerung an diese Irritation bleiben. Ähnlich, doch mit Blick auf die Politik konstatierte ein anderer Kollege, dass es sich um mehr als eine logistische Glanzleistung handelte, dass vielmehr nach dem vorausgegangenen Verhandlungs- und Bewilli-

Feuilleton

gungsspektakel, der bürokratischen Verarbeitung eines Kunstphänomens eben dieses seine provozierende und ironische Erfüllung gefunden hatte. Nachdem alle Energie der Ablehnung verbraucht worden war im Palaver derer, die alles schon im Voraus gewusst hätten, könne nämlich diese „Augenblicksarchitektur" für eine gelingende Wiedervereinigung stehen.

Die Prognose lässt sich zugleich als ein Triumph dieser Ästhetik des Augenblicks lesen, der nicht verweilen kann und darf. Das Erstaunen darüber konnte an das Auftauchen des riesigen Wals aus Herman Melvilles 1851 erschienenem Roman „Moby Dick" erinnern. Oder ganz anders an eines jener plissierten schillernden Reformkleider, die der Modeschöpfer Mariano Fortuny in Venedig erfand; als hätte Christo dem wilhelminischen Quader des Reichstags so ein atmendes Gewand geschenkt. Barbara Klemm, damals unsere Redaktionsfotografin, hat mit ihren Bildern die Anmutung von Schönheit eingefangen, vor allem in der weithin bekannt gewordenen Frontalaufnahme des nahezu vollendeten Werks. Wer genau hinschaut, kann an seiner rechten Flanke noch einen der Aufbauhelfer erkennen, der dort hängt wie ein Kletterer in einer Steilwand.

Die Beiträge in ihren unterschiedlichen Facetten spiegeln so die Aspekte der kontroversen Auseinandersetzung über das bis heute einzigartig gebliebene Projekt und seine Umsetzung. Konsens indessen herrschte über die Einmaligkeit des Anblicks. Denn es war das Temporäre dieser Erscheinung – sie dauerte nur vom 24. Juni bis zum 7. Juli 1995 –, das den künstlerischen Kern des Projekts von Christo und Jeanne-Claude bildete. Nur so konnte das dahinterstehende Konzept einer Auratisierung aufgehen, fern von bloßer mutwilliger Draperie. Nur so konnte der „Verhüllte Reichstag" zum Zeichen werden, zum historischen Moment einer Transition, Verwandlung hin zum Symbol der deutschen Einheit und Demokratie. *Rose-Maria Gropp*

Vorhang zu und alle Fragen offen: Das Parlament in der Sitzungspause.
Foto Barbara Klemm

KUNSTSTÜCKE EINER SPÄTEN KONFESSION

Günter Grass, der Literaturnobelpreisträger des Jahres 1999, offenbarte 2006, dass er im Krieg die Uniform der Waffen-SS getragen hatte. Rasch reute ihn, dass er die F.A.Z. gewählt hatte, um die Öffentlichkeit über den sensationellen Inhalt seines Erinnerungsbuches „Beim Häuten der Zwiebel" zu informieren.

Unzählige Romane hat die Literaturredaktion der Frankfurter Allgemeinen Zeitung im Laufe von Jahrzehnten abgedruckt, bevor sie im Buchhandel erhältlich waren: literarische Debüts (Ingo Schulze: „33 Augenblicke des Glücks", 1995) ebenso wie Werke von frisch gekürten Nobelpreisträgern (Kenzaburō Ōe: „Verwandte des Lebens", 1994) oder spätere Weltbestseller (Patrick Süskind: „Das Parfum", 1984). Aber nie hatte die Zeitung ein Buch von Günter Grass als Fortsetzungsroman vorabgedruckt. Das wollte ich ändern und stellte dem Nobelpreisträger des Jahres 1999 deshalb eine einfache Frage: Woran er gerade arbeite?

Grass hatte 2002 die Novelle „Im Krebsgang" und im Jahr darauf den Gedichtband „Letzte Tänze" veröffentlicht. Es war also nicht unwahrscheinlich, dass er nun wieder einen Roman in Arbeit hatte. Aber der Autor reagierte abweisend und misstrauisch. Die Frage, meistens kaum mehr als eine Höflichkeitsfloskel, schien ihm zutiefst suspekt. Das machte neugierig. Warum er denn so geheimnisvoll tue, ob es sich etwa um ein autobiographisches Werk handele? Jetzt hüllte Grass sich erst recht in Schweigen, ließ sich aber nach gutem Zureden ein Versprechen abringen: Wenn das Werk fertig sei, werde er sich melden. Dann könne man miteinander reden, obwohl er einen Vorabdruck für ausgeschlossen halte: „Das bekommen Sie nie durch!" Grass fühlte sich von der Frankfurter Allgemeinen Zeitung ungeliebt.

Etliche Monate später kam der Anruf: Das Buch sei fertig, aber Fahnen könne er nicht schicken; man müsse sich treffen. Zum Gespräch brachte er seinen Verleger Gerhard Steidl mit, in dessen Göttinger Verlag das neue Werk erscheinen sollte. Dessen Titel: „Beim Häuten der Zwiebel".

Grass hatte tatsächlich ein autobiographisches Werk geschrieben, jedoch keine klassische Autobiographie, wie er immer wieder betonte. Ausführlich beschrieb er seine Arbeitsweise, knapp skizzierte er den Inhalt der annähernd fünfhundert Seiten, eindringlich erläuterte er, welche zentrale Bedeutung die Zwiebel-Metapher für ihn hatte. Dann ließ er die erste Katze aus dem Sack.

Mit einem Vorabdruck war er einverstanden, aber nicht in den sonst üblichen täglichen Folgen auf der zweiten Seite des Feuilletons. Grass wollte nur einen einzigen Vorabdruck, sechs volle Seiten am Stück (es wurden acht), eine komplette Ausgabe der samstäglichen Tiefdruckbeilage „Bilder und Zeiten". Das kam nicht in Frage, es wäre monoton gewesen. Wir redeten über mögliche Illustrationen, Zeichnungen von seiner Hand und Fotos, sowie über ein Interview, das in der Beilage erscheinen und den Vorabdruck beglei-

ten könne. Als das Projekt in groben Zügen skizziert war, ließ Grass dem Sack die zweite Katze entschlüpfen: In „Beim Häuten der Zwiebel" schildere er erstmals seine Zeit als siebzehnjähriger Soldat in einer Einheit der Waffen-SS, der Division Frundsberg. Nun begann das Gespräch noch einmal von vorn.

„DAS MUSSTE RAUS, ENDLICH"

Eine ganze Tiefdruckbeilage für Günter Grass? Frank Schirrmacher, der für das Feuilleton zuständige Herausgeber, lehnte das Projekt rundheraus ab: „Niemals!" Auf Diskussionen wollte er sich nicht einlassen. Aber eine Frage musste doch gestellt werden: „Wussten Sie eigentlich, dass Günter Grass in der Waffen-SS war?" Er hatte es nicht gewusst, niemand hatte es gewusst.

Einige Wochen später besuchten wir Günter Grass in seinem Haus in Behlendorf. Zuvor hatten wir in Lübeck gemeinsam die Textpassagen für den Vorabdruck ausgewählt. Peter Breul hatte Entwürfe angefertigt, die wir mit Grass besprechen wollten. Außerdem sollte das vereinbarte Interview geführt werden. Nur widerstrebend hatte Grass beim ersten Gespräch in Göttingen zwei Bedingungen akzeptiert: Der Vorabdruck musste Passagen über seine Erlebnisse in der Waffen-SS enthalten, und im Interview sollte Grass Auskunft über seine Mitgliedschaft in der SS-Division geben. Doch als Schirrmacher nun fragte, was ihn nach so vielen Jahrzehnten bewogen habe, sein Schweigen doch noch zu brechen, sagte Grass in seinem Garten in Behlendorf nicht sehr viel mehr als nur: „Das musste raus, endlich."

Kunststücke einer späten Konfession

Das Interview füllte zwei Seiten im Feuilleton vom 12. August 2006. Auf der Titelseite derselben Ausgabe stand Schirrmachers Leitartikel mit der Überschrift „Das Geständnis". Am Tag zuvor hatten die Deutsche Presse-Agentur, ARD und ZDF die Nachricht verbreitet, dass Günter Grass kurz vor Kriegsende in die Waffen-SS eingetreten war. Zahllose Medienberichte und Kommentare folgten. Schriftstellerkollegen wie Walter Kempowski, Christa Wolf, Adolf Muschg, Erich Loest, Louis Begley, John Irving und Salman Rushdie äußerten sich. Die Historiker Hans Mommsen und Hans-Ulrich Wehler bezogen Stellung. Kardinal Karl Lehmann tat seine Ansichten kund, ebenso zahlreiche Politiker, an der Spitze Bundeskanzlerin Angela Merkel und Altbundespräsident Richard von Weizsäcker, ebenso der tschechische Staatspräsident Václav Klaus. Meinungsinstitute führten Umfragen durch. Die schwedische Nobelstiftung wies Forderungen, Grass den Literaturnobelpreis abzuerkennen, zurück. In Danzig forderte Lech Wałęsa dazu auf, Grass die Ehrenbürgerwürde seiner Heimatstadt zu entziehen, nahm

Im Garten seines Hauses in Behlendorf bei Lübeck empfing Grass den für das Feuilleton zuständigen Herausgeber Frank Schirrmacher (links) und den für Literatur und literarisches Leben verantwortlichen Redakteur Hubert Spiegel zum folgenreichen Gespräch. Foto Helmut Fricke

seine Forderung aber zurück, nachdem Grass einen offenen Brief an den Oberbürgermeister geschrieben hatte. Eine repräsentative Umfrage ergab, dass 72 Prozent der Bürger von Danzig eine Aberkennung der Ehrenbürgerwürde ablehnten.

Das Medienecho reichte von Tokio bis New York und Neu Delhi. Aber die Debatte, die vor allem in Westdeutschland geführt wurde, war eine sehr deutsche Debatte, darin nicht anders als der Historikerstreit von 1986 oder die Walser-Bubis-Debatte, die sich 1998 an Martin Walsers Frankfurter Paulskirchen-Rede entzündet hatte. Jetzt stand allein Grass im Fokus, vordergründig als kritischer linker Intellektueller, der indes die meiste Zeit nicht so weit links stand, wie seine Gegner wähnten, aber zugleich, obschon dies zu wenig thematisiert wurde, als Repräsentant jener allmählich abtretenden Generation von Hitlerjungen, Flakhelfern und fast noch kindlichen Wehrmachtssoldaten, die über Jahrzehnte in der Bundesrepublik prägende Rollen eingenommen hatten. Walter Jens, Siegfried Unseld, Jürgen Habermas, Hans Magnus Enzensberger, Siegfried Lenz und mancher andere gehörte dazu, aber kaum einer von ihnen hatte je über ein Thema gesprochen, das Grass bereits Mitte der sechziger Jahre erstmals öffentlich anschnitt: die eigene Verführbarkeit als Jugendlicher, der in der Nazi-Diktatur aufwuchs, ihrer Propaganda Glauben und ihren Anführern blinde Gefolgschaft schenkte.

Drei Jahre hatte Grass an seinem Buch gearbeitet. Während dieser Zeit versuchte der fast Achtzigjährige, sich in den knapp Achtzehnjährigen zu versetzen, der er einmal gewesen war, hielt Gericht über sich selbst, ließ mildernde Umstände walten und erwartete, dass die Öffentlichkeit es ihm gleichtun würde. Aber die Öffentlichkeit interessierte sich kaum für den Achtzehnjährigen, sie urteilte über den Achtzigjährigen, der den größten Teil seines Lebens damit verbracht hatte, sich als Mahner, Weltgewissen und moralische Instanz in zahlreichen Debatten zu Wort zu melden.

Grass hatte sich getäuscht, als er sich Respekt, Anerkennung und wohl auch Bewunderung dafür erwartete, dass er nach sechs Jahrzehnten freiwillig sein Schweigen brach. Was er als Verdienst betrachtete, das darin bestehen sollte, eine schmerzhafte Wunde so lange offengehalten zu haben, geißelten andere als Ausdruck seiner Doppelmoral. Und er täuschte sich wieder, als er glaubte, angesichts heftiger Kritik und massiver Vorwürfe in die Schutzbehauptung flüchten zu können, „die Medien", allen voran die F.A.Z., hätten eine Kampagne gegen ihn entfacht.

Marcel Reich-Ranicki hat einmal gesagt, er könne gut verstehen, warum viele jener Generation nicht öffentlich über ihre Erlebnisse als Zehn- oder Zwölfjährige in der Hitlerjugend sprechen wollten: „Für manchen war es die glücklichste Zeit seiner Kindheit, vielleicht seines ganzen Lebens." Die Grass-Debatte war die letzte Gelegenheit, den Angehörigen einer verführten, missbrauchten und betrogenen Generation die Zunge zu lösen und mit ihnen ins Gespräch zu kommen über eine Jugend im „Dritten Reich", über ein Leben, dem eine skrupellose totalitäre Ideologie ihren unauslöschlichen Stempel aufdrücken wollte. Vielleicht war es ja das, was Grass hatte sagen wollen, in seinem Werk und auch im Jahr 2006, als er mit seinem Geheimnis herausrückte: dass er diesen Stempel noch immer spüren konnte, bis zuletzt. *Hubert Spiegel*

STUTTGART ALS GEISTIGE LEBENSFORM

Stuttgart 21, der Abriss des Stuttgarter Hauptbahnhofs zum doppelten Zweck des Raumgewinns für ein Neubauviertel und des Zeitgewinns von ein paar Minuten auf der Strecke nach Ulm, rief nach Beginn der Bauarbeiten im Februar 2010 heftigen Protest auf der Straße hervor, der sich von Woche zu Woche steigerte. Was war in die Stuttgarter gefahren? Gerhard Stadelmaier, der Theaterkritiker der F.A.Z., der von 1978 bis 1989 dasselbe Amt bei der „Stuttgarter Zeitung" versehen hatte, machte einen Besuch in seiner Geburtsstadt, um sie den Lesern der F.A.Z. zu erklären. Was sich auf der Freilichtbühne vor dem Bahnhof abspielte, erschloss Stadelmaier auf einem Umweg: In der beschaulichen Szenerie des Mineralbads Leuze brodelt nur scheinbar nichts. Seine Reportage erschien im Feuilleton vom 28. August 2010.

Sechs Uhr morgens. Es gibt keine bessere Zeit. Wenn die Stadt noch schläft, die Straßen noch leer sind, der Bahnhof, um dessen oberirdischen Erhalt oder dessen schnöde Verlegung ins Unterirdische seit Monaten ein Kampf tobt, noch kaum von einfahrenden Vorortzügen und S-Bahnen und deren sich verlaufender morgenmüder Menschenfracht belebt ist. Dann muss man zur Quelle gehen.

Vor deren Eingang drängen sich um diese Uhrzeit schon zwei bis drei Dutzend Menschen. Sie warten auf den Einlass ins Mineralbad Leuze, will sagen: auf den Zugang zum einzig würdigen Ort dieses Etablissements, zur Kaltbadehalle. Dass das Leuze jüngst einen Vier-Sterne-Wellness-Orden für irgendwelchen zusätzlichen Warmbade-Firlefanz erhielt, dass dort unaufhörlich an einer Aufblasung zum „Erlebnisbad" gebastelt wird und man sogar an den Dachaufbau in Form einer „Winzer-Sauna" denkt („Im Trollinger schwitzen!") samt etwas intelligenzbeleidigend angepriesenen Fernblicken in die Weinberge rund um Stuttgart – das kümmert die Sechs-Uhr-Leute nicht.

Viele von ihnen kommen seit Jahrzehnten hierher. Um sechs Uhr früh. Täglich. Noch in den achtziger Jahren des letzten Jahrhunderts konnte man Kriegsversehrte am Beckenrand ihre Liegestütze machen sehen, notfalls mit Hilfe von Krücken. Es gibt verlässliche, einschlägige Erzählungen aus alten Zeiten, dass aus der Gefangenschaft heimgekehrte Soldaten zuerst ins Leuze kalt baden statt zur Mama warm essen gegangen sind. Denn diese Quelle ist heilig.

Nirgendwo sonst auf der Welt käme man auf die Idee, so massenhaft so früh sich täglich über Jahre hinweg erst unter brühend heißem Duschgebraus in einen krebsrot glühenden Feuerball aus Haut und Haaren zu verwandeln, nicht ohne sich vorher gründlich gereinigt zu haben – und dann in ein zwanzig Grad kaltes, wie Champagner sprudelndes Wasser zu tauchen, streng gegen den Uhrzeigersinn im gar nicht großen Becken fünf Minuten langsam zu schwimmen, bis der Kälteschock einer prickelnden Wärmewonne gewichen ist. Man kann den Blick durch die Glasfront über den knapp am Bad vorbeifließenden Neckar hinauf zur Grabkapelle auf dem Württemberg oder hinüber zur Berger Kirche schweifen lassen. Dann wieder unter die heiße Dusche. Dann wieder ins Wasser. Dreimal aufheizen bis zur Schmerzgrenze. Dreimal kaltschocken bis zur Lustgrenze. Dann hinaus in die Stadt. Schaffen. Und dulden.

Es fällt an diesem Morgen kurz nach sechs Uhr in der Kaltbadehalle des Leuze ein tragischer Satz, der hier eigentlich nie fallen dürfte: „Mir zählet nex!" (übersetzt: Wir sind nichts wert.). Vormals wäre dieser Satz nur in seiner Umkehrung hier denkbar gewesen: „Mir send's doch!" (übersetzt: Auf uns kommt es an.). Denn natürlich baden hier nicht Sektierer oder Spinner oder Angehörige obskurer politischer Gruppen. Es sind Bürger, die ihre Stadt tragen und unterhalten, sie aber nur aushalten, wenn sie die Reinigung der Lust vom Schmerz hinter sich haben. Das, was ihr dramatischer Landsmann Schiller das Pathetisch-Erhabene nannte, der es sich als eine Art geistiger Imprägnierung gegen jegliche Art vorstellbaren Schreckens und Leidens dachte, als mentales Training, das ein Menschenmögliches schon mal durchspielt, um dagegen gewappnet zu sein (der Mann war viel praktischer, als die Idealisten vermuten), das haben die Sechs-Uhr-Leuzianer als bürgerlich-dramatische Lebensform sozusagen kathartisch schon immer praktiziert. Danach kann ihnen wenig mehr passieren.

Aber jetzt scheint es doch passiert zu sein: „Mir zählet nex!" Bisher hatten sie den unaufhörlichen Umbau ihrer nachkriegsgrauen, durch widernatürliche Schneisen und Betonklötze verschandelten Stadt hingenommen. Hatten über das tägliche Aufreißen neuer Baustellen hinweggesehen. Hatten das Herunterkommen ihrer einstmals schönen Königstraße zu einer gesichtslos grellen Einkaufsmeile, die genauso gut in Hannover oder in Düsseldorf-Rauxel-Pforzheim rasend vor sich hin kom-

Stuttgart als geistige Lebensform

Eine Stadt zu lesen heißt ein Mosaik zu entziffern: Kaltbadehalle des Mineralbads Leuze. *Foto Lucas Bäuml*

merzeln könnte, akzeptiert. Hatten das Verschwinden dessen an Geschäften und generationenlangen Traditionen von Handel und Wandel, womit sie einst ihr Gemeinwesen halbwegs identifizieren konnten, ertragen. Hatten eine „Passage" nach der anderen erlebt, für die bestehende Häuser wahllos ab- oder durchbrochen wurden. Waren allen Moden und Marotten des örtlichen Staatsschauspiels (samt Leberkäs-Orgien im Regisseurstheater), allem vibratolosen Schrillklang ihres Radiosinfonieorchesters (das sich perverserweise mit einem „Stuttgart Sound" brüstet) gefolgt. Bisher, wie gesagt. Weil sie geborgen waren in ihrer weitgespannten, da kaltwassergestählten kathartischen Gut- und Großherzigkeit. Weil sie erhaben pathetisch darauf zählen konnten, dass ihrer geistigen Lebensform einer duldsamen, wiewohl wachen und kritischen Bürgerlichkeit nicht zugemutet würde, dass ihr der Boden völlig unter den Füßen weggezogen würde. Und: dass ihre heiligste Quelle nicht bedroht wäre.

Denn dafür, dass offenbar der Vorstand der Deutschen Bahn, der Stuttgarter Oberbürgermeister und der ländliche Ministerpräsident für – bis jetzt, es werden täglich mehr – rund sieben Milliarden Euro den wunderbaren Stuttgarter Kopfbahnhof unter die Erde verlegen und zu einem Durchgangsbahnhof machen wollen, um zwanzig Minuten schneller nach Ulm zu kommen (wobei man um jede zwanzig Minuten froh sein müsste, in denen man noch nicht nach Ulm kommt) und um schneller in Bukarest zu sein (wobei sich außer der rumänischen Mafia wahrscheinlich niemand für Schnellzugfluchtverbindungen nach Bukarest interessiert), dafür also, dass hier eines der dümmsten, gedankenlosesten und sinnlosesten Vorhaben der letzten Jahrzehnte aus Steuergeldern auf Schienen gesetzt wird, die ein ausführliches System von Tunneln unterm Stuttgarter Talkessel benötigen, in denen laut einem geheim gehaltenen Gutachten mehr Züge stecken bleiben als vorankommen werden, dafür geraten die Mineralquellen in akute Gefahr.

Abgesehen davon, dass das in und um Stuttgart herum reichlich vorkommende Anhydrit im Boden, käme es mit dem Grundwasser in Verbindung, das der Tunnelbau ihm zuführte, den Boden aufquellen lassen und ganze Stuttgarter Hänge ins Rutschen bringen würde, bestünde laut einem Planfeststellungsbeschluss des Eisenbahnbundesamtes die Gefahr, dass „die Nutzung der Heil- und Mineralquellen ... durch schadstoffhaltige Baustoffe und verunreinigte Infiltrationswässer qualitativ beeinträchtigt" werden könnte. Wozu es vorgeschalteter Reinigungsanlagen bedürfte, „an die die höchsten Anforderungen zu stellen" wären, „die teilweise sogar über den derzeitigen Stand der Technik hinausgehen". Die es also noch gar nicht gibt. Nicht einmal mehr kaltbademäßig abhärten dürften sie sich dann noch gegen die Zumutungen der von oben diktierten Veränderung.

„Mir zählet nex!" Weshalb sie jetzt doch zählen wollen und die täglichen Sechs-Uhr-Morgen-Leuze-Bader montags um sechs Uhr abends mit zehntausend anderen Bürgern am Bahnhof stehen und gegen „Stuttgart 21" protestieren. Nun schon zum vierzigsten Mal. Es sind keine Spinner. Kein schwarzer Block. Keine Ausgeflippten. Es sind freie Bürger. Die sich plötzlich den massenhaften Protest als bürgerliche Lebensform ausgeguckt haben. Ruhig, heiter trotz aller Wut. Rechtsanwälte, Beamte, Handwerker, Wirte, Lehrer, Pfarrer, Apotheker, Geschäftsleute, Unternehmer, Freiberufler, Ärzte, Schauspieler, Bauern, Winzer. Aus dem Neckartal. Aus dem Remstal. Von der Ostalb herunter.

Sie lassen sich von den Demonstrationsordnern geduldig auffordern, die Autos vom nahen Parkplatz durchzulassen. Sie quittieren es mit Gelächter, wenn die Veranstalter darauf verweisen, dass jetzt gerade auch auf dem New Yorker Times Square, auf dem Berliner Alexanderplatz (der Stadt mit den meisten Schwaben außerhalb von Württemberg) und in Straßburg, Stuttgarts Partnerstadt, sogenannte „Schwabenstreiche" stattfänden, spontane Aktionen, bei denen mit irgendwas Lärm gemacht wird (mit Vuvuzelas oder mit Kochtöpfen), um auf das Stuttgarter Problem weltweit protestierend aufmerksam zu machen, dass dort gegen den Willen der Mehrzahl der Bevölkerung Politik, Bahn und Stadt die Zerstörung einer ganzen Region planten. Im Namen eines technischen Fortschritts, von dem nur eines gewiss ist: dass er Unsummen kostet.

„Ond des soll i zahla?" (ergänze: mit meinen Steuergeldern), empört sich ein Herr, den man, weißbärtig und trollingernasig in jeder bürgerlich behäbigen Weinstube antreffen könnte. Es ist eine neue, dynamische, ganz grundsätzliche Konstellation: Bürger gegen Politiker, die sich immer als bürgerlich betrachtet hatten, Rebellen aus demselben Milieu. Ein Paradigmenwechsel. Es hat etwas vom Charme und vom Witz des eigentlich Unmöglichen – einer Utopie penetranter Friedfertigkeit.

Der Protest samt Baumwache und Sitzblockade kommt mitten in der Gesellschaft, bei den braven Bürgern an. Das einzig Schrille an ihnen sind ihre Trillerpfeifen. Dass ein paar Tage später, als die Bagger anrücken und ohne Vorwarnung mit dem Abriss des Nordflügels des grandios wuchtigen Bahnhofs beginnen, friedlose, also unbürgerliche Chaoten Bierflaschen nach Polizisten werfen, aufs Bahnhofsdach klettern, Gleise blockieren, Schnellzüge entern, dort die Notbremsen ziehen, zentrale Kreuzungen mit Mülltonnen blockieren, worauf in halb Stuttgart der Verkehr zum Erliegen kommt – das macht die schöne praktische Utopie bürgerlichen Protests nicht überflüssig. Steigert sie noch in ihrem Wert. Je deutlicher diese sich von aller Gewalt abhebt: im Geist des duldsamen Pathos, das aus dem Sprudelwasser kommt.

BORIS PALMER DIRIGIERT DEN BÜRGERCHOR

Am Bauzaun vorm inzwischen niedergerissenen Nordflügel des denkmalgeschützten Bonatz-Bahnhofs hängen Plakate, die sich (auch) an die Gottesmutter wenden: „O Maria hilf!", angesichts des wüst zusammengebaggerten Steinhaufens aber eines der letzten Worte des Erlösers am Kreuz ins Sarkastische drehen: „Herr, vergebe ihnen nicht, denn sie wissen, was sie tun", sich freilich auch ins Kabarettpointillistische versteigen: „Was nützt ein Rückgrat, wenn kein Hirn darüber ist." Alles gegen den Stuttgarter Oberbürgermeister gerichtet.

Die Rebellen aus dem bürgerlichen Bade-Milieu hören sich am Montag, bevor die Chaoten anrücken, eine Rede des Tübinger Oberbürgermeisters Palmer (Grüne) an, der ihnen jegliches parteipolitische und wahltaktische Argument aus den Händen schlägt, indem er erklärt, dass es Blödsinn wäre, auf die Landtagswahl als eine Denkzettelwahl zu warten, denn CDU und SPD, beide „Stuttgart 21"-Befürwortungsparteien, würden lieber miteinander koalieren, als mit den „Stuttgart 21"-Gegnern (den Grünen) zusammenzugehen. Es hülfe nur, wenn die Stuttgarter und die Menschen, die aus ganz Baden-Württemberg hierher zur Demonstration aufgebrochen seien, so zahlreich würden („wenn wir zweihunderttausend werden, die halbe Stadt, aber bitte absolut gewaltfrei!"), dass der Volkswille sozusagen die Politiker abstrafe, die wie der Stuttgarter OB sich des „Machtmissbrauchs" und des „Wortbruchs" schuldig gemacht hätten: Der Stuttgarter Stadtobere Schuster habe ihm, Palmer, versprochen, dafür, dass er, Palmer, seine Wähler auffordere, für Schusters Wiederwahl zu stimmen, einem Bürgerbegehren in Sachen „Stuttgart 21" zuzustimmen, aber als dieses gerade lief, schon die Unterschrift unter die Verträge mit der Bahn geleistet. Was der Bürgerchor am Bahnhof mit „Lügenpack! Lügenpack!" skandierend kommentiert.

Während es zu regnen anfängt auf dieser vierzigsten Demonstration gegen den Bahnhofumbau, kommt es zu einer wundersamen Koinzidenz des nassen Himmels und des nassen Elements, in dem Stuttgart als geistige Lebensform gründet: Der Redner fordert die Protestierenden auf, bei der einundvierzigsten Demonstration bitte Badehosen mitzubringen. „Wir gehen dann anschließend alle ins Leuze! ‚Stuttgart 21' geht baden!", höhnt er.

Bis dahin werden sie ohnmächtig zugeschaut haben, wie die Polizei sieben Dachbesetzer vom Hauptbahnhof herunter schaffte, werden womöglich eine Menschenkette um den Landtag herum gebildet haben. Übermorgen aber werden sie das Leuze feiern. Kann gut sein, dass da zu viele potentielle Warmbader dabei sind. Die Sechs-Uhr-Kaltbader aber wird es nicht stören. So lange ihre heilige Quelle rein bleibt. *Gerhard Stadelmaier*

Einblick

„WER NICHT DEUTSCH KANN…"

Die Frankfurter Allgemeine Zeitung und ihre Sprachkritik(er).

Im September 2007 ging ein besonderer Brief an die Herausgeber ein. Er stammte vom früheren Kollegen Klaus Natorp, der zu diesem Zeitpunkt fast schon zwölf Jahre im Ruhestand war. „Eigentlich wollte ich Sie ja nicht mehr mit Sprachkritik behelligen", schrieb Natorp. „Aber wenn die sprachliche Unbeholfenheit sowohl eines Autors wie des Gegenlesers, den es hoffentlich gegeben hat, so eklatant wird wie in dem Leitartikel vom letzten Wochenende, kann ich nicht umhin, mich doch noch einmal im Namen aller sprachbewussten Leser der Zeitung stirnrunzelnd zu Wort zu melden."

Schon zu Natorps aktiven Zeiten hatten Sprachsünden und Stilblüten sein Blut in Wallung gebracht. Bis heute erinnern sich die älteren Mitglieder der Politischen Redaktion lebhaft daran, wie Natorp auf Fluren und in Zimmern nach Redakteuren fahndete, die wieder einmal nicht begriffen hatten, dass „Netzwerk" nicht etwa eine besonders raffinierte Abart eines simplen Netzes war, sondern ein sinnfreier Anglizismus, oder dass Kommandanten und Kommandeure nicht dasselbe waren (und sind).

Selbstredend prangerte Natorp auch in Artikeln und Sprachglossen Modewörter, hohle Phrasen oder den falschen Gebrauch von Präpositionen (Diskussion „um" statt „über") an. Der Beifall der um die deutsche Sprache besorgten Leser war ihm sicher. Nicht wenigen von ihnen galt und gilt die F.A.Z. als das letzte Bollwerk des Widerstands gegen die Verarmung und Schändung des Deutschen.

Wie schon die 1943 von Hitler verbotene Frankfurter Zeitung hatte auch die F.A.Z. sich stets zum Anwalt einer öffentlichen Sprache berufen gefühlt, die Dolf Sternberger 1957 mit den Adjektiven „bescheiden", „gelenkig" und „freundlich" beschrieb. Dass er „rein" und „neu" dazusetzte, verwies auf den historischen Kontext der Sprachkritik. Sternberger und mit ihm viele andere Redakteure der F.A.Z. hatten am eigenen Leib erfahren, wie die Nationalsozialisten in Orwell'scher Manier auch die Sprache manipuliert hatten, um sich das Volk gefügig zu machen. „Aus dem Wörterbuch des Unmenschen", eine in mehreren Auflagen erschienene Sprachkritik (einschließlich der Kritik der Sprachkritik), war das Sediment dessen, was die des guten Deutsch mächtigen Kollegen tagtäglich aus dem steten Fluss eines sich immer neue Wege bahnenden Stroms an alten und neuen (Un-)Wörtern herausfischten.

Und heute? Die Sensibilität für klare und wahre öffentliche Sprache lebt in der F.A.Z. in Gestalt einer Liste von Worten fort, die Ausdruck guter Sprache und guten Stils sind. Wenn wieder einmal nicht nur Orte oder Gebäude „evakuiert", sondern auch Menschen „entleert" werden, umgangssprachliche Verben wie „kippen" überhand nehmen und Politiker einfach so „warnen" und nicht jemanden oder vor etwas, dann kann es passieren, dass in kleinerem oder größerem Kreis unvermittelt eine Diskussion über die Sprachkultur angezettelt wird. Viele von Natorps Ver- und Geboten werden noch immer befolgt. Auch trainiert werden die Reflexe noch, wenngleich nicht mehr auf eine derart humorlos-brachiale Art, wie sie in dem gern zitierten Diktum Friedrich Sieburgs zum Ausdruck kam: „Wer nicht Deutsch kann, der kann nicht denken." *Daniel Deckers*

Frankfurt als Stadt des Protests: Demonstration gegen den Vietnamkrieg 1970 auf der Kaiserstraße. Foto Barbara Klemm

Heimat Frankfurt

B. G. — War es nicht auch eine der Merkwürdigkeiten dieser alten Stadt, daß sich der Mensch aus einer fremden Landschaft hier schneller heimisch fühlte als in mancher anderen großen Stadt? Schon nach einer knappen Frist bewegte er sich so sicher und vertraut durch die alten Straßen, als habe hier das Elternhaus gestanden und die weiche Luft der jungen Jahre geweht.

Diese Plätze, Straßen und Gassen waren ja auch dem Fremden nicht fremd. Schon beim ersten Gang mußte es ihm sein, als sei es nur Wiedersehen mit dem Römer und seinen Hallen, dem Dom und dem Fluß, der Tschirn, den alten Schenken und dem Haus des Mannes, der in späteren Weimarer Jahren von Kindheit und Jugendzeit zwischen Frankfurts Wällen und Türmen geschrieben hat.

Ja, die Altstadt war das Herz dieser Stadt, und wer seine Stirn daran legte, war diesem Herzen und der ganzen Stadt verfallen. Echt frankfurterisch ist noch manches andere gewesen: ein Ritt über die Forsthausallee in den Wald, der Palmengarten und ein Gang über die Seckbacher Höhen, an Weingärten vorbei, nach Bergen; die Freßgass' und die Anlagen; im Sommer vor der Hauptwache zu sitzen, die Uhrenschläge der Katharinenkirche zu hören und auf ein junges Mädchen im hellen Kleid zu warten; frankfurterisch war ein Sonntagmorgen, wenn auf den Plätzen an der Adickesallee die weißen Bälle rollten und der harte Männergriff nach dem eirunden Rugbyball zu sehen war, oder wenn am Nachmittag über Bornheimer Hang, Riederwald und Stadion der helle Schrei der Tausende stand; frankfurterisch war, seinen Buben im Zoo auf einen Eesel zu setzen.

Vieles davon ist versunken, manches geblieben, wenn auch beschlagen wie ein blinder Spiegel. Der Fremde spürt die Frankfurter Atmosphäre mehr mit einem leichten Heben des Kinns. Schlimm aber ist, daß er das Herz der Stadt nicht mehr findet. Das Gefühl, hier könne sein Elternhaus gestanden haben, regt sich kaum noch vernehmbar.

Es müßte mehr geschehen, um wieder Blut in das Herz der Stadt, in den alten Bezirk zwischen Fahrgasse und Karmeliterkirche, Hauptwache und Sachsenhausen zu pumpen. Denn hier hat der Fremde das Heimatgefühl gefunden, hier ist er auch zum Frankfurter geworden. Er mußte es wohl, denn der Frankfurter selbst begriff ohnehin nicht, wie ein Mensch nicht aus seiner Stadt sein könnte. So sehr liebte er sie.

„Die Nacht ist noch lang . . ."

An grünen Tischen in Frankfurter Spielclubs / Glück oder Geschicklichkeit?

„Kasino, geschlossene Gesellschaft", lesen wir an einer Tür im Zentrum der Stadt, geben der Garderobenfrau 20 Pfennig und überschreiten unbehelligt, frisch und fremd von der Straße kommend, die Schwelle zur „geschlossenen Gesellschaft". Genehmigt die Garderobenfrau die Auswahl der Gäste? Hat sie Röntgenaugen? Hängt ihre Wertschätzung mit der Qualität unserer Mäntel zusammen? Oder wollte man mit dem sauber gemalten Schild einen arbeitslosen Maler unterstützen?

Der illustre Kreis hinter der geschlossenen Schwelle zeichnet sich durch eine auffallend vornehme Blässe aus. Vielleicht ist es das direkte Licht der charakteristischen Schirmlampen für Spieltische, möglicherweise auch die Unmenge gerauchter Zigaretten, welche diese distinguierte Farbe erzeugen. Es könnte jedoch auch sein, daß der häufige Wechsel der bedruckten Papierscheine einen seelischen Dauerdruck erzeugt.

*

Was ist Spiel? Leichtigkeit, Phantasie, Entspannung, Unbeschwertheit, Freude! Wie lastend diese Menschen ihre Spiel-Freude tragen, die sie sich nächtelang selbst und gegenseitig bereiten!

Die Hände des Bankhalters sind schön, schmalgliedrig, nervig. Es ist ein ästhetischer Genuß zu sehen, wie sie mit der Geschicklichkeit eines Jongleurs die Karten mischen, legen und zu einem winzigen Fächer stecken. Fürchtet der Besitzer die Kiebitzblicke des Gegners oder die „Signale" der guten Freunde der „Geschlossenen Gesellschaft"?

Ihm gegenüber sitzt die Ponte, ein aktiver Spieler und seine Parteigänger, die gegen die Bank ihre Einsätze auf das Tableau geben, das, wie beim Roulette, von Kroupiers überwacht und mit Chips ein- und ausgezahlt wird. Ecarté spielt sich mit 32 Blatt. Beide Spieler erhalten je fünf Karten, die elfte Karte ist Atout (Trumpf). Drei Stiche ergeben einen Punkt, fünf Stiche zwei Punkte. Nach vier Punkten ist eine Partie beendet, und die Ponte wird von der Bank zu neuem Einsatz aufgefordert. Das Glück ist eine launische Göttin. Wir sehen es an der Zusammensetzung der Ponte, sie ist in den einzelnen Clubs lediglich in bezug auf die Güte der Kleidung unterschiedlich. Auf dem grünen Fries des einen Tisches schmücken Siegelringe manche Hand, auf dem anderen dekoriert der schwarze Nagelrand den Spieler. Tippelbrüder, Obdachlose, Rentner, setzen hier ganz kleine Beträge, während ein paar Häuser weiter die Zocker (Berufsspieler) im Laufe von Wochen und Monaten ein Vermögen durch ihre Hände gleiten lassen. Manchmal wird ein Teil davon von den „Ratten' abgeschleppt, das sind Mädchen, deren Anhänglichkeit mit der zunehmenden Glückssträhne des Spielers wächst, und die dann die gefüllte Geldkatze abtransportieren, noch ehe sie sich „spielend" wieder leert.

*

Geschicklichkeit oder Glück? Das ist die Frage, deren Beantwortung ständig drohend über der Existenz dieser Ecarté-Clubs schwebt. Ausgesprochene Glücksspiele wie beispielsweise Roulette, sind nur in Kurplätzen und Grenzorten mit starkem Ausländer- und Fremdenverkehr gestattet. Sie sollen ja keine Verdienstquelle für nicht arbeitende Menschen sein, sondern ein Spiel, eine Entspannung, eine Caprice zur Unterhaltung für Menschen, die in vorübergehenden Zeiten der Erholung Amüsements nicht alltäglicher Art suchen. In Großstädten verbietet das Gesetz jede Art des Glücksspiels, nicht jedoch das Geschicklichkeitsspiel. Das Ecarté, das nicht nur vom Zufall einer guten oder schlechten Karte, sondern auch von der Geschicklichkeit des Spielers gemeistert wird, ist nicht anzuzweifeln. Zu reinen Glücksrittern gehören jedoch die Vertreter der Ponte, die während des Spielchens ihre Gelder auf dem Tableau automatisch verdoppeln und verdreifachen lassen, während sie selbst im Nebenzimmer mit Bacchus liebäugeln oder gar nicht anwesend sind und Gewinn und Verlust dem reinen Zufall überlassen. Auch gestattet der Spieler oft nicht den Einblick in seine Karten, nimmt vorgeschriebene Beratungen und Anweisungen der umstehenden Ponte nicht an, da das auch von ihm erkannte Milieu und die Einschätzung der Spielfreunde wenig Vertrauen einflößen.

Kein Mensch bleibt unbeeindruckt von einem hohen Spielgewinn, schon weil die Steuer ein Schnippchen damit geschlagen bekommt. Darum hebt sich der moralische Zeigefinger so schwer.

Trotzdem werden wir ein tiefes Unbehagen beim Anblick der Gäste dieser Clubs nicht los, die wissen, daß der Clubbesitzer ständig auf einem gefährlichen Geländer balanciert, die wissen, daß ihre seltsame „Arbeit" nicht erwünscht, jedoch mit einem geschlossenen Auge geduldet wird und darüber hinaus, trotz des vielen Geldes, welches nachts durch ihre Hände rinnt, aussehen, als schwelgten si[e] heute in Gänsebraten und nagten morge[n] an trockenen Brotkanten.

*

„Die Nacht ist noch lang, meine Her[r]schaften, die Bank bittet um Ihre Ei[n]sätze . . ."

mm.

Der Just grüßt

Liebe Frankfurter Allgemeine!

Wem läge es mehr ob, die „Allgemeine Zeitung" hier in Frankfurt zu begrüßen als einem Mainzer, der ihre ersten Sprünge miterlebt hat, als Metteure und Redaktionäre — frierend trotz nordpolarischer Vermummung — aus Mainzer Kellerlöchern kulturelles Wirken übten . . .

Aber mir schien schon damals, daß diese Atmosphäre des Aus-dem-Nichts-Heraus dem Blatt bekömmlich sein würde, denn nichts verführt so zu gedankenloser Räkelei als ein Luxusbüro. Dann sah ich Dich wachsen und — was mehr war — bescheiden bleiben. Du übernahmst Dich nicht mit (schon vor zwanzig Jahren unerträglich siebengescheitem) verschwiemeltem Gedresch, Du führtest eine klare und nicht überspitzte Feder, Du wurdest, was eine Zeitung zu sein hat: Ein Spiegel. Nicht nur unserer Tage, sondern — was wichtiger ist — unseres besseren Seins.

Nun hast Du längst — wie sagen die Mainzer? — „lange Hosen an" und bist immer noch so, wie Du einmal zu werden versprachst. Und das will was heißen in einer so „vielversprechenden" Zeit. Darum mit einem besonders herzlichen Mainzer Händedruck willkommen in dieser Stadt, die ‚voller Merkwürdigkeiten stickt'!

Dein alter Just Scheu.

Gräber im Kerzenlicht

Allerseelen auf Frankfurter Friedhöfen

Die Tage vor den beiden großen Totenfesten sind für die Friedhofsgärtner anstrengend. Blätter werden raschelnd von Wegen und Gräbern geharkt, Chrysanthemen und Erika gesetzt, alte Pflanzen entfernt, Tannenzweige über die Beete gedeckt. Es ist wie vor einer wichtigen Inspektion. Die Totenfeste, ferner Weihnachten und Ostern — das sind die Tage, an denen fast jeder das Grab seiner Angehörigen besucht und feststellt, ob der Gärtner, der mit seiner Pflege betraut ist, gute Arbeit leistet. Selbst die Gärtnerskinder müssen mitarbeiten, damit alles zur rechten Zeit fertig wird. Mit professioneller Routine wird geschafft, über die Gräber hinweg fliegen Gespräche über die Fußballergebnisse des letzten Sonntags, und zwischenhinein tut man einen kräftigen Zug aus der Thermosflasche, denn es ist kalt geworden, und ein wenig Aufwärmung tut not.

Friedlicher geht es dort zu, wo die Angehörigen selbst ihre Gräber bestellen. Beladen mit Kränzen und Zweigen ziehen sie an ihre Gräber. Liebevoll zupfen alte Frauen welke Blätter von den Beeten. Hier wird mit einem Eifer gegraben und gepflanzt, der bei aller Geschäftigkeit etwas Mildes und Verhaltenes hat. Dazwischen hüpfen Eichhörnchen über die Wege, und durch die Stille tönt das Klopfen der Spechte an hohlen Baumstämmen.

*

Vor den Portalen stehen vermummte Frauen leicht frierend an den Blumenständen und bieten ihre Chrysanthemensträuße, ihre Tannenkränze mit Strohblumen und Papiergarnituren an. Schon an dem den beiden Totenfesten vorausgehenden Sonntag haben sie gute Geschäfte gemacht, und nun beobachten sie mit gespannter Erwartung das Wetter. Ein verregneter Allerheiligen-Tag kann ihnen einen Strich durch all ihre Berechnungen machen. Zusätzliche Blumenstände werden im Innern der Friedhöfe aufgeschlagen, Kirchengemeinden und die Heilsarmee wollen dort Feierstunden abhalten. Wenn auch in diesen Tagen Allerheiligen kein gesetzlicher Feiertag ist, so erwartet man doch viele Besucher. Nach gutem altem Brauch werden am Abend des Allerheiligentages Kerzenlichter auf den Gräbern entzündet, die die Nacht über brennen sollen und am nächsten Tag „heimgeholt" werden. Diese schöne Sitte ist selbst in den schweren Kriegs- und Nachkriegsjahren nie ganz eingeschlafen. Selbst in den härtesten Zeiten gab es immer noch Angehörige, die — wer weiß wie — ihre Lichtchen für das Allerheiligenfest auftrieben, und wenn sie dabei auch eine der spärlichen Kerzen opfern mußten, die für den Weihnachtsbaum bestimmt waren.

*

Die Frankfurter haben Sinn für ihre Gräber. Sagte neulich ein alter Herr, der durch die Währungsreform in große Not geraten ist: „Das Aergste ist doch, daß ich die Grabstätten meiner Eltern nun nicht mehr pflegen lassen kann. Und um selbst jede Woche hinaus zu gehen, dazu fehlt es mir an Kräften."

Als man 1945 zum erstenmal wieder ungehindert durch drohende Fliegerangriffe auf die Friedhöfe gehen konnte, da zogen am Allerheiligenfest Scharen von Menschen hinaus. Die letzten Rosen aus dem Garten brachten sie mit, selbstgewundene Tannenkränze, zu denen sie sich die Zweige aus dem Stadtwald geholt hatten; viele brachten auch gar nichts, weil es nichts zu kaufen gab, aber zum Friedhof gingen sie alle. In diesem Jahr vollzieht sich nun alles wieder wie in den guten alten Zeiten. Die Gärtner arbeiten wegen der großen Inspektion, die Blumenfrauen wittern ein gutes Geschäft, und die Angehörigen stecken Lichtlein auf ihre Gräber — mit einer Mischung von Erhebung und einer sanften Melancholie.

-ius

Aus der Stadt gemeldet

Auf der Wiesbadener Straße stießen am Montag in den ersten Morgenstunden ein Lastkraftwagen und ein Personenwagen zusammen, wobei der Fahrer und zwei Insassen des Personenautos schwer verletzt wurden.

An der Konstablerwache fiel nachts ein Betrunkener in die Erkerscheibe eines großen Konfektionsgeschäftes, ohne daß ihm dabei etwas passierte. Die etwa 10 qm große Scheibe ging allerdings in Trümmer.

Die Frankfurter Kriminalpolizei hat den 21jährigen Willi Bauer festgenommen, der sich ohne festen Wohnsitz in Frankfurt aufhielt. Bauer wird von den Justizbehörden gesucht, da er noch eine fast zweijährige Gefängnisstrafe abzubüßen hat.

Die Urlisten für die Wahl von Schöffen, Strafkammerschöffen und Geschworenen liegen bis 5. November von 8 bis 17 Uhr im Büro der Stadtverordneten-Versammlung, Lindenstraße 27, Zimmer 46, öffentlich aus. Einsprüche, über die das Landgericht entscheidet, müssen bis 10. November beim Auslegungsbüro eingegangen sein.

Das öffentliche kirchliche Forum behandelt in seiner zweiten Veranstaltung das Thema „Worin liegt der Anstoß des heutigen Menschen an Christentum und Kirche?" Die Veranstaltung findet am Dienstag, dem 1. November, um 20 Uhr in der Gartenstraße 6 statt.

Alle fünf Minuten

Nach Mitteilung der Frankfurter Straßenbahnverwaltung sind für den Winter keinerlei Einschränkungen im augenblicklichen Fahrplan vorgesehen. Dagegen werden auf den Linien 12, 14 und 23 Verbesserungen eintreten. Die Linien 12 und 23 werden ab 15. November im Fünf-Minuten-Abstand verkehren, während der Zugabstand auf der Linie 14 vom gleichen Termin ab zehn Minuten betragen wird.

Heute Werktagsverkehr

Die Züge der Bundesbahn verkehren am heutigen Feiertag (Allerheiligen) in den Direktionsbezirken Frankfurt, Kassel, Stuttgart, Nürnberg und Wuppertal wie an Werktagen. Für die Direktion Mainz wurde eine Sonderregelung getroffen. Im Verkehr mit den umliegenden Direktionsbezirken der amerikanischen und britischen Zone verkehren die Züge ebenfalls wie an Werktagen, während der sonstige Fahrplan auf Sonntagsverkehr eingestellt ist. Am Mittwoch (Allerseelen) verkehren die Züge wie an Werktagen.

Junger Mann sehr leichtsinnig

Durch die Leichtsinnigkeit eines jungen Mannes wurde am Montag die Frankfurter Feuerwehr und Polizei in erhöhte Alarmbereitschaft versetzt. Gegen 16.30 Uhr sah ein Polizist auf der Kaiserstraße aus der obersten Etage eines mehrstöckigen Hauses dichte Rauchwolken herausquellen, worauf er sofort Großalarm gab, da sich in dem Haus ein Restaurant befindet. Als die Feuerwehr kurze Zeit darauf eintraf, war der Brand bereits gelöscht. Er war durch einen jungen Mann entstanden, der in dem Stockwerk eine Tür zum Flachdach mit Holzwolle abgedichtete und die übrig gebliebene Holzwolle gleich an Ort und Stelle angesteckt hatte, wobei auch die Abdichtung Feuer fing.

x.

Vierhundert Uhren gingen mit

Etwa 400 Armbanduhren, Reisewecker und Herrentaschenuhren erbeuteten in der Nacht zum Sonntag Einbrecher in einem Uhrengeschäft in der Rothofstraße. Die Einbrecher gelangten über Trümmerstücke vom Roßmarkt her in den Hof des Uhrengeschäftes. Dort bogen sie mit einem Balken die Gitterstäbe des Klosettfensters auseinander und versuchten, von der Toilette aus ein Loch in die Wand des angrenzenden Geschäftsraumes zu brechen. Da sie bei diesem Vorhaben kein Glück hatten, erbrachen sie ein anderes Fenster, durch das sie direkt in die Geschäftsräume gelangen konnten. Die Ermittlungen der Kriminalpolizei sind im Gange.

Glückliche Frau aus Höchst

Eine Frau aus Höchst hatte als einzige im Hessen-Toto alle zwölf Spiele richtig getippt und darf dafür 20126 Mark einheimsen. Zwanzig Gewinner kamen mit elf richtigen Ergebnissen auf den zweiten Rang, wofür sie je 1006 Mark erhalten, während an die 239 Gewinner im dritten Rang je 84,20 Mark ausgezahlt werden.

In Frankfurt hergestellt

Am Montagnachmittag wurde in Frankfurt der französischen Besatzungsmacht ein Spezialanhänger übergeben, mit dem 25 Tonnen schwere und zwanzig Meter lange Eisenträger transportiert werden können. Der sechs Tonnen schwere Wagen, dessen Anschaffungswert sich auf zwanzigtausend Mark beläuft, ist innerhalb von zwölf Tagen von der Frankfurter Wagenbau-Firma Hofseß hergestellt worden. Auf Wunsch der Besteller ist der Wagen auch geländegängig. Das Fahrzeug, das wie ein übergroßer Langholzwagen aussieht, kann trotz seiner Länge von zwanzig Meter praktisch jede noch so scharfe Kurve nehmen, da auch die Hinterräder lenkbar sind.

Der französische Offizier, der den Wagen für eine Einheit in Rastatt abholte, sagte, daß der Wagen in der Hauptsache für den Wiederaufbau von Brücken oder zum Transport von sonstigen für den Wiederaufbau in Deutschland benötigten schweren Güter verwendet werden soll.

Bühne und Leinwand heute

THEATER: Börse: Die Landpartie nach Königstein, 19.30 Uhr. Komödienhaus: Wem Gott ein Amt gibt, 19.30 Uhr. Kleines Theater im Zoo: Jean, 19.30 Uhr. Althoff-Bau: Die Czardasfürstin, 19.30 Uhr. Struwwelpeter: Fröhlich und schön, 20.30 Uhr. Künstler-Klause: Kabarett 16 und 20 Uhr. Nachtkabarett 24 Uhr.

FILME: Film-Palast-Theater: Wo die Lerche singt. Scala: Die drei Dorfheiligen. Eden: Das Geheimnis von Malampur. Luxor: Die große Leidenschaft. Bieber-Bau: Nacht über Indien. Roxy: Madonna der sieben Monde. Schauburg: Die göttliche Jette. Schwanen: Fabiola. Metropol: Der Dieb von Bagdad. Film-Bühne Sachsenhausen: Nichts als Zufälle.

Die Pianistin Marietta Krutisch gibt am 12. November im Aerztehaus, Hamburger Allee, ein Konzert zu Gunsten des Rot-Kreuz-Krankenhauses in der Königswarterstraße.

Vier Treppen

B. G. Die Zeitung gehört der „sieb[enten] Großmacht" an, aber sie kann in m[an]chen Dingen doch schwächer sein als e[ine] Bundesregierung, auch wenn diese k[eine] Großmacht mehr repräsentiert. W[enn] beispielsweise die Bundesregierung [nach] Frankfurt käme, würden ihr viele s[tatt]liche Häuser, große Säle, tausend [und] noch mehr Büroräume, Wohnungen [und] auch einige Herzen offen stehen.

Die Zeitung die in die Stadt übersi[edeln] möchte, hat es nicht so leicht. Sie k[ommt] beileibe nicht als Fremder, sie fühl[t sich] mit ihren Männern eher in der Sit[uation] von Evakuierten, die glücklich lä[ngst] heimkehren. Sie hat es aber auch [nicht] so schwer wie eine Bundesregieru[ng, die] erst den Bundestag fragen muß, [ob sie] nach Frankfurt ziehen darf oder [nicht.] Dafür muß die Zeitung allerdin[gs auf] offenstehende Häuser, Säle, Bür[os und] Wohnungen verzichten. Sie kann [sich] zusagen erst auf die Kante eines [Stuhles] setzen, dessen Fläche sie später ganz einzunehmen gedenkt.

Daher die vier Treppen und [die] Tatsachen: daß zum Beispiel in [den] wenig Räumen Redaktion und [Verlag] sich mit den Ellenbogen stoßen, [ein er]heblicher Teil der Redaktion [...] noch auf den Marschbefehl wa[rtet] und vor allem die vier Treppe[n ...] des Haus[es ...]

Jene vier Treppen des Haus[es ...] Jene vier Treppen ... Friedrich-Ebert-Straße 65 (die F[...]rich-Ebert-Straße), über die [...] sagen: Kaiserstraße), über die [...] zend unsere Besucher noch [...] müssen. Sie tun es, sie tun es [...] die Zeitungsbestellung pers[önlich] zugeben oder einen Brief mi[t ...] ständnis kleiner Sorgen zu [...] Selbst die großmächtigen H[...] arbeiter müssen die vier Trep[pen ...]

Die Wanderung der Herbststürme

Nach den Stürmen ein normaler Winter

In der letzten Woche gingen an den Küsten der Nordsee die Sturmzeichen hoch. Am Montao zog ein Sturmtief über die britischen Inseln hinweg, zwei Tage später folgte ein noch stärkerer Wirbel. Viel Schiffe zerschellten an den Klippen und versanken, schließlich mußte die Schiffahrt gänzlich eingestellt werden. Die Wetterwarten registrierten Windstärke 11, [...] mittleren Geschwindigkeit von [...] entspricht. [...] Weg ostwärts über den Atlantik und Skandinavien hinweg, bis sie ihren Ungestüm im Weißen Meer ausgetobt haben. Mit Anbeginn des Winters ist ihre Zeit vorbei, das große, frostgefüllte Festlandhoch über Europa vereitelt bis zum Frühjahr alle Einbrüche der Atlantiktiefs.

Die Sturmzeichen an den Nordseeküsten sind wieder eingezogen, doch Neufundland dürfte noch etliche Sturmwirbel auf die Reise schicken. Ein weitgespanntes Netz der [...] trägt dafür Sorge, daß Schiff[...] unvor[...]

Luftkreuzer bringt Geschenke

Die American Overseas Airlines nehmen den Flugverkehr zwischen Frankfurt und New York ab Dienstag auch mit „Strato-[...] Passagierflugzeugen [...]

Hier muß man gratulieren

GEBURTSTAGE: Gestern feierte der einst in weiten Kreisen als Stadtgärtner bekannt gewesene J. M. Müller in Unterliederbach seinen 88. Geburtstag.

JUBILÄEN: Die Frankfurter Maßschnei[...] [...] Karlsruher Straße, be[...]

DIE KLEINE STADT UND DER GROSSE MARKT

Frankfurt und die F.A.Z.: Das ist seit jeher eine besondere Beziehung. Diese Zeitung kann nur in dieser Stadt produziert werden, einer Stadt, die global ist wie keine andere im Land – und sich doch auch gerne mit sich selbst beschäftigt.

Oft sind es Journalisten, die eine Sache auf den Punkt bringen. Aber andere können das auch. Am 24. April 1992 berichtete Andreas Rossmann im Feuilleton der F.A.Z. über eine Historiker-Tagung in Gelsenkirchen, auf der Dieter Rebentisch, damals kommissarisch das Frankfurter Institut für Stadtgeschichte leitend, die Geschichte und Gegenwart der Metropole am Main in einem einzigen Satz zusammenfasste. „Die kleine Stadt und der große Markt" – so stellte er seinen Kollegen Frankfurt vor. Nach Fläche und Einwohnerzahl eher überschaubar, doch ein Ort, in dem die Weltwirtschaft zum Gesetz geworden sei.

Besser lässt es sich nicht sagen. Frankfurt: Einerseits die nach innen gewandte Stadt, in der man mit Hingabe über Anwohnerparkregelungen streiten kann, über die Frage, ob das Verlängern von Apfelwein mit Limonade zum Süßgespritzten nur ein Frevel oder doch der Untergang der Zivilisation ist, und darüber, ob die Nilgänse im Ostpark besser abgeschossen oder geschützt werden sollten. Und zu-

Rhein-Main

gleich: Frankfurt, die nach außen gewandte Metropole, begünstigt von ihrer Lage in der Mitte Deutschlands wie Europas, einer der wichtigsten Messeplätze auf dem Globus, einer der führenden Finanzplätze des Kontinents, mit einem der großen Flughäfen der Welt, einem der besten Opernhäuser weit und breit, der einzigen Hochhaus-Skyline des Landes, globalisiert wie keine zweite Stadt Deutschlands. Und trotzdem ein Ort, der nicht mithalten kann mit Weltstädten wie Paris, London und New York. Die kleine Stadt und der große Markt – seit dem Moment, als die Messe auf dem Römerberg vor acht Jahrhunderten ihren Anfang nahm und so Frankfurts Reichtum und Strahlkraft begründete.

Für eine Tageszeitung, die sich etwas auf ihre wirtschaftliche, politische und feuilletonistische Kompetenz zugute hält, ist Frankfurt in jener Doppelgesichtigkeit nicht der schlechteste Ort. Die Redaktion spiegelt dieses Bild der Stadt seit ihrem ersten Tag; eine Zeitung mit dem Ziel, überall gelesen zu werden – „eine Stimme Deutschlands in der Welt", wie es in der allerersten Ausgabe ohne jeden Anflug von Bescheidenheit hieß –, aber zugleich fest auf Frankfurter Gemarkung gegründet, weshalb in der Ausgabe vom 1. November 1949 nicht nur der programmatische Leitartikel „Zeitung für Deutschland" zu lesen war, sondern einige Seiten weiter, auf der ersten Seite des Lokalteils, auch eine Glosse mit der

Die einzige Stadt Deutschlands mit einer Skyline: Frankfurt mit dem neugebauten Henninger-Turm im Vordergrund im Jahr 2021.

Foto Frank Röth

nicht weniger richtungsweisenden Überschrift „Heimat Frankfurt".

Der erste Lokalchef Bernhard Gnegel hatte zum Auftakt eine Liebeserklärung an das im Krieg verlorene Stadtbild verfasst, er erinnerte sich an die Wallanlagen und die Türme, an die Altstadt, an die Freßgass'; frankfurterisch war für ihn gewesen, „im Sommer vor der Hauptwache zu sitzen, die Uhrenschläge der Katharinenkirche zu hören und auf ein junges Mädchen im hellen Kleid zu warten". Es war ein sentimentaler, fast trauriger Beitrag – „vieles ist versunken, manches geblieben, wenn auch beschlagen wie ein blinder Spiegel" –, aber er setzte einen Kontrapunkt und gab ein Versprechen. Die Redaktion an der Kaiserstraße, die damals vorübergehend nach Friedrich Ebert benannt war, würde bei allem hohen Anspruch die Bodenhaftung nicht verlieren.

LIBERALE POLITIK IN EINER LIBERALEN STADT

Tatsächlich ist die F.A.Z. in vielfacher Weise mit Frankfurt verbunden. Sie konnte als indirekte Nachfolgerin der 1943 von den Nationalsozialisten verbotenen „Frankfurter Zeitung" gar nicht anderswo entstehen als in dieser Stadt; auch wenn das neue Blatt einen abgewandelten Namen trägt, wird der alte täglich im Impressum aufgeführt und ist damit geschützt. So blieb den Gründern, als sie die F.A.Z. an dem schon erwähnten 1. November 1949 von der „Mainzer Allgemeinen" abtrennten, gar keine andere Wahl, als die neue Zeitung in der alten Kaiserstadt zu produzieren, weshalb man im Bahnhofsviertel eine Wohnung anmietete; erst nach und nach wurde der Betrieb vollständig vom Rhein an den Main verlegt.

Es fügte sich dann aber auf das Beste. In dem sich seit eh und je als liberal verstehenden Frankfurt wurden nach dem Krieg die Grundlagen für die liberale Wirtschaftspolitik gelegt, die ihrerseits zum Fundament des Wohlstands der Bundesrepublik werden sollte – kein besserer Ort war für eine Zeitung denkbar, die sich der Marktwirtschaft verpflichtet fühlte. Seit 1947 tagte in Frankfurt der Wirtschaftsrat, sozusagen das Parlament der Bizone, 1948 nahm in der Stadt die Bank deutscher Länder ihre Arbeit auf, aus der 1957 die Deutsche Bundesbank werden sollte; in den Kellern der einstigen Reichsbankfiliale an der Taunusanlage lagerten die Banknoten für die neue Währung, die am 20. Juni 1948 ausgegeben worden war. „Wirtschaftspolitik – von Frankfurt aus", so fasste Jürgen Jeske in der F.A.Z. vom 12. März 1994 zusammen, wie in der Stadt am Main auf einmal alles zueinanderpasste, das Wirken Ludwig Erhards, der als Direktor der Verwaltung für Wirtschaft der Bizone den Übergang von der streng regulierten Kriegswirtschaft zur Marktwirtschaft mit freier Preisbildung betrieb, die Etablierung der Deutschen Mark als neue, harte Währung, und eben die publizistische Begleitung dieses Kurses mit der Zeitungsgründung im Bahnhofsviertel.

„Wirtschaftspolitik braucht freilich wie jede Politik Unterstützung und Akzeptanz", schrieb Jeske in seinem Rückblick aus Anlass der großen Frankfurter Jubiläumsfeierlichkeiten 1994, man beging den 1200. Jahrestag der ältesten urkundlichen Erwähnung. Zugespitzt lasse sich sagen, so Jeske, dass die Gründung der Frankfurter Allgemeinen Zeitung einem Bedürfnis nach einer Stimme liberaler Wirtschaftspolitik entsprungen sei. „Der Genius Loci kam ihr dabei zustatten: die geographische Mittellage, die bürgerliche Ausrichtung und freiheitliche Tradition der Stadt, der Messeplatz als Verkörperung des Marktes und einer weltoffenen Konkurrenzwirtschaft; die Bedeutung Frankfurts als Banken- und Finanzplatz mit der Notenbank als Mittelpunkt." Im Ballungsraum Frankfurt sei der Strukturwandel hin zu Dienstleistungen schon weiter vorangekommen als etwa in Nordrhein-Westfalen, sei seltener der Ruf nach staatlichen Hilfen zu hören gewesen. Und „in Frankfurt wurden ideologische Gegensätze erfahrbar, hier wurde auch Anti-Kapitalismus-Kritik formuliert, und hier schlug am Ende mehr als anderswo das ‚Herz der Republik', oft verwirrend, aber den Sinn für Maßstäbe schärfend".

DIE LEBENSWELT DER REDAKTION

Frankfurt, eine Stadt der Gegensätze auch in diesem Sinne. Das Bild von den kalten, gläsernen Fassaden der Banktürme, zu deren Füßen sich das menschliche Elend ballt, ist arg strapaziert worden, aber die Lebenswelt der F.A.Z.-Redakteure ist, soweit sie in der Zentrale tätig sind, eben nicht die einer in sich ruhenden Klein- oder Mittelstadt, ihre Alltagserfahrungen machen sie in einer sich ständig wandelnden, spannungsgeladenen, umtriebigen Metropole mit international ausstrahlenden Ausstellungen und Aufführungen in den Städtischen Bühnen, global handelnden Konzernen und nicht zuletzt allen Erscheinungsformen urbanen Lebens in Laufentfernung.

Es haben sich auch immer wieder enge Verbindungen des Hauses zur Stadt ergeben, etwa durch Hans-Wolfgang Pfeifer, den langjährigen Geschäftsführer des Verlages, der in den neunziger Jahren dem Aufsichtsrat der Frankfurter Volksbank vorsaß, und Günther Rühle, der zunächst das Feuilleton der F.A.Z. leitete und 1984 Intendant des Schauspiels wurde; F.A.Z.-Herausgeber Jeske führte nach der Jahrtausendwende länger als ein Jahrzehnt die angesehene Frankfurter Gesellschaft für Handel, Industrie und Wissenschaft.

Die engste Verbindung der „Frankfurter" mit Frankfurt aber stellt die Arbeit des Lokal- oder, wie es längst heißt, Regionalressorts dar, auch wenn es schon lange nicht mehr nur auf die Stadt selbst blickt, sondern, den engen Pendlerverflechtungen folgend, auf den gesamten Ballungsraum und die hessische Landespolitik. Der Regionalteil, der seit 1988 den Titel „Rhein-Main-Zeitung" trägt, ist eine Zeitung in der Zeitung mit einem eigenen Wirtschafts- und Kulturressort; seit die Zeitung über das Internet verbreitet wird, ist es auch weniger bedeutsam, dass man im Jahr 1959 entschieden hatte, die Lokalseiten nicht mehr überregional auszuliefern.

Die Kollegen haben meist wohlwollend auf den Ballungsraum geblickt, sich über das Wachstum des Finanzplatzes und des Flughafens sowie über das Entstehen des Museumsufers in den Achtzigern gefreut, sie haben die experimentellen Wege der Oper aufgeschlossen begleitet, auch den Wandel Frankfurts von einer als unregierbar beschriebenen Stadt zu einer etwas spröden, aber lebenswerten Metropole akribisch beschrieben. Sie haben ihren Lesern geraten, in welchem Restaurant es zu essen lohnt und welche Ausstellung sie besuchen sollten.

Die kleine Stadt und der große Markt

In den fünfziger Jahren Sitz der F.A.Z.: Das Gebäude an der Nordseite des Rathenauplatzes in Frankfurt. Foto F.A.Z.

Und sie haben darauf geachtet, dass Frankfurt bei aller internationalen Bedeutung nicht abhebt; wer im digitalen Archiv der Zeitung nach Beiträgen sucht, in denen „Weltstadt" mit Bezug zu Frankfurt erwähnt wurde, findet zwar zahlreiche Treffer, aber in kaum einem Beitrag wird wirklich zugestanden, dass die Stadt dieses ultimative Prädikat verdiene; auch der Redakteur, der vom Hauptbahnhof zu seinem 75. Geburtstag in einem Beitrag am 13. Juli 1963 vom achten Weltwunder sprach, meinte das nicht ganz ernst, und als der Platz davor während der Bauarbeiten für die unterirdischen Strecken der Stadt- und der S-Bahn zu einer beeindruckenden Grube wurde, merkte der Lokalteil am 31. Dezember 1973 ernüchtert an, „der Bahnhofsplatz hat von seiner weltstädtischen Würde Abschied genommen".

Schön wäre es natürlich gewesen, hätte Frankfurt, wenn es denn schon keine Weltstadt sein sollte, wenigstens den Titel der Bundeshauptstadt tragen können. Tatsächlich begann das Verhältnis zwischen der Stadt und der Frankfurter Allgemeinen Zeitung aber mit einer gemeinsamen Niederlage. Denn am 3. November 1949, zwei Tage nach dem Erscheinen der ersten Ausgabe des neuen Blattes, war vom Bundestag entschieden worden, dass Bonn Regierungssitz bleiben würde; der Konkurrent Frankfurt ging leer aus. Vergeblich hatte es am Tag vor der Abstimmung in der F.A.Z. geheißen, „bis zur letzten Minute wird mit Mitteln für Bonn gefochten, die – wir müssen es aussprechen – mit Beschämung erfüllen". Mit neuen, schwer überprüfbaren Zahlen werde für die rheinische Stadt geworben, Zahlen, mit denen bewiesen werden solle, dass die Aufwendungen im Falle einer Entscheidung für Frankfurt höher seien. Doch kam es anders herum. „Letzten Endes traut sogar kein Gegner des Kanzlers diesem zu, dass er seine ganze große politische Konzeption durch eine überforcierte Behandlung des Bundessitz-Streites gefährden möchte", hieß es in der Zeitung.

Da hatte sich die Redaktion aber getäuscht. Gerade der Einsatz Konrad Adenauers für Bonn gab den Ausschlag, diesen Ort zur Bundeshauptstadt zu machen. „Wider die Vernunft", so war der Kommentar der F.A.Z. am Tag nach der Entscheidung überschrieben, und im Lokalteil wurde unter der Überschrift „Ein Vorteil bleibt doch", gallig angemerkt, nun hätten wenigstens die Anwohner etwas davon, dass die Straßen in der Umgebung der Pädagogischen Akademie in den vergangenen Tagen eilig ausgebessert worden seien; das Gebäude war für den Fall einer anderen Entscheidung als Sitz des Bundestages im Gespräch gewesen.

Als alles entschieden war, versuchte Oberbürgermeister Walter Kolb, das Beste daraus zu machen: „Es ist für Frankfurt keine Lebensfrage." Auch wenn nun die Entscheidung anders ausgefallen sei als erhofft, „wird Frankfurt diese Tatsache hinnehmen und trotzdem seinen so erfolgreich beschrittenen Weg des Wiederaufbaus weitergehen", zitierte ihn der Lokalteil am 4. November. „Frankfurt ist eine alte Handels- und Wirtschaftsstadt. Als solche hat sie in der ganzen Welt einen großen Namen. Wir werden nun noch stärker, als es bisher geschehen konnte, Frankfurt zum Wirtschaftszentrum auszugestalten versuchen." Die günstige Lage und der „hier vorhandene modernste Flughafen Europas, der ein Tor zur Welt darstellt, werden zur Erreichung dieses Zieles beitragen".

Damit war die Richtung vorgegeben. Es blieb beim großen Markt, nachdem aus der großen Politik nichts geworden war. Frankfurt profitierte insofern von der deutschen Teilung, als die Großbanken nach ihrer vorübergehenden Zerschlagung ihren Sitz hier nahmen, nicht im nunmehr von der DDR umzingelten Berliner Westen; den Aufschwung des Flughafens hatte die Stadt den amerikanischen Besatzungstruppen zu verdanken. Im Laufe der Jahrzehnte bildete sich das spezielle Frankfurter Geschäftsmodell heraus: Die florierenden Unternehmen finanzieren über reichlich fließende Gewerbesteuerzahlungen den Wohlstand der Stadt, namentlich eine hervorragend ausgebaute soziale Infrastruktur und ein Kulturangebot, das seinesgleichen sucht. Auch die Wiedervereinigung vermochte die Position Frankfurts im Kreis der deutschen Großstädte nicht zu erschüttern; zwar gingen Behörden wie der Bundesrechnungshof verloren, doch stärkte der Wegfall des Eisernen Vorhangs die Position Frankfurts als Logistikdrehscheibe in der Mitte Europas: Frankfurt erwies sich als eine Metropole für alle Jahreszeiten.

Die Krönung dieses stets an der Wirtschaft ausgerichteten Weges der Stadt am Main war die Entscheidung im Jahr 1993, Frankfurt zum Sitz der Europäischen Zentralbank zu machen, was nicht weniger bedeutete, als dass die Metropole zu einer der Hauptstädte Europas wurde. „Die Entscheidung für Frankfurt lässt sich gut vertreten", schrieb Gerald Braunberger am 30. Oktober 1993. „Die Stadt am Main ist durch den liberalen und weltoffenen Geist ihres Bürgertums geprägt. Zudem steht Frankfurt seit nunmehr 45 Jahren für Stabilität und Zuverlässigkeit in der Geld- und Währungspolitik, wie man sie in einem geeinten Europa haben will."

Doch auch wenn es im Jahr 2024 sogar gelungen ist, mit der Anti-Geldwäschebehörde eine weitere europäische Institution nach Frankfurt zu holen, wächst die Sorge, dass das bisher gut austarierte Verhältnis zwischen dem nach innen und dem nach außen gerichteten Blick ins Wanken gerät; zunehmend ist die Kommunalpolitik nur noch damit befasst, das Leben in Frankfurt zu optimieren, etwa durch allerlei verkehrspolitische Experimente; aus dem Blick geraten dabei schon mal die nach Hunderttausenden zählenden täglichen Einpendler, gerät aber womöglich auch, welche Anforderungen im 21. Jahrhundert an eine Metropole im internationalen Standortwettbewerb gestellt werden. Wie wird sich Frankfurt, die kleine Stadt mit dem großen Markt, in Zukunft aufstellen? Auch weiterhin bedarf es hellwacher Journalisten, diesen Weg zu begleiten. *Manfred Köhler*

WIE EIN ROTER FADEN

Frankfurt hat sich in vielfacher Weise mit den Verbrechen des Nationalsozialismus auseinandergesetzt. Die F.A.Z. hat dies stets aufmerksam begleitet.

Am 29. März 1950 erschien im Lokalteil der F.A.Z. ein Beitrag mit der Überschrift „Das ‚Protokoll von Wannsee' – Wie die ‚Endlösung der Judenfrage' gedacht war". In nüchternem Ton berichtete die Zeitung über ein Dokument, das am Tag zuvor während eines Prozesses vor dem Frankfurter Schwurgericht gegen den früheren Gestapo-Beamten Heinrich Baab verlesen worden war, der bei der Verfolgung und Deportation der Frankfurter Juden eine maßgebliche Rolle gespielt hatte. „Der Plan von Wannsee sah vor, Europa von seinen 11 Millionen jüdischen Bürgern zu ‚säubern'", heißt es in dem Bericht, der ausführlich die Hintergründe und die Beschlüsse der Konferenz am 20. Januar 1942 erläuterte.

Es war die erste Erwähnung dieses Schlüsseldokuments zum Verständnis der Verbrechen des Nationalsozialismus und einer der frühesten Artikel in der erst fünf Monate zuvor gegründeten Zeitung, der sich mit den Jahren von 1933 bis 1945 befasste. Unzählige sollten folgen, auch schon in den fünfziger Jahren, die allgemein als ein Jahrzehnt gelten, in denen über die Verbrechen der Nationalsozialisten geschwiegen wurde.

Der erwähnte Prozess in Frankfurt gegen den Gestapo-Beamten wurde von der Lokalredaktion mit 18 Artikeln begleitet, und es fiel den Autoren sichtlich schwer, ihre Erschütterung zu verbergen. „Vier Tage schon reiht sich im ‚Baab-Prozeß' vor dem Frankfurter Schwurgericht Zeugenaussage an Aussage", hieß es am 15. März 1950, „nur wenige Häftlinge sind dem Tode entronnen und können heute Zeugnis gegen die Henker ihrer Leidensgenossen ablegen ... Es klingt wie

Hohn, wenn der Angeklagte plötzlich sein Herz entdeckt und sagt, er sei tief bewegt und erschüttert von dem Schicksal der armen Menschen, an deren Tod er sich aber nicht mitschuldig fühle."

Baab wurde schließlich wegen Mordes in 55 Fällen sowie weiterer Verbrechen zu lebenslänglichem Zuchthaus verurteilt. „Wer nach einer Verhandlung wieder auf die Straße trat, hat geglaubt, einen Höllenspuk zu erleben", hieß es in einem abschließenden Bericht am 6. April im Politikressort. „Kein Tier kann so mörderisch und empfindungslos sein, wie es Baab gegenüber seinen Opfern gewesen ist." Und wohl zum ersten Mal wurde in der F.A.Z. die wichtigste aller Fragen mit Blick auf den Nationalsozialismus gestellt: „Wie ist eine solche Zeit, wie ist ein System möglich gewesen, das solchen Kreaturen die Gewalt über die Menschen gegeben hat?!"

AUSFÜHRLICHE BERICHTE ÜBER PROZESSE

Weitere Prozesse in Frankfurt schlossen sich an, wiederum mit ausführlicher Berichterstattung. „Das Lager Sobibor war eine Mordfabrik", lautete die Überschrift im Lokalteil am 24. August 1950 über einem Artikel zum Prozess gegen Wachpersonal dieses Vernichtungslagers. „Einer der brutalsten und gefürchtetsten Henker" – so wurde in der Überschrift über einen Prozess gegen einen SS-Mann des Lagers Treblinka ein Zeuge zitiert.

Die Zeitung spiegelte in ihren Berichten, dass die Auseinandersetzung mit dem Nationalsozialismus in Frankfurt immer umfassender wurde. Mit dem Tagebuch von Anne Frank beschäftigte sich zunächst am 10. Januar 1953 das Feuilleton in einem Überblick über amerikanische Bucherfolge; von einer „literarischen Überraschung" war knapp die Rede. Drei Jahre später aber wetteiferten die deutschen Theater, wer das Buch als erster auf die Bühne bringen würde. Die Aufführung in Düsseldorf würdigte das Feuilleton der F.A.Z. am 3. Oktober 1956 als „ein Theaterereignis für ganz Deutschland", es folgte nur einen Tag später die Premiere in Mainz, im Januar dann in Frankfurt. In der Rezension unter der Überschrift „Ergreifendes Mahnmal" am 21. Januar 1957 wurde erstmals der lokale Bezug hergestellt: „Anne Frank wurde in Frankfurt geboren. Das ist ein verpflichtender Umstand, dessen Bedeutung sich die Intendanz der Städtischen Bühnen offenbar bewusst war", war zu lesen. „Das Ensemble wuchs über sich selbst hinaus ... Als der Vorhang fiel, herrschte Schweigen und Ergriffenheit. Bis dann doch einige Unbelehrbare die Stille händerührend durchbrechen zu müssen glaubten. Bald hielten sie, erschrocken, inne. Dann ging man auseinander."

Es weist eher auf eine andere journalistische Herangehensweise an Themen als heutzutage hin als auf ein Verschweigen der Ereignisse vor 1945, dass die Lokalredaktion trotz der zunehmenden Popularität des Tagebuchs von Anne Frank keinen Anlass sah, ihr Leben in der Stadt bis zur Flucht der Familie nachzuzeichnen. Die örtlichen Bezüge schienen nur in einer kurzen Meldung am 23. März 1957 auf, in der es hieß, der Frankfurter Jugendring wolle am früheren Wohnhaus eine Gedenktafel anbringen, ohne dass allerdings die Adresse im Blatt genannt worden wäre.

Die Erinnerung in Frankfurt nahm dann jedoch noch weitaus größere Formen an. Am 12. Juni 1957, dem Tag, an dem Anne Frank 28 Jahre alt geworden wäre, wurde ihrer in der Paulskirche gedacht. „Eine Feier der Erinnerung und der Trauer", wie die Lokalredaktion tags darauf berichtete, „schon vor Beginn war der würdig geschmückte Raum überfüllt, man sah unter den zahlreichen Gästen viel Jugend." Zwei Jahre später, Anne Frank hätte nun ihren 30. Geburtstag feiern können, gab es mehrere Gedenkveranstaltungen, darunter eine im Großen Haus des Theaters. Kurz zuvor war Millie Perkins in Frankfurt zu Gast gewesen – die Hauptdarstellerin in der ersten Verfilmung des Tagebuchs hatte das Geburtshaus von Anne Frank sehen wollen. „Sie sieht aus wie ein schmächtiger Backfisch. Uebergroße, dunkle, auf melancholisch geschminkte Augen sind die Fermate in einem kreideweißen kleinen Gesichtchen mit blassen, unbemalten Lippen", hieß es im Lokalteil am 25. Mai. „Ueberfordert von der Rolle, die sie nun offensichtlich auch auf einer Weltreise weiter darstellen muß, sitzt die schmale, fast ätherisch wirkende Millie Perkins übermüdet am Rande des Empfanges, den man zwar für sie, im Grunde aber für eine Tote gibt."

Es lassen sich im Lokalteil noch weitaus mehr Berichte aus jenem Jahrzehnt finden, die sich mit den Verbrechen des Nationalsozialismus befassten – über einen Prozess, in dem es um die Rechtsnachfolge bei „arisierten" Betrieben ging 1955, über ein Treffen des Auschwitz-Komitees überlebender Häftlinge 1957 und über die Enthüllung eines Mahnmals der Jüdischen Gemeinde, mit dem der Opfer in Auschwitz gedacht wurde, zwei Jahre später. Bei einer Veranstaltung am 27. Februar 1958 zum 25. Jahrestag des Reichstagsbrandes war die Paulskirche überfüllt, wie die F.A.Z. am Tag danach meldete. „Gierig nach der Vergangenheit – Überall diskutiert die Jugend über den Nationalsozialismus", lautete am 30. April 1959 eine Überschrift. 1960 sahen 28.000 vornehmlich junge Besucher eine Ausstellung in der Paulskirche über die Verbrechen nach 1933.

Das nächste Jahrzehnt war längst angebrochen, als Frankfurt bei der Aufarbeitung der NS-Verbrechen in den Blick geraten sollte wie nie zuvor. Über den 1963 begonnenen Auschwitz-Prozess gegen 22 Bewacher in dem Konzentrationslager schrieb die F.A.Z. in den folgenden zwei Jahren in dichter Folge vor allem im Ressort Deutschland und die Welt. Der Lokalteil hatte zwar am 21. Dezember größer über den Prozessbeginn berichtet als der überregionale Teil der Zeitung, nahm sich dann aber zurück und flankierte die Berichterstattung weiter vorne im Blatt lediglich noch mit Artikeln etwa über die Betreuung der Zeugen und über eine Ausstellung mit Dokumenten über das Vernichtungslager im Herbst 1964 in der Paulskirche.

Die Berichterstattung über den zweiten Auschwitz-Prozess gegen drei weitere Angeklagte, der im Dezember 1965 begann, übernahm dann mit nicht geringerer Akribie das Lokalressort, das auch schon am 13. Juli 1963 in der Reihe „Frankfurter Gesichter" den hessischen Generalstaatsanwalt Fritz Bauer gewürdigt hatte, „seine offene, gelegentlich provozierende Art zu reden, geschliffen in der Form, human in den Zielen, fasziniert, vor allem Jugend", wie es dort hieß.

Es waren Jahre, in denen die Mehrzahl der Leser den Krieg noch erlebt hatte, in denen er auch noch im Stadtbild allgegenwärtig war, und man sieht manchen Artikeln an, wie sich die Autoren um Einordnung bemühten. Am 22. März 1964 jährten sich die schwersten Bombenangriffe auf Frankfurt zum 20. Mal, zugleich ging der erste Auschwitz-Prozess im Rathaus voran. „Im wiederaufgebauten Römer, im Angesicht des noch verwüsteten Domhügels, wird jetzt, zu diesem zwanzigsten Jahrestag, Gericht gehalten über jene Epoche", hieß es im Lokalteil am Tag zuvor. „Keiner kann sagen, wie lange es dauern wird, bis die vielen hunderttausend Toten hier Zeugnis abgelegt haben wider ihre Peiniger. So mag das Zusammentreffen von Jahrestag und Auschwitz-Prozess klarmachen, daß unsere Toten nur ein Bruchteil sind vom Tode jener Zeit. Vielleicht gelingt es uns auf diese Weise auch, den Untergang der Stadt nun als ein Geschichte gewordenes Faktum zu sehen. Wir wissen das Unglück Frankfurts im Unglück der Welt eingebettet."

Das war brillant formuliert, aber es ließ sich natürlich so lesen, als seien im „Dritten Reich" alle gleichermaßen Opfer gewesen. Jedenfalls war der Text darauf angelegt, aufgeregte Debatten einzuhegen. Das mochte nicht falsch sein, denn tatsächlich nahm in den sechziger Jahren die Schärfe in der Auseinandersetzung über die Jahre des Nationalsozialismus zu. Als 1964 Rolf Hochhuths Stück „Der Stellvertreter" in Frankfurt aufgeführt wurde, schickte die Polizei zwölf Beamte in den Zuschauerraum, um zu verhindern, dass es zu Zwischenfällen kommen würde, die dann aber ausblieben.

STREIT UM FASSBINDERS THEATERSTÜCK

Ganz anders ging es zwei Jahrzehnte später aus. 1985 wollte Günther Rühle, seit dem Jahr zuvor Intendant des städtischen Schauspiels, Rainer Werner Fassbinders Stück „Der Müll, die Stadt und der Tod" aufführen, in dem es als Figur eine mit der Bezeichnung „Der reiche Jude" gab, mit der offensichtlich der Frankfurter Immobilienkaufmann Ignatz Bubis gemeint war, später Vorsitzender des Zentralrats der Juden in Deutschland. Am Tag der geplanten Uraufführung, dem 31. Oktober 1985, demonstrierten Hunderte Frauen und Männer vor dem Theater, 26 Mitglieder der Jüdischen Gemeinde besetzten die Bühne und entfalteten ein Transparent mit der Aufschrift „Subventionierter Antisemitismus", sodass die Aufführung scheiterte.

„Freiheit der Kunst kontra Verantwortungsbewusstsein? Rühle ist ein Mann, der beides wohl auszuloten versteht", kommentierte Günter Mick am 26. Juli 1985 zurückhaltend, als die Diskussion anhob. Oberbürgermeister Walter Wallmann (CDU) zeigte sich enttäuscht von den Plänen des Intendanten, ließ ihm jedoch freie Hand. „Ich mißbillige die Aufführung", zitierte die Zeitung am 14. September das Stadtoberhaupt, als die Proteste schon gewaltig waren. „Aber wir haben aus der nationalsozialistischen Gewaltherrschaft auch eine andere bittere Lehre ziehen müssen: Zensur zerstört die Geistesfreiheit."

Joachim Fest schrieb zwei Tage vor der Premiere im Feuilleton, die Kontroverse zeige, „wie lang der Schatten ist, der noch immer auf das Verhältnis von Deutschen und Juden fällt"; über Rühle, der vor seinem Wechsel in städtische Dienste das Feuilleton der F.A.Z. geleitet hatte, meinte Fest wenig diplomatisch, „er offenbart sich in dieser Affäre nur als der

Typus des in Deutschland verbreiteten moral-rigoristischen Trampels, der ausschließlich für wahr hält, was verletzend ist und keinerlei Gefühl schont". Am 2. November kommentierte Erich Helmensdorfer im Regionalteil, „Theaterleute verwechseln Uneinsichtigkeit und Starrheit mit der Freiheit der Kunst ... Wer mit den Beteiligten persönlich bekannt ist, steht der Situation einigermaßen fassungslos gegenüber." Im Feuilleton hieß es, „das Fassbinder-Stück treibt mit Klischees, die tödlich waren, sein entsetzliches Dialog-Spiel. Es ungerührt, im Namen der Kunstfreiheit, auf einer deutschen Bühne aufführen zu wollen ... heißt: die Barbarei Fassbinders fortzusetzen." Das Stück wurde schließlich nur ein einziges Mal aufgeführt, als Generalprobe bezeichnet und ausschließlich vor Journalisten gegeben.

Freiheit der Kunst? 1985 wird die Aufführung eines Fassbinder-Stücks durch die Besetzung der Bühne vereitelt. Foto Barbara Klemm

Einblick

HEIMSTATT FREIHEITLICHEN GEISTES

Nicht oft hat die F.A.Z. in den vergangenen 75 Jahren ihren Standort gewechselt, und weit ist sie nie umgezogen. Seit 2022 ist das Medienhaus, das niemals schläft, im Frankfurter Europaviertel beheimatet.

Die Geschichte der F.A.Z. lässt sich als ein Streben nach Höherem beschreiben. Auf jeden Fall im Wortsinne. Der F.A.Z.-Tower, den Redaktion und Verlag im Dezember 2022 bezogen haben, ragt 18 Stockwerke in den Frankfurter Himmel. Im neuen Europaviertel zählt er zu den Landmarken. Die stahlgraue Fassade mit dem „F" in Frakturschrift – das Medienhaus ist nicht schwer zu finden.

Aber das war die F.A.Z. in Frankfurt nie. Ihre erste Adresse war die Friedrich-Ebert-Straße 65. So hieß 1949 die Kaiserstraße. Es war ein Gründerzeitgebäude, in dem für die Redaktion ein oder zwei Wohnungen gemietet worden waren. Nur für die Arbeitsstunden wohlgemerkt, nachts zogen die eigentlichen Mieter ein. Der spätere Herausgeber Jürgen Eick erinnerte sich einmal so: „Kein Mensch kann sich heute vorstellen, wie arm, wie armselig – und wie glücklich wir damals waren." Vorerst wurde die F.A.Z. an zwei Orten produziert, zum einen eben im Frankfurter Bahnhofsviertel, zum anderen noch an der Großen Bleiche in Mainz, handelte es sich bei dem Blatt doch um eine Ausgliederung von der „Mainzer Allgemeinen". Die erste Unterbringung war erkennbar nur ein Provisorium. Schon 1950 zog die F.A.Z. in das große, sechs Stockwerke hohe Gebäude mit der Adresse Börsenstraße 2–4 an der Kopfseite des

Rathenauplatzes in Frankfurt. „Die Zeitung war so kühn gewesen, gleich den ganzen zweiten Stock zu mieten", schrieb später Heinz Brestel, ein Redakteur der ersten Stunde. „Auf dem breiten Flur konnte man auf und ab gehen. Dabei wurden Leitartikel geboren, Gedanken über die Ressortgrenzen hinweg ausgetauscht."

Doch mit dem Wachsen der Redaktion stieß der Standort an seine Grenzen. 1962 verließ die F.A.Z. die Innenstadt, zog mit ihren nun 400 Mitarbeitern ins Gallusviertel um. An der Hellerhofstraße war ein wiederum höheres Gebäude mit zwölf Stockwerken entstanden, Zeichen für das wachsende Selbstbewusstsein und den Erfolg des Unternehmens.

Die Zahl der Beschäftigten wuchs weiter, schon Ende der sechziger Jahre waren es 750. Ebenfalls an der Hellerhofstraße wurde daher 1988 für die Redaktion ein ästhetisch wie funktional anspruchsvolles Eckhaus fertiggestellt. „Ein Haus, das niemals schläft", hieß ein schmales Buch zur Eröffnung, in dem die Rede des langjährigen Geschäftsführers Hans-Wolfgang Pfeifer zum Richtfest zwei Jahre zuvor abgedruckt war. Er hatte das Haus als „eine Heimstatt freiheitlichen Geistes, der Vernunft und der Humanität" bezeichnet. Hellerhofstraße 2–4 für den Verlag und Hellerhofstraße 9 für die Redaktion – das war nun jahrzehntelang die Heimat der F.A.Z.

Der neue F.A.Z.-Tower mit der Adresse Pariser Straße 1 ist 60 Meter hoch. Von ihrem Hochhaus sehen die Redakteure die Frankfurter Messe, die Banktürme und den Taunus, wo viele Leser wohnen. Und auch für diesen Bau gilt, was Hans-Wolfgang Pfeifer einst über das Redaktionsgebäude 1988 gesagt hatte: Es ist eine Heimstatt des freien Geistes – und ein Haus, das niemals schläft.

Manfred Köhler

Schon im Jahr darauf kam es zur nächsten ernsten Auseinandersetzung. Die Stadtwerke wollten auf dem brachliegenden Börneplatz an der Ostseite der Kurt-Schumacher-Straße ein Verwaltungs- und Kundenzentrum errichten, doch wurden beim Ausschachten bauliche Reste des einstigen jüdischen Ghettos dort entdeckt, etwa eines Ritualbades. 1987 eskalierte der Streit darüber, wie zu verfahren sei. Der Vorstand der Jüdischen Gemeinde verlangte, das Areal unbebaut zu lassen und eine Gedenkstätte zu schaffen. Oberbürgermeister Wolfram Brück (CDU) zeigte Verständnis für das Anliegen, hielt aber an dem Verwaltungsgebäude fest. Unterschriften für einen Baustopp wurden gesammelt, dem Aktionsbündnis „Rettet den Börneplatz" gehörten unter anderen Vertreter der Kirchen, der Jüdischen Gemeinde, des DGB sowie der Fraktionen von SPD und Grünen an. Die Baustelle wurde besetzt und geräumt. Die Lösung war schließlich, das Gebäude fertigzustellen, die baulichen Funde aber zu integrieren und hinter dem Gebäude eine Gedenkstätte an die jüdischen Opfer der Nationalsozialisten zu errichten. Die Regionalredaktion der F.A.Z. widmete der Diskussion eine Artikelserie, die auch als Sonderdruck erschien. „Wer die leidenschaftlichen Auseinandersetzungen verfolgt hat, wird Bitternis darüber empfinden, daß viel zu spät bedacht wurde, auf welch geschichtsbeladenem und -belasteten Boden ein Verwaltungszentrum der Stadtwerke entstehen soll", schrieb Günter Mick am 31. Dezember 1987 im Rückblick auf jenes Jahr. „Abgeschlossen ist hoffentlich nicht der Lernprozeß: Für alle, die mit unbedachten Äußerungen glaubten abwehren zu können, was sich an vehementem politischmoralischem Engagement aufgetürmt hatte, um das Zubetonieren deutscher Geschichte vom mittelalterlichen Judenghetto bis Auschwitz zu verhindern. Lernfähig sind hoffentlich auch alle Agitationslüsternen, die aus deutsch-jüdischer Erde Steine aufheben wollten, um damit vermeintliche Verdränger und Beschwichtiger zu bewerfen."

EINLADUNGEN AN VERTRIEBENE JUDEN

Auch wenn es nicht noch einmal zu derart schweren Auseinandersetzungen wie 1986 und 1987 kam, blieb die Befassung mit dem „Dritten Reich" ein Dauerthema in Frankfurt. Nachdem der CDU-geführte Magistrat in den achtziger Jahren begonnen hatte, einst vertriebene Juden zu Besuchen in die Heimat einzuladen, ehrte Rot-Grün nach 1989 Widerstandskämpfer mit der Johanna-Kirchner-Medaille und rief das Fritz-Bauer-Institut ins Leben, das sich mit der Erforschung der NS-Verbrechen befasst. Gedenkstätten und -tafeln erinnern an vielen Stellen der Stadt an die Verbrechen der Jahre nach 1933. 2016 wurde die Auschwitz-Überlebende Trude Simonsohn Ehrenbürgerin.

Die F.A.Z. hat dies stets aufmerksam begleitet. Die Erinnerung an das größte Verbrechen des 20. Jahrhunderts, die mit den ersten Beiträgen kurz nach der Gründung der Zeitung begann, zieht sich wie ein roter Faden durch die Ausgaben. So wird es, das lässt sich sicher vorhersagen, noch lange bleiben.

Manfred Köhler

FRANKFURT, EINE ERFOLGSGESCHICHTE

Politik wird in Bonn oder Berlin gemacht, doch die Wirtschaftsmetropole schlechthin ist Frankfurt: So hat sich die Stadt nach dem Krieg in der Bundesrepublik etabliert. Und so ist es dank des Finanzplatzes und des Flughafens geblieben.

Da staunte die Redaktion der F.A.Z. nicht schlecht: „Wird Frankfurt ein Welt-Finanzzentrum?", fragte die französische Tageszeitung „Le Monde" Ende der fünfziger Jahre und prophezeite: Frankfurt könne dereinst ein Finanzplatz ersten Ranges werden. Kurz zuvor hatte auch die „Neue Zürcher Zeitung" derlei vorhergesagt, wie der Lokalteil der F.A.Z. am 17. Januar 1959 berichtete und sein Aufmerken über diese Zuschreibung in etwas umständliche Worte fasste: „Wenn man die Lage und Bedeutung des Frankfurter Bankenplatzes heute nüchtern analysiert, so kann zunächst festgestellt werden, dass die Stadt zweifellos der bei weitem größte Bankenplatz der Bundesrepublik ist." Und der Artikel schloss mit der Prognose, „die weitere Entwicklung Frankfurts als Banken- und Finanzplatz ist mit dem Schicksal der D-Mark als Weltwährung verbunden".

Verfasser der zurückhaltenden Analyse, wie sich Frankfurts Banken und die Börse nach einem Jahrzehnt starken Wirtschaftswachstums im europäischen Gefüge präsentierten, war Heinz Brestel, einer der frühen Redakteure der F.A.Z., der diese Branche noch über Jahrzehnte beobachten sollte – auch ihren weiteren Aufschwung. Denn wenngleich Frankfurt ein Banken- und Börsenplatz mit großer Tradition war – die beachtliche Entwicklung nach dem Zweiten Weltkrieg zeichnete sich erst nach und nach ab. Sie war vor allem eine Folge der deutschen Teilung, mit der Berlin als Finanzplatz ausfiel. Grundlegend war die Entscheidung, die neugegründete Bank deutscher Länder 1948 am Main anzusiedeln, aus der 1957 die Deutsche Bundesbank wurde. Auch die Kreditanstalt für Wiederaufbau, ebenfalls 1948 ins Leben gerufen, nahm ihren Sitz in Frankfurt. Als sich die von den Alliierten zunächst zerschlagenen Großbanken 1957 wieder neu aufstellen durften, siedelten sich zwei von ihnen, die Deutsche und die Dresdner Bank, ebenfalls am Main an. Dass die Commerzbank immerhin bis 1990 ihren Sitz formal in Düsseldorf hatte und ihn erst dann nach Frankfurt verlegte, zeigte aber, dass es durchaus kein Selbstläufer war, wenn Frankfurt im Laufe der Jahre der Nachfolger Berlins als mit Abstand wichtigster Finanzplatz Deutschlands wurde.

Es lag auf der Hand, dass die F.A.Z. sowohl im Wirtschafts- wie auch im Lokalteil die Entwicklung der Banken nahezu vor ihrer Haustür mit größter Aufmerksamkeit verfolgte. Die Zurückhaltung gegenüber der Entwicklung, die sich noch in dem Artikel von 1959 spiegelte, war denn auch neun Jahre später verflogen. „Die Frankfurter Banken sind umworbene Institutionen, die man braucht, um bei den großen Geschäften ‚dabeizusein'", hieß es am 20. November 1968. „Horrende Preise werden für Beteiligungen an Frankfurter Banken geboten. Das Frankfurter Bankenviertel platzt aus den Nähten." Und der Autor lieferte auch die Erklärung dafür. Zum einen sei eben Berlin nicht mehr, wie bis 1945, der wichtigste Ort für die Branche, „der alte Bankenplatz Frankfurt musste erneut in die Bresche springen". Zum anderen sei die Deutsche Mark eine der härtesten Währungen der Welt.

SORGEN UM DIE FRANKFURTER BÖRSE

Für Frankfurt sprach auch die wachsende Bedeutung der traditionsreichen Börse, die sich mehr und mehr von den anderen Handelsplätzen in der Bundesrepublik absetzte und schließlich selbst zu einer börsennotierten Aktiengesellschaft wurde. Heikel wurde es, als Fusionen ins Gespräch kamen, zuletzt 2016 durch den damaligen Vorstandsvorsitzenden Carsten Kengeter mit London. Frankfurt drohte dabei in die zweite Reihe zu rutschen. „Solch eine Überrumpelung ist beispiellos", kommentierte die Rhein-Main-Redaktion am 27. Februar jenes Jahres, „ein in Frankfurt praktisch unbekannter Manager, der seit Juli die Deutsche Börse führt, beendet kurzerhand eine bis zum Jahr 1585 zurückreichende Tradition, indem er die Selbständigkeit Frankfurts für ein Linsengericht verspielt." Kengeter scheiterte, die 2010 in den Nachbarort Eschborn umgesiedelte Deutsche Börse blieb dem Finanzplatz in ihrer etablierten Form erhalten, wenn auch längst nicht mehr mit dem beeindruckenden Parketthandel von einst, dafür aber als modernes

Frankfurt, eine Erfolgsgeschichte

Softwarehaus mit weltweiter Vernetzung, das auch ohne Großfusion auf gutem Weg ist.

Die Banken kamen weniger ungerupft davon. Die Dresdner Bank ging in der Commerzbank auf, sie und die Deutsche Bank fielen tief. Nach der schweren Finanzkrise um 2008 wurden eher die genossenschaftliche DZ Bank und die öffentlich-rechtliche Landesbank Hessen-Thüringen zu Aushängeschildern des Finanzplatzes – natürlich neben der letzten verbliebenen Privatbank, dem Bankhaus Metzler, das 2024 auf eine 350 Jahre währende Geschichte zurückblicken kann.

Frankfurt war aber stets mehr als Banken und Börse. Die Wirtschaftsgeschichte der Stadt begann vor

Der Verkehrsknoten Frankfurt im Jahr 2024: Auf dem Weg von der Nordwestlandebahn zum Terminal fahren Flugzeuge über die Autobahn A3.

Foto Lucas Bäuml

nahezu 800 Jahren mit der Messe, heute eine der größten der Welt mit einem weitläufigen Gelände in zentraler Lage und neuerdings im Blickfeld der nahegelegenen Redaktion. Vor allem aber der gewaltige Aufschwung des Flughafens nach dem Krieg, der seinen Ursprung in der starken Nutzung durch die amerikanischen Streitkräfte hatte, trug zum Wachstum der Stadt bei. Der Flughafen gilt als größte Arbeitsstätte Deutschlands. Die notwendigen Erweiterungen, namentlich den Bau der Startbahn West in den achtziger Jahren wie auch den der 2011 eröffneten Nordwestlandebahn, hat die F.A.Z. aufgeschlossen begleitet, nicht ohne den Argumenten der Kritiker großen Raum zu geben. „Wie die Szenerie im Jahr 2000, für das Frankfurt sich jetzt gerüstet glaubt, aussehen wird, mag nach vielen falschen Voraussagen der Vergangenheit niemand ausmalen", schrieb etwa Jörg Kauffmann am 9. April 1984, drei Tage vor der Eröffnung der Startbahn West. „Doch auf jeden Fall irrt, wer die Dynamik und den Einfallsreichtum der Luftfahrtbranche unterschätzt." Eine zutreffende Prognose, schon zwei Jahrzehnte später wurde neuerlich heftig über eine Erweiterung der Kapazitäten diskutiert, und nach der Nordwestlandebahn wird gegenwärtig an einem dritten Terminal gebaut, dessen erster Abschnitt seiner Vollendung entgegengeht.

Gegenüber Finanzplatz, Flughafen und Messe treten die anderen Branchen Frankfurts zurück. Namentlich die Industrie hat mit dem Verlust der Degussa und der Metallgesellschaft wie auch dem Zerschlagen der Hoechst AG im Westen der Stadt an Glanz verloren, wiewohl sie nach wie vor Zehntausende beschäftigt. Vergeblich hat sich das Rhein-Main-Ressort wieder und wieder für neue Gewerbegebiete eingesetzt; statt dessen verlor Frankfurt in größerer Zahl Unternehmen ans Umland.

EINE STADT OHNE STRUKTURKRISE

Dass die wirtschaftliche Entwicklung Frankfurts seit dem Zweiten Weltkrieg dennoch alles in allem eine Erfolgsgeschichte ist, liegt vor allem an ihrer zentralen Lage; schon Brestel hatte in seiner Analyse 1959 geschrieben, „die vorzüglichen Verkehrsverbindungen werden die Aufnahme des Kontaktes nach Europa und Uebersee erleichtern". Die Arbeitsteilung, dass die politische Macht der Bundesrepublik von Bonn ausgehen würde, die wirtschaftliche ihre Heimat aber in Frankfurt habe, hatte sich über Jahrzehnte etabliert. Die Wiedervereinigung hat Frankfurt nicht geschwächt, die immer stärkere Einbindung der Bundesrepublik in Europa hat die Metropole durch die Ansiedlung der Europäischen Zentralbank gestärkt. Eine Strukturkrise wie das Ruhrgebiet oder die östlichen Bundesländer hat der Ballungsraum Frankfurt nicht durchleben müssen; ob ihm dies angesichts der Konsolidierung im Bankensektor einerseits und der wachsenden internationalen Konkurrenz zum Flughafen und den Einengungen des Flugverkehrs in Zeiten der Klimapolitik erspart bleibt, wird sich zeigen. Blickt man 2024 zurück auf die jüngsten 75 Jahre des viele Jahrhunderte alten Wirtschaftsstandorts Frankfurt, wird man von einer Erfolgsbilanz reden können, von der man in genügend anderen Städten nur träumen kann. *Manfred Köhler*

DIE DREIDIMENSIONALE STADT

Die einzige deutsche Stadt mit einer Skyline, aber auch mit übereinander im Untergrund fahrenden Zügen, mit moderner und rückwärtsblickender Architektur: In Frankfurt entsteht, was möglich ist.

Am Ende der fünfziger Jahre reichte es Benno Reifenberg. „Frankfurt ist kein Kreuzungspunkt, kein Verkehrskreisel, kein Ort zum Passieren, sondern eine Stätte des Wohnens, des Lebens, des Verharrens", hielt er am 28. November 1959 im Lokalteil der F.A.Z. fest. „Vielleicht muß der Verkehr diese Stätte plattwalzen, dann soll man aber nicht mehr von Frankfurt reden, sondern von der Stelle, wo die Stadt Frankfurt lag. Ein einziger großer Parkplatz und darüber nachts mit Scheinwerfern in den Himmel geschrieben: ‚Hier stand einst Frankfurt'".

Anlass für Reifenbergs wütenden Beitrag waren Überlegungen im Rathaus, entlang der Bockenheimer Landstraße im Westend die Kastanien für den zunehmenden Autoverkehr zu fällen. Ein Thema, das wenige Tage später sogar die in Frankfurt lebende Schriftstellerin Marie Luise Kaschnitz zu einem Leserbrief bewog: „Auf diesen Zauber im Alltag wollen wir nicht verzichten", schrieb sie über die Bäume und die Vorgärten entlang der Straße. „Auch der eiligste Büromensch, der verdrießlichste Autofahrer spürt ihn und braucht ihn, wenn er nicht selber so hart und trocken

Rhein-Main

Frankfurt geht in den Untergrund: U-Bahn-Bau unter dem Main 1978.   Foto Barbara Klemm

werden will wie Asphalt und Stein." Hätten Reifenberg und Kaschnitz geahnt, wie Frankfurt in den nächsten Jahrzehnten umgestaltet würde – sie hätten sicherlich noch deutlichere Worte gewählt. Die Metropole am Main ist seit dem Zweiten Weltkrieg nicht nur in ihrer Architektur, der Organisation ihres Verkehrs, überhaupt ihres gesamten Stadtbilds den jeweiligen Moden gefolgt, sondern sie hat sie wieder und wieder auf die Spitze getrieben. Frankfurt wurde zur Stadt der Extreme, was sich sinnfällig in ihren Hochhäusern zeigt, die sich zur einzigen Skyline des Landes formen, welche international mitzuhalten vermag. Doch Frankfurt setzte zu dieser Herrschaft der Moderne auch einen einzigartigen Kontrapunkt: mit dem Wiederaufbau eines Teils der im Zweiten Weltkrieg weitgehend zerstörten Altstadt in zwei Etappen mit der Ostzeile des Römerbergs zu Beginn der achtziger Jahre und dem dahinterliegenden Areal drei Jahrzehnte später. Auch das in gewisser Weise eine extreme Reaktion auf das Unbehagen an dem, was Architektur oftmals in jenen Jahrzehnten sonst hervorbrachte.

Im Straßenverkehr blieb Frankfurt zwar von den allergrößten Zumutungen verschont; solch eine brutale Achse wie die Nord-Süd-Fahrt in Köln oder das zur Autobahn verwandelte Flussufer in Saarbrücken sucht man hier vergebens. Dafür wurde der U-Bahn-Bau zum Experimentierfeld von Planern und Ingenieuren mit zweifelhaften Folgen wie einer oberirdischen Schienentrasse, die seit den sechziger Jahren auf der Eschersheimer Landstraße die Stadtviertel durchschneidet. Auch dass die Zukunft der Straßenbahn, eigentlich des urbanen Verkehrsmittels schlechthin, in den achtziger Jahren zum heftigsten Streit zwischen Parteien führte, dass Straßenbahnen mit einem Mal als „links", U-Bahnen aber als „konservativ" galten, durfte Frankfurt für sich allein beanspruchen. Währenddessen wurde der Flughafen, am Stadtrand gelegen und damit doch so zentral positioniert wie kaum ein anderer Airport von Rang auf dem Globus, zum größten des Landes und über Jahrzehnte zum Wachstumstreiber des Ballungsraums schlechthin. Und in Etappen wurde das Frankfurter Kreuz erweitert, um dem wachsenden Straßenverkehr an einem der wichtigsten Knotenpunkte der Bundesrepublik gerecht zu werden.

Die dreidimensionale Stadt

Mit den ständig über der Stadt einschwebenden Flugzeugen und den Hochhäusern einerseits sowie dem Schienenverkehr im Untergrund in mehreren Stockwerken andererseits, zu dem auch der S-Bahn-Tunnel zu zählen ist, der Frankfurt in den siebziger Jahren spektakuläre Baugruben bescherte, wurde Frankfurt regelrecht zu einer dreidimensionalen Stadt. Das galt spätestens, als die Investoren nach der Jahrtausendwende sogar das Wohnen in großer Höhe ermöglichten und sie die Gebäude mit Aussichtsplattformen und Gastronomiebetrieben in oberen Stockwerken auch für das Publikum öffneten.

GRENZEN UND CHANCE DES FORTSCHRITTS

Diese Dreidimensionalität, in der Fahrstühle unbedingt zu den zahlreichen Verkehrsmitteln am Ort noch hinzugezählt werden sollten, ist heutzutage Alltag; erst in jüngster Zeit werden mit Blick auf die Umweltbelastung Neubauten wegen des Materialeinsatzes hinterfragt. Die Skepsis am hohen Tempo des Wandels und an seiner Unerbittlichkeit blieb aber über alle Jahrzehnte bestehen, und auch in der Berichterstattung der F.A.Z. spiegelt sich beides: das Unwohlsein, dem Reifenberg mit starken Worten Ausdruck verlieh, aber auch die Begeisterung über die Chancen des Neuen. „Das künftige Frankfurt: Millionenstadt oder nicht?", fragte der Lokalteil schon am 5. Dezember 1949, gerade einen Monat nach Gründung der Zeitung. „Auch Frankfurt liebäugelt begreiflicherweise mit den Millionen, eine siebenstellige Einwohnerzahl ist ja schließlich ein faszinierendes Plakat für die Bedeutung und Kraft eines Gemeinwesens", schrieb Ernst Nebhut. „Man behauptet, wir lägen ganz einfach im Magnetfeld Amerikas und könnten den Hochhäusern nicht entgehen." Ein großer Beitrag am 15. Oktober 1954, in dem die Einkaufsstraße Zeil als neues „Geschäftszentrum weltstädtischer Art" bezeichnet wurde, spiegelt wie viele Beiträge jener Zeit den Fortschrittsoptimismus.

Erst in den sechziger Jahren häuften sich Artikel mit Überschriften wie „Wachsen die Hochhäuser in den Himmel?" (am 4. Dezember 1964) und „Hochhäuser und kein Ende?" (im Jahr darauf am 14. Mai). „Von allen Merkwürdigkeiten, die in Frankfurt stecken, sind die Bürosilos das seltsamste Phänomen", schrieb Erich Helmensdorfer noch 1976, in der Ausgabe vom 14. Juli. „Mit dem was ist, müssen und wollen die Frankfurter leben, aber auch nicht mit mehr."

In Wahrheit aber sollte der Hochhausboom erst danach richtig anheben. Höhepunkt im Wortsinne wurde der 1997 eröffnete Commerzbank-Turm, mit seinen 259 Metern nach wie vor die Krönung der Skyline. Da waren die Hochhäuser aber längst anerkannt, in der Stadt wie in der Redaktion. „Das Thema Hochhäuser polarisiert gegenwärtig nicht; die vor Jahren eingeleitete, damals teils heftig umkämpfte Entwicklung wird allseits akzeptiert", schrieb Jörg Kauffmann am 20. März 1999, und neun Jahre später, am 26. April 2008, formulierte Rainer Schulze geradezu ein Schlusswort zu der Jahrzehnte dauernden Debatte: „Die Hochhäuser sind, bei näherer Betrachtung, nicht nur Fixpunkte mit Fernwirkung, sondern oft architektonische Meisterwerke und identitätsstiftende Symbole. Einen guten Teil seiner Berühmtheit hat Frankfurt diesen Türmen zu verdanken."

Rhein-Main

Die Redaktion hatte hier erkennbar den gleichen Prozess durchlebt wie die Bevölkerung, die ebenfalls zunächst mit den Hochhäusern gefremdelt und sie dann in den neunziger Jahren bei den von der F.A.Z. gemeinsam mit dem Radiosender FFH organisierten „Wolkenkratzer-Festivals" gestürmt hatte.

DIE WIEDERKEHR DER ALTSTADT

Von vornherein eindeutig positioniert war die Regionalredaktion hingegen bei dem Projekt des Wiederaufbaus der Altstadt nach der Jahrtausendwende. „Die historischen Maße auf dem Areal zwischen Dom und Römer müssen wieder erkennbar, die Geschichte der Stadt muss in ihrem Kern wieder erfahrbar werden", schrieb Günter Mick am 12. Mai 2007 über die konkreter werdenden Pläne. „Die Mischung aus Neubauten und Rekonstruktionen auf historischem Grundriss zwischen Dom und Römerberg ergibt ein attraktives Bild", resümierte Matthias Alexander neun Jahre später, am 27. Oktober 2016, aus Anlass des Richtfestes der neuen Altstadt: „Glückliches Frankfurt."

Mögen sich auch die Debatten um die architektonische Gestalt der Stadt beruhigt haben, der Streit um den Verkehr ist geblieben, kein Wunder in einer Stadt, in die täglich Hunderttausende einpendeln. Wer sich heute echauffiert über falsch geparkte Autos und Fahrradfahrer, die Ampeln ignorieren, mag sich damit trösten, dass er zwar wahrscheinlich auf verlorenem Posten – aber in einer großen Tradition steht. Kein Geringerer als Theodor W. Adorno war es, der in der Ausgabe vom 18. Juli 1962 in einem Leserbrief den zunehmenden

Das Wolkenkratzerfestival im Jahr 2001: Ein Fallschirmspringer wählt den schnellsten Weg nach unten. Foto Helmut Fricke

Autoverkehr beklagte. „Die Senckenberganlage hat sich zu einer der verkehrsreichsten Ausfallstraßen entwickelt", schrieb der Philosoph, der sich sonst mit den ganz großen Fragen befasste. „In unwürdiger Weise muss man über die Straße rennen, um nicht im buchstäblichen Sinn unter die Räder zu kommen ... sollte ein Student oder ein Professor in jenem Zustand sich befinden, der ihm eigentlich angemessen ist, nämlich in Gedanken zu sein, so steht darauf unmittelbar die Drohung des Todes." *Manfred Köhler*

UNRUHIGE METROPOLE

Eine Hochburg des Protests und scharfe Kurswechsel im Rathaus: Frankfurt war und ist keine Stadt, die in sich ruht. Gemütlich geht es allenfalls in den Sachsenhäuser Apfelweinkneipen zu.

Niemals zuvor seit dem Zweiten Weltkrieg und niemals seitdem war Frankfurt so bei sich wie am 28. August 1981. Als an jenem Freitag das Operngebäude wiedereröffnet wurde, das fortan als Alte Oper firmieren sollte, fanden sich nicht nur die Mitglieder der Stadtgesellschaft ein mit Oberbürgermeister Walter Wallmann (CDU) an der Spitze, sondern auch viele Bürger, die vor dem neu erstrahlenden Bau etwas mitbekommen wollten von dem Festakt, zu dem auch Bundespräsident Karl Carstens gekommen war. Der Wiederaufbau des Gebäudes, das seit dem Krieg als Ruine die Innenstadt im Westen begrenzt hatte, war – wie schon der ursprüngliche Bau in den achtziger Jahren des 19. Jahrhunderts – eine gemeinschaftliche Leistung der Stadt wie der Bürgerschaft gewesen. Mehr noch: Die Neueröffnung war der erste, steingewordene Beleg für die Renaissance des bürgerlichen Frankfurts nach den unruhigen Jahren der Studentenbewegung, die mit der Wahl Wallmanns zum Oberbürgermeister 1977 begonnen hatte. Gemeinsam mit Hilmar Hoffmann, dem sozialdemokratischen Kulturdezernenten, sollte er in den achtziger Jahren mit dem Museumsufer noch weitaus Größeres schaffen. Doch die Rekonstruktion der Oper war der bauliche Auftakt zu einem in jeder Hinsicht neuen Frankfurt, und die F.A.Z. war des Lobes voll: „Die Alte Oper symbolisiert Gesundung. Sie tut dies auch in der für Frankfurt kennzeichnenden Vermischung von Moderne und Historie. Die Wirtschaftsmetropole mit kühnen Hochhäusern ist ebenso Frankfurt wie die Freie Reichsstadt der Königswahlen und Kaiserkrönungen mit Dom und Römer", schrieb Erich Helmensdorfer im Lokalteil.

LIBERAL UND GERISSEN ZUGLEICH

Und doch blieb das Bild nicht lange ungetrübt. Während es einerseits gelang, der nach den Zerstörungen des Krieges in aller Eile hochgezogenen Innenstadt mit Bauten wie der Ostzeile des Römerbergs und der Schirn nach und nach eine neue Form zu geben, eskalierte andererseits in den nächsten Jahren am Stadtrand der Konflikt um den Flughafenausbau; die schweren und andauernden Proteste gegen die in den Wald hineinragende Startbahn West endeten 1987, drei Jahre nach ihrer Eröffnung, mit Schüssen auf Polizisten, zwei Beamte starben. „Die tödlichen Schüsse an der Startbahn West haben in entsetzlicher Weise vor Augen geführt, wohin Fanatismus im politischen ‚Kampf führt", schrieb Günter Mick am 31. Dezember 1987. „Sie haben aber auch, wie die eindrucksvolle Totenfeier im Dom zeigte, eine allseitige Fähigkeit zu demokratischem Zusammenstehen unter Beweis gestellt."

Neue Repräsentationsbauten als Zeichen bürgerlichen Selbstbewusstseins und die gleichzeitigen Proteste gegen einen als unbarmherzig empfundenen Fortschritt stehen exemplarisch für die beiden Entwicklungsstränge, entlang derer sich das Leben und die Diskurse in der Stadt seit dem Zweiten Weltkrieg sortieren lassen. Das Frankfurter Bürgertum ist schwer zu fassen. Es finden sich wenige alteingesessene Familien wie die Metzlers, deren Bankhaus schon 350 Jahre existiert. Die großen Arbeitgeber sind keine Familienunternehmen, sondern Aktiengesellschaften mit häufig wechselndem Führungspersonal. Viele Vermögende wohnen im Umland. Prägender ist seit Jahrzehnten das im weitesten Sinne linke Milieu, das seine Heimat im Nordend gefunden hat, das eng mit der Goethe-Universität verbunden ist und in seinen großen Jahren im Institut für Sozialforschung, der „Frankfurter Schule", seine Vordenker fand.

Frankfurt, liberal und zerrissen zugleich. Erst im ausdifferenzierten Kulturleben treffen die Milieus aufeinander. Als Marcel Reich-Ranicki beim Neujahrsempfang der Stadt im Jahr 1997 eine Wutrede gegen das moderne Regietheater hielt, mochte er für viele im Saal gesprochen haben. Aber Frankfurt sah sich ja lange Zeit gerade umgekehrt als ein Labor Deutschlands, hier wurden die gesellschaftlichen Konflikte besonders heftig ausgetragen, die die Studentenbewegung um 1968 auf die Tagesordnung gesetzt hatte, im Westend wurde in den siebziger Jahren mit Hausbesetzungen und Straßenkämpfen um die Frage gerungen, wie mit traditionellen Stadtvierteln und dem Bedürfnis nach günstigem Wohnraum umzugehen sei, wenn der Bedarf nach Büroflächen wächst, hier wurde unter der undogmatischen Oberbürgermeisterin Petra Roth (CDU) eine neue Drogenpolitik ausprobiert, hier wurden Konflikte zugespitzt wie der um die Aufführung von Fassbinders „Der Müll, die Stadt und der Tod" 1985.

Unruhige Metropole

Im Kaiserreich gebaut, 1981 wieder aufgebaut: Die Alte Oper in aller Pracht im Jahr 2024. Foto Lucas Bäuml

Es ist nur selbstverständlich, dass sich das Frankfurter Klima in der Kommunalpolitik spiegelte. Nachdem die Stadt über Jahrzehnte gemeinsam von SPD und CDU regiert worden war, führten die Politisierung der Studentenschaft und die neuen gesellschaftlichen Konflikte 1972 zu einer Aufkündigung dieses Modells durch die zunehmend nach links ausgerichteten Sozialdemokraten. Die folgenden Jahre mit andauernden Demonstrationen waren die turbulentesten seit Langem, „zeitweise schien es so, als beherrsche der Mob die Stadt", resümierte Günter Mick am 29. Dezember 1979 in einem Rückblick auf das Jahrzehnt, ohne dass er die Probleme übersah, die „kurzsichtige Planungspolitik", die Verdrängung der alteingesessenen Bevölkerung im Westend. Die absolute Mehrheit der CDU bei der Kommunalwahl 1977 war die Reaktion auf diese Jahre, die SPD hatte sich 1972 „das Grab geschaufelt, in das sie fünf Jahre später fiel", wie

Rhein-Main

Über alle Zeiten hinweg beliebt: Apfelweinlokal in Frankfurt-Sachsenhausen im Jahr 1966.   Foto Lutz Kleinhans

Mick schrieb: „Zweifel an der ‚Regierbarkeit' der Stadt wurden angemeldet, der Job des Frankfurter Oberbürgermeisters galt als mörderisch."

Der neue Oberbürgermeister Wallmann war mit seinem Konservatismus, der sich dem Neuen aber keineswegs verweigerte, aus Sicht der Lokalredaktion nahezu eine Idealbesetzung. Mick fasste den Wandel seit 1977 drei Jahre später prägnant zusammen, als er schrieb, „die Stadt ist, das zeigten die letzten Jahre, ‚regierbar'. Ein gewachsenes Bürgerbewußtsein, gepaart mit, im Wortsinn, konservativen, historisch-traditionellen Bemühungen scheint die Sturm- und Drangphase abgelöst zu haben." Und Erich Helmensdorfer fasste die Entwicklung am Silvestertag 1984 so zusammen: „Frankfurt am Main ist wieder wer."

DER ZWEITE KURSWECHSEL NACH 1977

Nachdem Wallmann 1986 in der Folge des Reaktorunfalls in Tschernobyl von Bundeskanzler Helmut Kohl (CDU) zum ersten Bundesumweltminister ernannt worden war und sein Nachfolger im Römer, Wolfram Brück, eher glanzlos agierte, übernahmen mit der Kommunalwahl 1989 in einem zweiten scharfen Kurswechsel nach 1977 mit der SPD und den Grünen dezidiert linke Parteien im Römer die Macht. Das rot-grüne Bündnis entsprach dem Selbstverständnis Frankfurts als Labor, damals war eine derartige Zusammenarbeit noch nicht oft erprobt worden.

Die Lokalredaktion blickte äußerst skeptisch auf die neue Konstellation zunächst unter dem Oberbürgermeister Volker Hauff und dann Andreas von Schoeler (beide SPD), die schon nach sechs Jahren 1995 zerbrechen sollte. Unter den Stadtoberhäuptern Petra Roth (CDU), Peter Feldmann und Mike Josef (beide SPD) fanden sich dann in der Stadtverordnetenversammlung wechselnde Bündnisse, die sich allesamt schwer taten, den beachtlichen Herausforderungen der wachsenden Stadt gerecht zu werden, wobei durchaus einzelne große Erfolge wie die Ansiedlung der Europäischen Zentralbank und der Wiederaufbau der Altstadt zu feiern waren.

Unruhige Metropole

Will man die Haltung der Rhein-Main-Redaktion in all diesen Jahren in einem einzigen Satz zusammenfassen, wird man wohl sagen, dass sie in ihren Kommentaren die Politiker zu mehr Entschlossenheit und Tatkraft ermahnte, ohne die Schwierigkeiten zu verkennen, dass in der dichten Abfolge von Krisen die Kommunalpolitik bisweilen regelrecht überfordert war. Klare Ansagen gab und gibt es stets, wenn der Haushalt aus den Fugen zu geraten oder Unternehmen die Stadt zu verlassen drohten oder das Kulturangebot gekürzt werden sollte.

Die Tonlage in Frankfurt war und ist stets ein bisschen zu laut, nicht selten nimmt sich die Stadtverordnetenversammlung zu wichtig – und doch wirken all diese Diskussionen nur bis zu einem gewissen Grad in die Bevölkerung hinein. Die gesellschaftlichen Kreise sind nicht hart voneinander abgegrenzt, aber es gibt ein Frankfurt, das fern ist von den aufgeregten Debatten und Demonstrationen. Unpolitisch ist es nicht, denn gerade dort, in den Stadtteilen, entscheidet sich etwa, wie das Zusammenleben mit den nach Zehntausenden zählenden Migranten funktioniert, denen Frankfurt seit den sechziger Jahren zur Heimat oder wenigstens zu einer längeren Zwischenstation in ihrer Biographie geworden ist, dort findet sich ein reges Vereinsleben, echte Begeisterung für die bemerkenswerte Erfolgsgeschichte der Eintracht und tatsächlich auch noch die Apfelweinseligkeit, die man als Auswärtiger mit Frankfurt fast so verbindet wie die Hochhäuser, und die sich bei allen Moden der Gastronomie erhalten hat.

Die Rhein-Main-Redaktion hat stets auch dorthin geblickt, in die Apfelweinkneipen in Sachsenhausen und zu den Kelterern, und für eine Schlagzeile wie „Stöffche wird erheblich teurer" war immer Platz. Denn erst beim Apfelwein ist der Frankfurter, Labor hin, Experimente her, ganz bei sich, 1949 nicht weniger als 2024, und auch fähig, solch immerwährende Wahrheiten zu formulieren, wie sie der legendäre Polizeireporter Franz Horeni am 18. September 1995 in der Zeitung wiedergab: „Doch so'n gude Ebbelwei schmeckt auch ohne Dorscht." *Manfred Köhler*

Der Oberbürgermeister als Handwerker: Walter Wallmann 1982 beim Richtfest für die Ostzeile des Römerbergs. Foto Lutz Kleinhans

Einblick

VON SCHIFF 19 AUF DIE EINS

Wer oder was ist ein Schweizerdegen? Eine Art Sense für Alpenwiesen? Die Waffe der Schweizer Garde im Vatikan? Richtig ist: jemand, der Schriftsetzer und Drucker gelernt hat. Oder vielmehr hatte, denn viele Berufe der Zeitungsgeschichte sind passé.

Zeitungmachen war bis in die achtziger Jahre des 20. Jahrhunderts wie Landwirtschaft vor der Erfindung des Mähdreschers: zeitraubend, personalintensiv und bisweilen ungesund – aber wer die Zeit erlebt hat, denkt gerne daran. Heute erledigen Journalisten die Arbeit von ehemals mehreren, sie sind Autoren, Setzer und Metteure in einer Person, denn sie schreiben nicht nur, sondern gestalten ihre Artikel am Bildschirm auch gleich; sie setzen und „umbrechen" sie, wie man früher sagte: dreispaltig mit Vorspann, Überschrift halbfett mit zwei Unterzeilen? Voilà, das geht per Mausklick und ist ebenso schnell geändert.

In der Vor-Computer-Zeit waren daran mehrere Gewerke beteiligt. Redakteure tippten oder, je nach Temperament, hämmerten ihre Artikel in die Schreibmaschine. Nachdem der Gegenleser das Manuskript handschriftlich redigiert, ergänzt oder gekürzt hatte, gelangte es in die Setzerei. Hier tat der Maschinensetzer etwas, was widersinnig klingt, aber anders nicht ging: Um eine Druckform zu erzeugen, schrieb er den Text noch einmal ab, und jeder Buchstabe, den er anschlug, löste aus einem Magazin eine metallene Gussform, eine sogenannte Matrize. Die so entstandenen Zeilen wurden mit flüssigem Metall, hauptsächlich Blei, ausgegossen. Gesund war das nicht.

Die in Blei gesetzten Artikel wurden in der Mettage auf metallenen „Schiffen" abgelegt, desgleichen die Klischees der Fotos und der Anzeigen. Nun trat der Umbruchredakteur auf den Plan und komponierte aus Einzelartikeln Zeitungsseiten: „Den Gennrich von Schiff 19 bitte dreispaltig auf die Eins, darunter ebenfalls

dreispaltig den Kannengießer." (Älteren sagen diese Autorennamen sicher noch etwas.) Daraufhin nahmen Metteure Artikel für Artikel und setzten sie von Hand an die gewünschten Positionen. Wenn alles saß und passte, rief der Oberfaktor „Prägen!", auf die Bleiseite wurde ein weicher Karton gepresst und diese biegsame „Mater" wurde wiederum mit Blei zur Druckform für die Hochdruck-Rotation ausgegossen.

In den achtziger Jahren traten an die Stelle von Bleisatz und Hochdruck zunehmend Fotosatz und Offsetdruck. Setzmaschinen und Maschinensetzer brauchte es dafür nicht mehr, denn nun gaben spezielle Laserdrucker Einzelartikel auf Fotopapier aus, die umgeschulte Metteure an Leuchttischen zu Zeitungsseiten zusammenklebten. Nur: Ein gelernter Setzer oder Metteur, der Papierfahnen leimt, ist wie ein ehedem stolzer Hochseematrose in einer Badewanne. Immerhin lebte am Leuchttisch eine Weile noch eine Tradition fort, nämlich die persönliche Begegnung zwischen Redakteuren und Metteuren, diesen oft belesenen und politisch interessierten Facharbeitern im besten Wortsinn. Tempi passati. Der Ganzseitenumbruch am Bildschirm ließ schließlich einen jahrhundertealten stolzen Berufszweig Geschichte werden.

Und das Drucken? Ende 2024 stellt die Frankfurter Societäts-Druckerei den Betrieb ein. Seit 1962 war hier auch die F.A.Z. produziert worden, künftig läuft sie von Rotationsmaschinen in Kassel. Gut möglich also, dass dem „Schweizerdegen" jene Begriffsgeschichte bevorsteht, die die Wörter „Telefonzelle" und „Sendeschluss" schon hinter sich haben.

Werner D'Inka

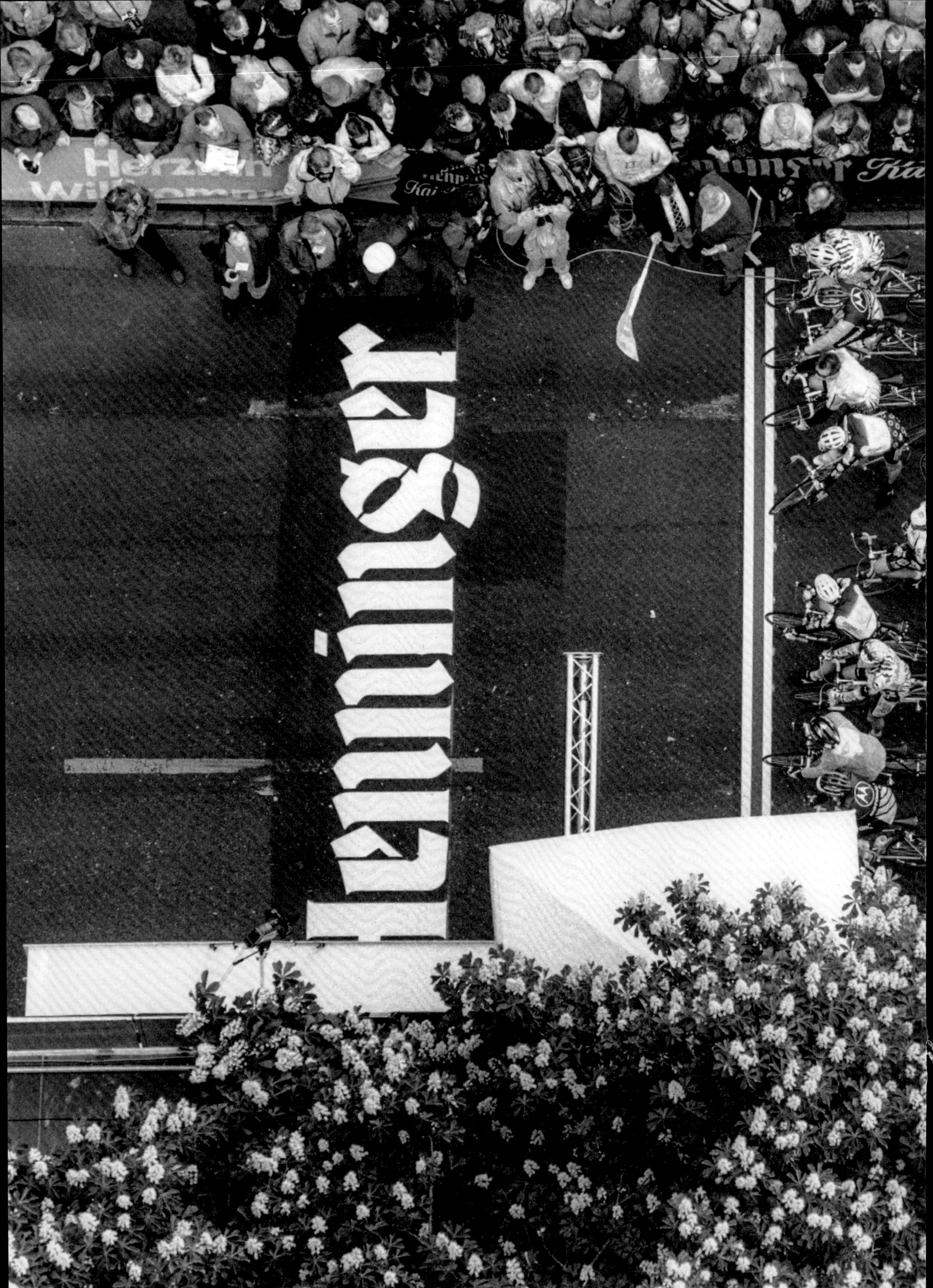

Besonderer Blickwinkel: Auch beim Radsport, hier der Start zum Rennen „Rund um den Henninger Turm" in Frankfurt, vermeidet die Redaktion die Froschperspektive. Foto Helmut Fricke

„FREIHEIT IM KOPF" BEWEGT DIE GLIEDER

75 Jahre F.A.Z. – 75 Jahre Sportredaktion? Ganz so war es nicht. Aber eine Rolle sollte der „Sport" von Anfang an spielen. Er hat sie peu à peu angenommen, manchmal gegen Widerstände, die er oft genug mit Hilfe seiner Herausgeber überwand. Entstanden ist über die Jahrzehnte ein Sportteil nun auf allen Kanälen, der nicht nur zu Olympischen Spielen und Fußballweltmeisterschaften auf der Höhe ist, sondern unabhängig und ständig über Faszinierendes wie Abgründiges berichtet.

„Die F.A.Z.", schrieb die Süddeutsche Zeitung Mitte der siebziger Jahre, „liest der Snob wegen des Sportteils." Zumindest war das ein Kompliment für das Ressort. Mitunter verrieten altgediente Politikredakteure der F.A.Z. mehr oder weniger hinter vorgehaltener Hand ihre Neigung, die Zeitung nicht immer von vorne zu lesen. Mit dem Sportteil anzufangen. Thomas de Maizière gefiel die Frage, als er, Bundesinnenminister, von seiner Leidenschaft erzählte, die Bundesliga „nachzublättern". Als Heranwachsender kniete er auf dem Wohnzimmerboden, um sie nach Lektüre ungeknickt zurückzufalten, wie ungelesen aussehen zu lassen. Der Vater war General. Der Sohn, einst als Minister für den Spitzensport in Deutschland zuständig, ist ein Sportfan, erinnert sich an Mannschaftsaufstellungen der siebziger Jahre, weiß, wer, wann, wo Olympiasieger wurde in seiner Amtszeit. Sport und

Politik lassen sich verbinden. Man findet die Kombination im Wirtschaftsteil.

Das ist doch naheliegend. Heute mehr denn je. Die halbe Welt klagt über die Kommerzialisierung, den Werteverfall auf dem Feld der Ehre, zuletzt, weil die Saudis dem europäischen Modell folgen: mit viel Geld Vereine, Trainer, Spieler des Fußballs in aller Welt zu kaufen. Kein Tag vergeht, an dem nicht das Geschäft des Sports oder das Geschäft mit dem Sport beschrieben, bewundert, verdammt wird. Gehälter oder Antrittsgelder erreichen aberwitzige Höhen nicht allein im Fußball, im Basketball der nordamerikanischen Profiliga NBA, im Golf, in der Formel 1. Der Handel mit Vermarktungsrechten an Europa- und Weltmeisterschaften, an Olympischen Spielen, der Sportartikelmarkt sind Teil des Big Business. Ob Jürgen Eick das alles vorausgesehen hat Anfang der sechziger Jahre? Der erste Leiter der Wirtschaftsredaktion (Herausgeber von 1963 bis 1986) erkannte in der Sportberichterstattung einen Faktor für die Erweiterung der Leserschaft (Maximilian Kutzner, „Marktwirtschaft schreiben"). Im Sportteil sah Eick das „Feuilleton der Unternehmer". Unbedingt ein lesenswerter Zusatz. Zumal Eick bei einem Stadionbesuch, offenbar überrascht, „Intendanten des Theaters, Anwälten, Bankiers, Fahrern der F.A.Z.", begegnete. Der Fußball vereinte die Nation, der Sportteil bildete die großen Siege und bittern Niederlagen ab, schilderte das „Wunder von Bern" 1954, das „Wir-sind-wieder-wer"-Gefühl. Eine Genugtuung, vielleicht auch ein nebenwirkungsfreies Aufputschmittel am frühen Morgen vor dem Arbeitstag etwa eines Innenministers: erstmal die „wichtigste Nebensache der Welt". Und dann vorblättern in die Wirtschaft, ins Feuilleton, in die Politik, in den Ernst des Lebens.

Heute findet man den Sport überall. Nicht nur täglich hinter dem Finanzmarkt. Nicht nur in der Sonntagszeitung als Aufmacher eines Buches, in der Rhein-Main-Zeitung vor dem Feuilleton, auf der Homepage FAZ.NET als Ressort in der Dachleiste. Sportaspekte bestimmen Leitartikel in der Politik, Aufmacher der Sonntagszeitung, im Wirtschaftsteil, Betrachtungen im Feuilleton, die Texte rücken mitunter auf die Position eins im Paternoster von FAZ.NET. Leserinnen und Lesern scheint es zu gefallen. Auf den Sportseiten geht es nicht mehr allein um Titel, Tore, Meisterschaften, um Sensationen und Skandale, Korruption und Manipulation, sondern auch um die konkrete, messbare Wirkung auf die Menschen. Seit Herbst 2022 rückt ein Artikel immer wieder in den Fokus der Leser, der sie animiert, Abonnements abzuschließen. Er beschreibt das sinnvolle Muskeltraining. Sport ist dank seiner Vielseitigkeit, seiner Vorteile für Leib und Seele nicht nur mit Blick auf das gleichnamige Ressort in der Sonntagszeitung im Leben angekommen.

Ist das nicht interessant? Anfangs war der Sport heimatlos in der F.A.Z., stand mal hier mal dort, mal halbmal einseitig, nicht täglich im Blatt. Am 11. Juni 1954 findet man ihn dort, wo es um Leben und Tod geht. „Deutschland und die Welt" (DuW) bietet rechts unten in der Ecke 86 Zeilen. Etwa 600 gehen auf eine Seite damals – so ohne Fotos. Zu sechs (!) Sportarten lässt der damalige Chef von DuW berichten. Er ist gleichzeitig der Stadtblatt-Macher. Ein scharfzüngiger Journalist, wie es in seinem Nachruf 1958 heißt. Bernhard Gnegel sei „unbequem gewesen", „genial". Ach ja, „das musste", schrieb der Autor im Nachruf, noch hinzugefügt werden nach Gnegels frühem Abschied von der Welt: „Er war ein Kneipenkönig". Offensichtlich vielseitig. Die Berichterstattung aus der Schweiz vom „Wunder von Bern" beginnt mit seinen Initialen B.G. Am 5. Juli 1954 ist vom Wunder in der F.A.Z. noch nicht die Rede. Verwunderlich ist der Umfang: ein Dreispalter vom 3:2-Sieg der deutschen Nationalmannschaft über die Ungarn im WM-Finale. Ein Zweispalter berichtet von den Glückwünschen des Bundespräsidenten. Auf gleicher Höhe schreibt ein Kollege über den Triumph von Mercedes beim Formel-1-Rennen in Reims. Erster Auftritt nach dem Krieg, gleich ein Doppelerfolg. Das einzige Bild auf der Seite zeigt nicht den Helden-Spielführer Fritz Walter, sondern einen Mercedes-Boliden. Man muss es halbwegs erraten, eine Bildzeile gibt es nicht. Aber dafür in dieser Montagsausgabe nach diesem goldenen Sonntag einen direkten Hinweis auf die Arbeit der Sportjournalisten: Sie waren sehr schnell so ohne Smartphone, Laptop, Echtzeitverbindung ins Redaktionssystem. Bilderauswahl und Transport auf die Seiten, ob nun für den Druck oder digital: heute in Sekunden erledigt. Damals? Unvorstellbar. Gnegels Bericht, vermutlich telefonisch aufgenommen, redigiert und gesetzt von den Bleisetzern, erscheint fehlerlos. Trotz des Spielendes erst gegen 18:40 Uhr. Chapeau.

Dass Eick als Herausgeber des Wirtschaftsteils einen „Kriegsfuß" in der Redaktion entdeckte, als er das Verhältnis der Autoren zur Sprache prüfte, ließ sich bei Gnegel nicht erkennen. Allenfalls Rhetorik-Reste der Wehrmachts-Wochenschau, verbunden mit dem wie selbstverständlich hingenommenen Einstimmen von 25.000 Fans in „das Deutschlandlied". Man sang die erste Strophe, „Deutschland, Deutschland über…" Über „unsere" Nationalmannschaft ging die Besitzanzeige in Gnegels Text nicht hinaus. Ein halbes Jahrhundert später schloss die „Bild"-Zeitung von anderen auf sich und die Deutschen in unser aller Namen. Erst sind „wir Papst" (2005), dann sind „wir (Fußball-)Weltmeister" (2014). Hurra.

DER BLICK IN DIE TIEFE HAT AN BEDEUTUNG GEWONNEN

Vier Dinge bestimmen über die Jahrzehnte mit bislang vier Ressortleitern nach Gnegel (Karlheinz Vogel, Steffen Haffner, Jörg Hahn, der Autor) die Arbeit der Redaktion. Das Tempo, die Vielseitigkeit, eine gewisse Distanz zu Personen und Institutionen und die rote Linie: vor allem hinter das Ergebnis zu schauen. Der Blick in die Tiefe hat noch an Bedeutung gewonnen, seit die Digital-Reform der gedruckten Zeitung einen Teil ihrer Aktualität genommen hat, obwohl Wesentliches weiterhin teils in Windeseile zum Druckschluss produziert wird. Ergebnisse, nackte Spiel- oder Turnierberichte ohne größere Einordnung stehen Minuten nach Ende des Wettbewerbs auf FAZ.NET. Im besten Fall auch im E-Paper. Über einen QR-Code sind ständig aktualisierte Daten abrufbar. In der Papier-Zeitung müssen die über Nacht veralteten Zahlen nicht mehr stehen. Stattdessen Hintergrundstücke, eine aufschlussreiche Recherchearbeit, ein aufklärendes Interview, ein durchdachter, kluger Kommentar. Wer zurückblättert, findet das alles. Nichts Neues.

Sport

Also nichts, was zu erfinden wäre, was zum Umdenken nötigt. „Gehobener Sport; Portraits", das wünschte sich Gründungsherausgeber Erich Welter im Juli 1949. Die Sportredaktion ist so aufgewachsen, groß geworden. Im doppelten Sinne. Sie setzt auf die Geschichte hinter der Nachricht, lässt sich grundsätzlich nicht vom Wunschdenken deutscher und internationaler Sportfunktionäre, von Politikern und Wirtschaftsführern blenden, Sport und Politik des lieben Friedens willen oder zum Wohle des Geschäfts dort zu trennen, wo sich eine Überschneidung entdecken ließe. Sport war und ist nie unpolitisch, wenn es um Welt- und Europameisterschaften geht, um die Vergabe Olympischer Spiele. Das behauptet inzwischen auch das Internationale Olympische Komitee (IOC) nicht mehr, trägt aber seine Neutralität vor sich her wie eine Monstranz. Die Vergabe der Sommerspiele an Deutschland für 1936, von den Nazis als Propaganda-Instrument benutzt und weidlich in Leni Riefenstahls Filme „Fest der Völker" und „Fest der Schönheit" als Welt-Friedensgipfel samt germanischem Heldentum inszeniert, bewegte im Frühjahr 2024 noch die Diskussion um Deutschlands Bewerbungsprozess. Olympische Spiele 2036 in Berlin, im Olympiastadion, wo Hitler grüßte – und, rechter Arm gestreckt, gegrüßt wurde von den Sportskameraden?

Die sportpolitisch bedeutsamen Themen bewegen die Redaktion: Wie umgehen mit dem russischen

Sportredaktion mit Herausgeber (von links): Christiane Moravetz, Ressortleiter Vogel, Herausgeber Eick, Herbert Neumann, Steffen Haffner, Oskar Schmidt, Thomas Mayer (Politik), CvD Dietrich Ratzke. *Foto Wolfgang Haut*

„Freiheit im Kopf" bewegt die Glieder

Sport, seinen Athletinnen und Athleten nach der Enthüllung des staatlichen Dopings unter Putin, nach dessen Überfall auf die Ukraine? Wie reagieren auf die zuerst in der F.A.Z. formulierte Forderung des Innenministers de Maizière an den organisierten deutschen Spitzensport, ein Drittel mehr Medaillen zu produzieren bei Olympischen Spielen, auf die Reformbemühungen des Deutschen Olympischen Sportbundes, auf Intrigenspiele und Führungsschwäche im Deutschen Fußball-Bund (DFB), das Scheitern der Deutschen Fußball-Liga mit einem Investorenprojekt?

Zu diesen Fragen Antworten zu bieten neben all den wunderbaren, sonderbaren, überraschenden, mitunter nicht erklärbar phänomenalen Leistungen von Teams wie Individualisten, gehört zur DNA der Redaktion. Sie hat deshalb zahlreiche Preise gewonnen, einen immer wieder, bis er nicht mehr vergeben wurde.

Die Gründung der Fußballbundesliga 1963 mag der Redaktion einen Schub gegeben haben. Der große Kick kam mit der nationalen Sache, mit der erfolgreichen Bewerbung für die Sommerspiele 1972. Ein Katalysator. Sie machte dem Sport Beine. Sie schuf die Sporthilfe, die seit 1967 Spitzensportler mit Geldern aus der Glücksspirale und der Wirtschaft unter die Arme greift, eine duale Karriere möglich macht für Athleten, die in ihrem Sport keine Vermögen anhäufen können. Die meisten Spitzensportler verdienen relativ wenig. Selbst wenn sie Olympiasieger geworden sind (20.000 Euro Prämie der Sporthilfe 2024, nicht steuerfrei). Olympische Spiele in Deutschland würden dem Spitzensport auf die Sprünge helfen nach vielen vergeblichen wie dilettantischen Bewerbungsversuchen, 64 Jahre nach München. Alle würden sich bewegen. Von den Kommunen über die Länder bis zum Bund. So wie 1972. Damals wie heute: Ohne Kanzleramt geht es nicht. Doch Olaf Scholz will wohl nicht. Willy Brandt spielte mit. Die F.A.Z. auch. Sie erweiterte den Sportteil für die Zeit der Spiele auf bis zu sechs Seiten. Zwei Jahre später setzte Eick gegen den Widerspruch in seiner Wirtschaftsredaktion ein Signal zur Fußballweltmeisterschaft 1974 in Deutschland. Die Sportseiten rückten zur Turnierzeit vor den Wirtschaftsteil. Eine gewaltige intern wie extern wirkende Aufwertung. Die Redaktion wuchs und mit ihr der Anspruch, über das Schöne, Spannende, Begeisternde hinaus den Preis für Spitzenleistungen, für Titel einzuschätzen, die Instrumentalisierung von jungen Menschen bloßzulegen. Die ungeschminkte, harte Doping-Diskussion in der Bundesrepublik und im Sportteil Ende der siebziger Jahre zeugt davon, die Kritik am willfährigen Verhalten des DFB gegenüber der brutalen argentinischen Militärjunta 1977 und während der WM 1978. Damals schrieb, noch selten genug, der Feuilleton-Herausgeber Joachim Fest über das schaurige Schauspiel in Buenos Aires. Längst bekommen Phänomene des Sports auch im Kulturteil die Achtung oder Verachtung, die sie verdienen. 1980 entschied Eick, dem Boykott der Sommerspiele in Moskau durch die Bundesrepublik nach dem Einmarsch der Russen in Afghanistan in einem Punkt nicht zu folgen: Er schickte den Sportredakteur Steffen Haffner, von 1981 bis 2004 Ressortleiter, zur Berichterstattung in die russische Metropole. Eicks Botschaft: Journalisten müssen überall hingehen und schreiben, über das, was geschieht, wenn es relevant erscheint. Nicht nur über Sieg und Niederlage, Hochgefühl und Niedergeschlagenheit, die Überwindung von Widerständen, sondern auch über die Abgründe. Über den widerlichen Eklat während der Siegerehrung der Basketball-EM 1995 in Athen zwischen Kroaten und Serben, sechs Jahre zuvor noch gemeinsam Arm in Arm Europameister in Zagreb. Über die Lügen der Radprofi-Szene, des Teams der Telekom um Jan Ullrich, über die Gewalt, den Missbrauch, Rassismus und Hass in der „schönsten Nebensache der Welt".

Eicks Haltung bildet den Kern des Selbstverständnisses der Redaktion. Dazu gehört auch, die unter Gesprächspartnern mit einem gewaltigen Hofstaat beliebten Autorisierungen einzuschränken. Die Neigung von Pressesprechern und Marketingexperten, originale Aussagen bis zur Inhaltslosigkeit zu verfälschen, gar ins Gegenteil zu verkehren, mitunter selbst Fragen zu streichen oder umzuformulieren, führt eher zur Absage durch die Redaktion. Dann lieber keine Publikation. Ein früherer Präsident des Deutschen Fußball-Bundes ließ sich überzeugen. Die autorisierte Form, die entschärften, teils gestrichenen Antworten hätten zu ganz anderen Fragen, zu einem anderen Gespräch geführt. Der damalige DFB-Chef setzte sich gegen seine „Autorisierer" durch. 90 Prozent der Änderungswünsche ließ er zurücknehmen.

Wo denn das Schöne, das Begeisternde bliebe, der Respekt vor der Leistung „unserer" Sportler, fragen Leser mitunter in Mails und teils noch handschriftlich verfassten Briefen 75 Jahre nach der ersten F.A.Z.-Ausgabe, wenn ein Artikel systemische Gemeinheiten im Sport offenbart: „Schreiben Sie mal über die Erfolge." In Wahrheit bestimmt die Faszination für die Bewegungskultur der Menschen als Solisten oder in Teams, auf der Laufbahn, am Ball, auf dem Rücken der Pferde, auf und in ihren Maschinen weitgehend das Bild. „Schaut auf dieses Spiel" lautete die Schlagzeile nach einer sagenhaften Partie des FC Bayern München 2014. Die Redaktion schaut auf alles, was die Sportwelt bewegt, weit über den Fußball, über seine Größen wie Ferenc Puskás, Uwe Seeler, Franz Beckenbauer, Cristiano Ronaldo, Lionel Messi, Pep Guardiola und Jürgen Klopp hinaus. Sie sah die Kraft von Boris Becker, die Brillanz von Steffi Graf, den goldenen Schlag des Deutschlandachters, den Aufstieg von Michael Schumacher zum Weltstar, die Menschlichkeit des Basketballstars Dirk Nowitzki, die hinreißende Schönheit des Eistanzpaares Savchenko/Massot, die atemraubenden Flüge der Weitspringerin Malaika Mihambo, das Gold am Reck für Fabian Hambüchen, die Tränen des stärksten Mannes der Welt nach olympischem Gold in Peking (Matthias Steiner), die besondere Fairness des Tischtennis-Stars Timo Boll, die Dominanz der Dressurreiterin Isabell Werth. Sie sieht die Weltklasse unter Golfern, Handballern, Schwimmern, Kanuten, Judoka, Ringern, Schützen, ob bei Olympischen oder Paralympischen Spielen. Und kann doch nicht an den aufgetischten Geschichten der Doper oder etwa zum Sommermärchen 2006 vorbeischreiben; an der Diskrepanz zwischen Wort und Tat des organisierten, sich auf Humanität, Gerechtigkeit, Fairness verpflichteten Sports, wenn er sich vor Potentaten niederkniet, sich am Spiel von Diktatoren beteiligt.

Die Herausgeber der Wirtschaft, die seit 1963 auch für den Sportteil verantwortlich sind, standen hinter ihren Ressortleitern und den Kolleginnen und Kollegen. Nach Eick, übrigens Reporter bei den Sommerspielen in Mexiko 1968, wehrten sowohl Jürgen Jeske (1986 bis 2002), Holger Steltzner (2002 bis 2019) als auch Gerald Braunberger (seit 2019) allerlei Versuche von außen uneingeschränkt ab, die Meinungsfreiheit der Redaktion auch nur im Ansatz einzuschränken. Ein deutsches IOC-Mitglied scheiterte mit einem Vorstoß ebenso wie ein namhafter Olympiaarzt, der sich von einem Reporter in die Nähe eines Dopers gerückt sah. Ein paar Jahre später flog sein Institut als Hort promovierter Blutpanscher für deutsche Radprofis auf. Die Weigerung des Bundestrainers Joachim Löw, nach kritischen Kommentaren der F.A.Z. keine Interviews mehr zu geben, stieß auf die Haltung, gute Argumente der Redaktion nicht in Frage zu stellen. Löw, das hatten die Fußball-Experten geschrieben, habe eklatante Schwächen beim Coaching, dem unmittelbaren Reagieren auf eine Spielentwicklung, offenbart: während der EM 2012 gegen Italien, auch während der WM 2014 gegen Algerien im Achtelfinale. Es gab das (inoffizielle) Angebot, einen anderen Reporter zu Löw zu schicken. Unabhängigkeit ist wichtiger.

„SPORTLER" SCHLAGEN ALS WIRTSCHAFTS-REDAKTEURE EIN

Die Herausgeber garantierten und garantieren eine journalistische Freiheit, wie sie unter einer Chefredaktion anderer Medien nicht so umfassend üblich ist. Dieser Spielraum ließ sich vorübergehend nicht nutzen, als etwa 14 Jahre nach der großen Erweiterung und dem schnell folgenden Aderlass die Redaktion im Sommer 2014 der Schlag traf: Acht Kolleginnen und Kollegen sollten den Sport im Zuge der Sparmaßnahmen verlassen. Fünf traf es umgehend, sehr gute. Nach Verhandlungen wurde eine Stelle gerettet, zwei nach Ende der Dienstzeit nicht neu besetzt. Ein großer Verlust für den Sport, aber nicht für alle Ressorts. Die „Sportler" schlugen im Zuge einer Umverteilung ein als Wirtschaftsredakteure, bei Deutschland und die Welt. Einer kam zurück. Was die Wirtschaftsredaktion der Sonntagszeitung bedauerte, gleichzeitig aber vom Interesse der Herausgeberrunde zeugte, den Sport wieder angemessen zu stärken. Es gab auch Stimmen von außen, die dafür warben: „Kürzen Sie mir den Sportteil nicht", soll Wolfgang Schäuble, als Innenminister einst zuständig für den Spitzensport, den Herausgebern zugerufen haben. 2025 wird die Redaktion nach Ende der Dienstzeit von Peter Penders, Stellvertretender Ressortleiter und Fußball-Chef, zwar ungeheuer viel Erfahrung und über Jahrzehnte gewachsene Kompetenz verloren haben, aber im Schnitt in etwa so jung sein wie seit 1990 nicht mehr. Drei Redakteurinnen und 19 Redakteure kümmern sich mit Hilfe von zwei Redaktionsassistentinnen um den Auftritt des Sports bei FAZ.NET, um die Blätter der Tages-, Rhein-Main- und der Sonntagszeitung.

Während andere Verlage ihre Redaktionen schrumpfen, hilft die Stabilität, weiterhin der Dynamik des Sports zu folgen. Auch im Zuge der Transformation vom Print- auf das Digital-Geschäft bleibt die Redaktion beweglich. Mit dem Vorzug des Drucks auf Donnerstag und Freitag verlor die Sonntagszeitung auf den ersten Blick zwar ihre Aktualität. Was ist eine Sonntagszeitung, bis 2021 auch vom Samstagssport berichtend, ohne Bundesliga-Ergebnisse? Aktueller als es scheint – mit den Rechercheergebnissen zum Nationalmannschafts-Desaster unter Bundestrainer Hansi

Sport

Flick, der Wahrheit hinter dem Sportprojekt der Saudis. Spielergebnisse stehen überall, mit zwei Klicks sind auf FAZ.NET die wesentlichen Spielberichte zu finden. Hier die vordergründige Aktualität. Dort die exklusive Analyse – mit Neuigkeitswert. Nicht aktuell?

Die „Freiheit im Kopf" bewegt die Glieder. Der Sportteil geht über die klassische Vorstellung von seinem Inhalt längst hinaus, testet Grenzen, erweitert seinen Spielraum. Eine Reportage vom Taubenzüchter Drape in der Sonntagszeitung? Weit weg von der Bundesliga, Trainerwechseln, Prognosen. Drape verkauft seine geflügelten, gehegten wie gepflegten Rennpferdchen in alle Welt, zu großen Preisen. Spitzensportler aus dem Taubenschlag. Spannend, erhellend, skurril. Ein Stück aus der unentdeckten Tiefe des Sport-Raumes. Der Deutsche Sportbund hat ihn vor einem halben Jahrhundert geschaffen. Mit der Trimm-Dich-Bewegung 1972, der erfolgreichsten Kampagne des deutschen Sports. Die Menschen hoben plötzlich ihre Beinchen und sputeten sich. Es entwickelte sich unter anderem eine Subkultur jenseits vom Spitzensport. Skateboarder in den Innenstädten, Jugendliche auf Dirtbikes in stillgelegten Industriegebäuden, über die Jahre eine Freestyle-Szene, die mehr Wert auf ihre Gefühls- als auf die Ergebnis- und Meisterschaftswelt legte. Längst sind daraus Abenteuer-Welten entstanden, mit gut bezahlten Artisten, die Monsterwellen reiten, sich von eisigen Gipfeln hinabstürzen auf Ski oder Snowboards, verfolgt von Lawinen.

Neben dem Spektakulären breitete sich eine Jedermann-Bewegung aus. 8000 Radler von acht bis achtzig starteten allein am 1. Mai 2024 bei den verschiedenen Rennen rund um den Finanzmarktplatz Eschborn. Zum Marathon in Berlin treten fast 50.000 an. Die Babyboomer wollen zwanzig Jahre fünfzig bleiben, die Mittelalterlichen finden in ihrer Work-Life-Balance Zeit für Hobbysport auf semiprofessioneller Ebene: 15 bis 20 Stunden pro Woche. Sie saugen auf, was ihnen dabei hilft. Im längst um einen Service zu diesem Phänomen erweiterten Sportteil von F.A.Z., F.A.S. sind Geschichten über die Optimierung der Menschen Dauerbrenner. Deutschland bewegt sich.

Sommerspiele bewegten eine Stadt und die Menschen: München 1972.

Foto Lutz Kleinhans

„Freiheit im Kopf" bewegt die Glieder

Der DOSB zählte bei seiner jüngsten Bestandserhebung nach der Pandemie in 86.000 Vereinen 28 Millionen Mitgliedschaften, so viele wie seit zehn Jahren nicht mehr: Zuwachs im Fußball, in der Leichtathletik, im Schwimmen, im Handball, Basketball, Golf, Tischtennis, mehr Kinder, mehr Jugendliche, mehr junge und mittelalte Erwachsene, mehr Freizeitsportler ohne Vereinsanbindung. Das hängt mit der Wahrnehmung von Sport als wohltuend zusammen. Kindern hilft er, längst belegt in Studien, auch bei der Entwicklung des Gehirns. Die beste Abnehmstrategie kostet allein Bewegungsenergie. Sport, berichten Ärzte, helfe Krebskranken, Dementen, Depressiven. Sport taugt als Mittel der Integration und Inklusion. Tausende Vereine scheinen inzwischen mehr gesellschaftspolitische Aufgaben in den Mittelpunkt ihres Selbstverständnisses zu rücken als den Ursprungsgedanken zu ihrer Gründung: kicken, laufen, springen, turnen, schwimmen. Bundesgesundheitsminister Karl Lauterbach, der Mediziner, verschrieb in einem Tweet ein Rezept: „Es gibt kein Medikament, das gleichzeitig vor Herzinfarkten, Krebs, Demenz und Depression schützt. Nur Sport kann das. Er hält die Gesellschaft zusammen und integriert. Wir müssen Vereine stärker unterstützen, es rechnet sich." Mäßige aber regelmäßige Bewegung reduziert die Kosten der Vergreisung angeblich um Milliarden. Der Sport als Sparmarkt.

Seit Jahrzehnten gehört es zum Programm der Redaktion, darauf hinzuweisen. Man könnte sagen, die publizistische Botschaft ist damals wie heute nicht angekommen: die tägliche Schulsport- oder Bewegungsstunde? Es sind immer noch im Schnitt drei trotz einer sichtbaren Verfettung. Die Warnung vor der vollständigen Einstellung des Kinder- und Senioren-Sports während der Pandemie trotz kluger Hygieneprogramme: in den Wind geschlagen. Die Kanzlerin riet zu Kniebeugen am geöffneten Fenster. Zur erkennbaren Wirkung der Redaktion auf die Politik zählt ein gewisser Anteil am Zustandekommen eines scharfen Anti-Doping-Gesetzes 2015 nach einer jahrelangen, harten publizistischen Auseinandersetzung mit der Führung des Deutschen Olympischen Sportbundes. Eine Teamarbeit. Seitdem ist Doping unter Profisportlern strafbewährt. Sehr hilfreich, sagten und sagen Staatsanwälte sowie die deutsche Anti-Doping-Agentur noch fast zehn Jahre nach der Ratifizierung. Das Interesse der Redaktion daran steht stellvertretend für ihre Überzeugung, Sportlerinnen und Sportler müssten geschützt, ihr besonderes Talent gefördert werden. Es sei aber niemals Allgemeingut, über das verfügt werden dürfe: weder von Eltern, Trainern, Ärzten, Funktionären, Medien noch Staaten. Diese Haltung ließ sich besonders gut nach der weitsichtigen Einrichtung einer Korrespondentenstelle für Sport (und zunächst Wirtschaft) in Berlin 1990 auf Betreiben von Ressortleiter Haffner erkennen (siehe Seite 194). Michael Reinsch (seit dem 1. Oktober 2024 Cristian Kamp) berichtete als sportpolitischer Reporter vom Leben im Sport zunächst jenseits der Mauer. Er verknüpfte die Leitidee, auch den Widersprüchen im Schatten des schönen Scheins Kontur, auch den Menschen, die darunter gelitten hatten, eine Stimme zu geben. Vor allem Doping-Opfern.

Obwohl der Sport seine Redakteurinnen und Redakteure quasi selbst hinausschickt in die Welt, erweiterte der 2001 unter Fußballchef Roland Zorn eingerichtete

Sport

Posten Brüssel den ständigen Blick ins Ausland, insbesondere auf England. Christian Eichler zog zwar 2009 von dort nach München, an den wichtigsten deutschen Fußballstandort, bis ihn dort Christopher Meltzer ablöste (2020). Aber die geweckte Neugier wuchs parallel mit der Bedeutung der Premier League.

Es ist eine Schwäche, dass in der Geschichte der Sportredaktion bislang nur sechs Frauen als Redakteurinnen eingestellt wurden. Denn ihr Blick, ganz zu schweigen von ihrer Kompetenz in dem von Männer-Machtzirkeln dominierten Spitzensport, eröffnete und eröffnet wichtige Perspektiven. Wer den Sportteil mehr für die Interessen von Frauen öffnet, gewinnt Leserinnen. Das wird geschehen, weil die Demokratisierung des Sports auch den immer noch mickrigen, wenn überhaupt zählbaren Anteil von Frauen in Führungspositionen etwa des Fußballs erhöhen wird. Athleten Deutschland e.V. steht exemplarisch für eine Beteiligung einer lange ausgebremsten Gruppe. In Deutschland treiben diese Sportlerinnen und Sportler mit akribisch formulierten, klugen Analysen und präzisen Forderungen zu Kernproblemen des Sports den DOSB vor sich her. Sie sitzen inzwischen mit am Tisch.

Angesichts der wachsenden Zahl der Mitspieler und der scheinbar nicht zu stoppenden Erweiterung von Wettbewerben an sieben Tagen pro Woche wird es nicht leichter fallen, den Überblick zu behalten, Wichtiges von Unwichtigem zu unterscheiden. Zumal Sportjournalisten in der Statistik-Welt des Sports zunehmend mit Daten der Trainings- und Wettkampfsteuerung überflutet werden, die ihnen eigentlich den Durchblick verschaffen sollen.

Scharf gestellt: Wer etwas erkennen will, muss genau hinsehen (können).   Foto F.A.Z.-Archiv

Die Sportredaktion wird weiterhin versuchen, das Schöne und Gute darzustellen, ohne die Bedrohung des Sports aus dem Blick zu verlieren. Denn wie Eick damals beim Stadionbesuch, hat die Redaktion während der Arbeit aus nächster Nähe erlebt, dass Sport die Menschen zusammenbringt. Als der DFB-Pokal kurz nach dem Sieg von Eintracht Frankfurt über den FC Bayern München 2018 auf dem Tisch im Büro des Ressortleiters stand und sich die Kunde davon im Hause verbreitete wie ein Lauffeuer, setzte eine Art Pilgerstrom ein. Er reichte vom Sicherheitspersonal über Redaktionsassistentinnen bis hin zu einem Herausgeber, der sich – nicht aus dem dritten Stock, der Heimat der Wirtschaftsredaktion, kommend – in den sechsten des Sports aufmachte. Alle kreisten sie mehr oder weniger fasziniert um einen Blechpott, der von Geschichten voller Emotionen und Sehnsüchten erzählt, einem unendlichen, unterhaltsamen, betrübenden wie beglückenden Stoff des Sport-Theaters. *Anno Hecker*

GEHEIMES KINDER-DOPING ALS SELBSTVERTEIDIGUNG

1990 richtete die F.A.Z. einen Korrespondentenplatz für den Sport in Berlin ein, um die Entwicklung in den neuen Bundesländern besser erkennen und verstehen zu können. Eine der klügsten Entscheidungen in der Geschichte der Redaktion.

Das Treffen mit Manfred Ewald hat offiziell niemals stattgefunden. Er hatte darum gebeten: kein Aufnahmegerät, keine Notizen. Daraus wurde: kein Artikel für die Frankfurter Allgemeine Zeitung. Der Mann, der Geist und Treiber des Sportwunders DDR gewesen war, Mastermind des Aufschwungs eines kleinen Landes zur Weltmacht im Universum von Olympiasiegen und Weltmeisterschaften, hatte persönlich angerufen und um das Gespräch gebeten. Er wollte nichts zu tun haben mit den politischen Korrespondenten der Zeitung, obwohl er sportlichen Erfolg propagandistisch aufgeladen hatte zum Beweis für die Überlegenheit des Sozialismus. Er, dessen Macht sich nicht allein darin zeigte, dass er 1963, zwei Jahre nach seiner Bestallung als Präsident des Deutschen Turn- und Sportbundes der DDR, Mitglied des Zentralkomitees der SED wurde, sondern auch darin, dass er für den Spitzensport, so schien es, alles möglich machen konnte im Arbeiter-und-Bauern-Staat – bis zu seinem Sturz 1988. Er prägte die Gesellschaft des kleineren deutschen Staates mit der Konzentration auf den olympischen Spitzensport und mit seinen Entscheidungen für und gegen einzelne Sportarten, die der Förderung für würdig oder unwürdig erachtet wurden. Und er verantwortete Leid und Elend Tausender, indem er selbst Kindern und Jugendlichen Dopingmittel verabreichen ließ, ohne diese und ihre Eltern über Wirkung und Nebenwirkungen aufzuklären, geschweige denn um deren Einverständnis zu bitten.

Und nun war er am Telefon, der einst gefürchtete Herrscher des DDR-Sports. Ich würde ihn treffen, den Mann, der den einzigen gesellschaftlichen Bereich der DDR führte, in dem das Leistungsprinzip galt. Der nach Befehl und Gehorsam funktionierte wie das Militär und der wegen seiner gnadenlosen Effektivität bis heute vielen Ländern und vielen Sportfunktionären als Vor- und Leitbild für die Organisation von Leistungssport gilt.

Das Treffen erwies sich als Enttäuschung. Ewald hatte ins einstige Presseamt der DDR in der Mohrenstraße gebeten, erwartete mich in einem fensterlosen Konferenzraum, allein und in einem grauen Jackett. Er war nicht bereit, anderes als mehr oder weniger offizielle Statements zum DDR-Sport abzugeben. Ich solle in meiner Berichterstattung, forderte er, mich nicht so sehr auf Doping konzentrieren, das habe es schließlich überall auf der Welt gegeben, auch in der alten Bundesrepublik. Der DDR-Sport habe, praktisch zur Selbstverteidigung, auf das Doping von Amerikanern und Westdeutschen reagiert; einen Staatsplan, wie er gerade bekannt geworden war, habe es nie gegeben. Einen Todesfall wie den von Birgit Dressel in Mainz ebenfalls nicht. Schließlich lief das, wozu man sich gezwungen sah, unter medizinischer Aufsicht ab. Ja, es habe Wildwuchs gegeben, kriminelles Doping außerhalb der Strukturen; er hätte strenger kontrollieren und durchgreifen müssen.

Als 1994 das autobiographische Buch „Ich bin der Sport" erschien, entstanden aus Gesprächen des humorlosen Ewald mit dem Satiriker Reinhold Andert, bestätigte es, was mir bei der Begegnung klar geworden war: Für die politische wie strafrechtliche Aufarbeitung des DDR-Sports war unsere Begegnung vollkommen nutzlos gewesen. Auch aus diesem Interview war nichts anderes geworden als eine Farce.

DER OSTEN HATTE SEINE EIGENEN STARS

Ich sah Ewald wieder als Angeklagten des großen Doping-Prozesses im Landgericht Moabit. Er wurde im Juli 2000 wegen Beihilfe zur Körperverletzung durch Anabolika-Doping von zwanzig Spitzensportlerinnen zu 22 Monaten Gefängnis verurteilt; die Strafe wurde zur Bewährung ausgesetzt. Seine Revision beim Bundesgerichtshof wurde verworfen.

Im Oktober 1990 hatte ich meine Arbeit als Korrespondent der F.A.Z. in Berlin begonnen. Der Sport im Osten war mir in vielen Facetten schon lange bekannt. Die Friedensfahrt der Radrennfahrer, der Olympische Tag der Leichtathleten, der Weltcup im Biathlon und Rennrodeln in Oberhof, der Rennsteiglauf im Thüringer Wald, das Deutsche Turn- und Sportfest 1987 in Leipzig, jede dieser Veranstaltungen war Anlass für Berichterstattung aus der DDR gewesen.

Der Osten hatte seine eigenen Stars. Einige wurden Helden des vereinten Deutschland, andere stürzten tief. Die Weitspringerin Heike Drechsler, Star der Welt-

Geheimes Kinder-Doping als Selbstverteidigung

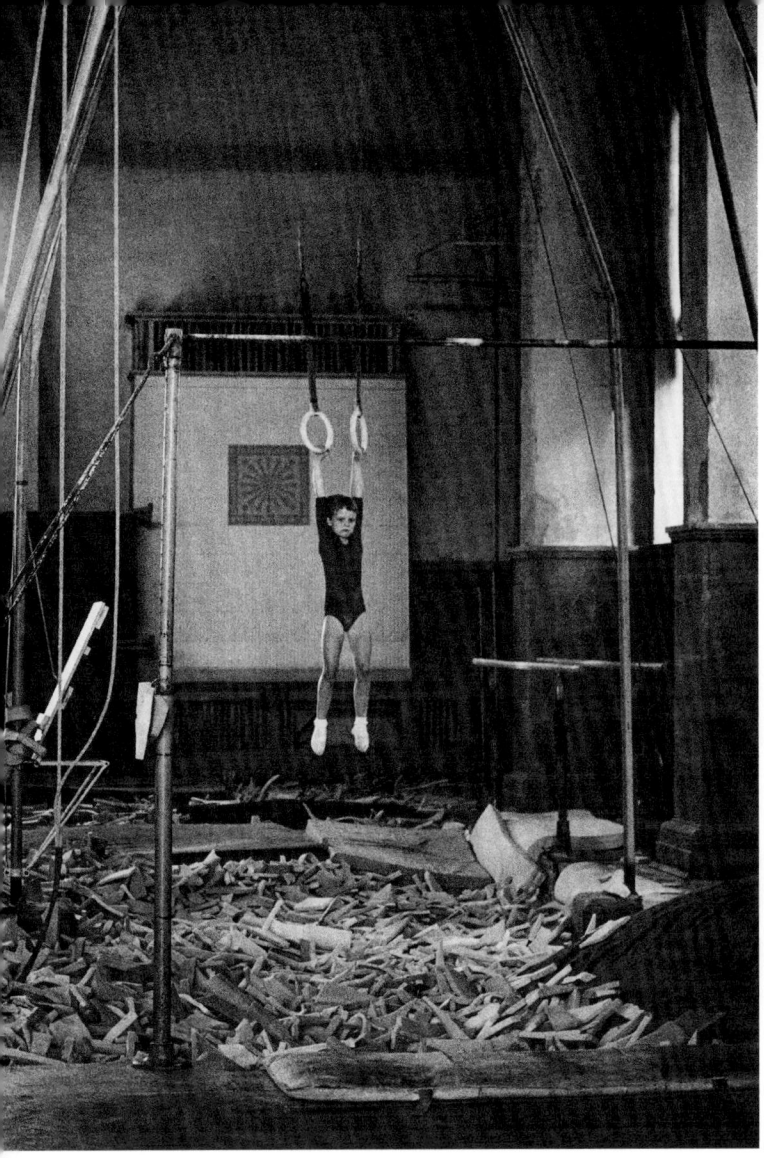

Kinder als Instrument: Barbara Klemm schoss ein Foto, das symbolisch für die Fehlentwicklungen im deutschen Sport steht.

Foto Barbara Klemm

meisterschaft 1993 in Stuttgart, erlebte ihre olympischen Höhenflüge nach der Wende. Der Skispringer Jens Weißflog wurde Olympiasieger vor und nach dem Fall der Mauer und ein gesamtdeutscher Star. Olympiasieger Henry Maske begründete einen Box-Boom. Die Sprinterin Katrin Krabbe war auf dem Weg, ebenfalls eine Heldin des vereinten Deutschland zu werden, Welt- und Europameisterin die sie war – da flog sie vor den Spielen von Barcelona 1992 wegen der Einnahme von Clenbuterol auf. Olaf Ludwig und Uwe Ampler gaben auf der Tour de France ihr Debüt als Radprofis. Die kesse Berliner Schwimmerin Franziska van Almsick bewies, dass sich eine goldene Karriere auch auf olympischen Silbermedaillen begründen lässt.

Die Speerwurf-Olympiasiegerin Ruth Fuchs und der Rad-Held Täve Schur zogen für die SED-Nachfolgepartei PDS in den Bundestag ein. Heute sind dort Rad-Olympiasieger Jens Lehmann für die CDU und Biathlon-Olympiasieger Frank Ullrich für die SPD vertreten. Lebhaft diskutiert der Sportausschuss bis heute Hypothek und Perspektive des DDR-Sports. Die Politik, namentlich Wolfgang Schäuble, setzte im Einigungsvertrag den Erhalt der Institute für den Bau von Sportgerät durch, die Bob- und Kanu-Schmiede FES in Berlin, sowie den des Instituts für Trainingswissenschaft (IAT), des einst geheimen FKS in Leipzig, ebenso das einst für den großen Betrug genutzte Doping-Analyselabor in Kreischa. Das zentrale Trainingscamp Kienbaum bei Berlin, in dem einst mangels Devisen für Reisen ins Höhentrainingslager eine Unterdruckkammer betrieben wurde, ist größtes Trainingscamp des deutschen Sports geworden.

Debatten über Altlasten und Neubewertungen im Sport sind längst nicht Sache von Verbänden und Vereinen allein. Der Sportausschuss des Deutschen Bundestages tagt öffentlich; zu großen Anhörungen lädt er Fachleute aus dem In- und Ausland. Sport und Politik streiten seit mehr als einem Jahrzehnt um die Weichenstellung in der Spitzensportförderung. Neben der Gründung eines Zentrums für Safe Sport sind die Schaffung eines Sportfördergesetzes und die Gründung einer Unabhängigen Spitzensportagentur im Koalitionsvertrag vereinbarte Ziele der Ampelregierung. Der Sportkorrespondent der F.A.Z. in der Hauptstadt wird vermutlich noch lange über Fortschritte und Irrwege der Sportpolitik berichten. *Michael Reinsch*

Einblick

VERTRAUEN IN FOTOGRAFIE

Vom Titelbild bis zur Reportage blicken Redaktionsfotografen und Bildredakteure seit Jahrzehnten fotografisch auf die Welt und bemühen sich um einen klaren Fokus auch in zunehmend bildgewaltigen Zeiten.

Als die Frankfurter Allgemeine Zeitung ab dem 5. Oktober 2007 mit einem täglichen Titelbild erschien, reagierten Teile der Leserschaft irritiert. Für fast 58 Jahre war die bilderlose Seite 1 ein Markenzeichen der Zeitung gewesen, von dem nur bei außergewöhnlichen Ereignissen abgewichen wurde. Dabei konnte die nun bereits am Kiosk ersichtliche Bedeutung von Fotografie als Teil der Berichterstattung für regelmäßige Leser nicht überraschend sein. Schon in den ersten Jahren nach ihrer Gründung gab es im Innenteil der Zeitung regelmäßige Bilderseiten zu aktuellen Anlässen und ab 1952 setzte die im Tiefdruckverfahren hergestellte Wochenendbeilage „Bilder und Zeiten" über Jahrzehnte Maßstäbe in der Wiedergabequalität schwarz-weißer Fotografie. Erster Fotograf der Redaktion wurde 1953 Fritz Fenzl. In den folgenden Jahren bereicherten die Redaktionsfotografen Wolfgang Haut, Lutz Kleinhans und ab 1970 vor allem Barbara Klemm die Berichterstattung mit ihrer Sicht auf Frankfurt und die Welt. Dabei ging es von Beginn an nicht darum, Fotografie als nur schmückendes Beiwerk einzusetzen. Die Fotografen waren Bildautoren, deren subjektive fotografische Sicht auf Ereignisse, Orte und Personen die Texte um eine zusätzliche Ebene erweitern konnte. An diesem Anspruch hat sich bis heute nichts geändert. In 75 Jahren beschäftigte die Zeitung 14 Redaktionsfotografen, aktuell sind es Frank Röth und Lucas Bäuml.

Waren es vor 25 Jahren noch etwa 1200 Fotos, die täglich in der Bildredaktion landeten, so sind es inzwischen mehr als 20.000 digitale Bilder von beiden Redaktionsfotografen und aus ganz unter-

Quo vadis, Putin?

schiedlichen Quellen. Diese Menge ermöglicht Vergleiche einer Vielzahl visueller Stimmen und somit eine auch im später veröffentlichten Einzelbild ausgewogene Berichterstattung. Längst ist die größte Herausforderung für Bildredakteure, bei aller Eile nicht auf Inszenierungen, Fälschungen oder Manipulationen hereinzufallen. Zweifel an der Echtheit von Fotografie sind zwar fast so alt wie das Medium selbst, und es hat immer Manipulationen an Fotos vor, während und nach deren Aufnahme gegeben. Doch nie war die nachträgliche Verfremdung technisch so einfach wie heute. Es ist nicht mehr nötig, Kenntnisse in Bildbearbeitung oder analoger Dunkelkammerentwicklung zu haben, um Fotos nach Belieben zu verändern. Dafür gibt es in der digitalen Fotografie vorgefertigte Filter, die in Sekunden die Bildwirkung anpassen oder gar Körperform und Gesichtsausdruck optimieren. Noch weiter geht generative Künstliche Intelligenz, mit deren Hilfe sich über Worteingaben völlig neue Bilder entwerfen lassen, die sich in ihrer Anmutung von Fotografien kaum unterscheiden. So spannend diese technischen Entwicklungen für Familienfotos oder die künstlerische Fotografie sein mögen, so gefährlich sind sie für den Fotojournalismus. Denn sobald ihre Glaubwürdigkeit begründet angezweifelt werden kann, verlieren journalistische Bilder ihre Kraft. Wenn Bearbeitungen, die aus journalistischer Sicht unzulässig sind, sich in Sekunden durchführen lassen und bei sorgfältiger Umsetzung und genügend krimineller Energie nur sehr schwer nachweisbar sind, dann kann Fotojournalismus weiterhin nur aus besonders vertrauenswürdigen Quellen funktionieren.

Henner Flohr

Es wird heißer: Ein Kranführer sitzt im Sommer 2019 in kurzen Hosen über der Baustelle der U-Bahn-Linie 5 in Frankfurt.

Foto Frank Röth

Deutschland und die Welt

FRANKFURTER ALLGEMEINE ZEITUNG

Eurovision Song Contest Wie Lena Meyer-Landrut Europa für sich gewann

Du bist Deutschland

Lena hat es allen gezeigt: Nach 28 Jahren führt sie unser Land zum langersehnten Ziel und siegt beim Eurovision Song Contest in Oslo. *Von Peter-Philipp Schmitt*

Allein in der Arena: Lena hat noch einmal ihr Siegerlied gesungen und lässt sich von den deutschen Fans feiern.

Die Frage war ernst gemeint, wie man an dem erschreckten Gesicht erkennen konnte: „Muss ich jetzt noch mal singen?" Die Antwort konnte ihr natürlich jeder in der Telenor-Arena von Oslo geben: Ja, Lena, du musst noch mal singen. Der Gewinner des „Eurovision Song Contest" hat stets die Ehre, sein Lied noch einmal vortragen zu dürfen. „O.K.", sagte Lena. „Kann mal jemand die Blumen nehmen?"

Was keiner für möglich gehalten hatte: Wir sind Grand Prix. Nach 28 sieglosen Jahren hat Deutschland wieder gewonnen. Eine kaum 19 Jahre alte Hannoveranerin ohne Gesangsausbildung überzeugte fast ganz Europa von ihren musikalischen Qualitäten. Das Ergebnis fiel zwar nicht so klar aus wie der Sieg des Norwegers Alexander Rybak im vergangenen Jahr. Aber Lenas Vorsprung war mehr als deutlich. Sie lag mit 246 Punkten 76 Zähler vor Manga aus der Türkei (170 Punkte), gefolgt von den Rumänen Paula Seling & Ovi (162 Punkte). 39 Länder waren stimmberechtigt. Deutschland war, nachdem das siebte Land (Kroatien) seine Punkte vergeben hatte, erstmals und danach bald und für jedermann erkennbar auch uneinholbar in Führung.

Lena blieb zunächst noch erstaunlich gefasst. Sie saß mit Stefan Raab und all den anderen Teilnehmern im „Green Room", und irgendwie schwante ihr wohl schon, was auf sie zukommen würde. Die Hälfte der Länder hatte ihre Punkte bereits verlesen, und Deutschland lag tatsächlich noch immer auf Platz eins. Wie sie sich fühle, wollte Moderator Erik Solbakken wissen. Sie sei wie kurz vor dem Ausflippen, stotterte Lena auf Englisch und ergänzte sofort, dass das Ganze ja noch nicht zu Ende sei. Aber im Moment fühle es sich gut an. Dann verbarg sie ihr Gesicht in ihrem Schoß. Später erzählte sie, dass ihre Begleiter kurz danach mehrfach zu ihr gesagt hätten, dass sie doch schon gewonnen habe. Sie habe es aber nicht geglaubt. „Sie sagten: O mein Gott, wir haben gewonnen, und ich dachte nur: Da müssen doch noch Länder ausgezählt werden. Dabei verstand ich nicht, dass ich schon nicht mehr einzuholen war."

Als das Ergebnis feststand und sie auf der großen Bühne in der Arena bejubelt wurde, tauchte sie noch einmal kurz ab. Sie zog sich eine deutsche Fahne über Kopf und Gesicht. Gerade hatte ihr Alexander Rybak die gläserne Siegestrophäe überreicht. Verschmitzt hielt er ihr dabei die Wange hin, damit sie ihn küsse, was sie auch versuchte. Da er ihr aber noch schnell den Kopf zudrehte, traf sie auf seinen Mund. Später gab es doch noch ein Wangenküsschen – von ihm: Sie forderte es zur Revanche ein. Als sie dann erste Worte finden sollte, sagte sie etwas Lena-Typisches: „Hallo. Ich denke, ich bin nicht stark genug, um das die ganze Zeit in der Hand zu halten." Sie meinte die Trophäe, die ihr Mikrofon darstellen soll. Später fügte sie ein weiteres Lena-Bonmot zu ihrem Sieg: „Das ist phantastisch, aber das ist auch nicht das Leben." Trotzdem werde sie sich darüber freuen, soviel sie nur könne. Und sie vergaß auch nicht ihr Publikum: „Ich danke euch wie ein kleines Fußballbaby für eure großartige Unterstützung." Auf dem Rückweg, hinter der Bühne, warteten Kronprinzessin Mette-Marit und der norwegische Ministerpräsident Jens Stoltenberg auf sie. Die beiden Ehrengäste gratulierten Lena und schüttelten auch den beiden eigentlichen Gewinnern die Hand: der Amerikanerin Julie Frost und dem Dänen John Gordon, von denen Lenas Lied „Satellite" stammt.

Lena reiste in ihrer Welt. Wie es war, wollte ein Reporter des norwegischen Fernsehens von ihr wissen. Sie könne sich, sagte sie, an nichts erinnern. Nur so viel: „Ich habe es für Deutschland gemacht." An was sie wohl dachte? Die große Zustimmung in den vergangenen Tagen und Wochen, den riesigen Erfolg in Deutschland, den rekordträchtigen Plattenverkäufe? „Satellite" war sofort auf Platz

eins der deutschen Charts gelandet, My Cassette Player, Lenas Album, erreichte die erste Position in den Album-Charts. Nicht nur Herbert Grönemeyer musste sich ihr geschlagen geben, auch Lady Gaga. In Griechenland, in Österreich, in der Schweiz, in Schweden sind sowohl Single als auch Album bereits in den Top Ten.

Bei aller Lena-Manie, die in Deutschland derzeit herrscht, hat Lena selbst stets die Bodenhaftung behalten. Sie wirkt kaum eingenommen vom ganzen Rummel um ihre Person. Als ein Reporter in Oslo sie darauf ansprach, dass Hunderte, nein Tausende deutscher Fans nach Norwegen gekommen seien, sagte sie nur: „Wirklich?" Und wirkte so überrascht, als hätte sie davon erst in diesem Moment erfahren. Zu entdecken war sie, am Tag vor ihrem großen Auftritt, auf dem Rathausplatz vor dem Osloer Rathaus. Unerkannt schlenderte sie dort in Begleitung ihrer großen Liebe, dem Hannoveraner Schüler Philipp, vorbei an den Tausenden ihrer Landsleute, die schon am Freitag sich hinter ihren schwarzrotgoldenen Fahnen versammelt hatten und dabei die schönsten Fußballlieder anstimmten: Stehn auf, wenn ihr Deutsche seid. Oder, noch angemessener: So sehen Sieger aus, shalalala.

Lena genoss den Alltag ihrer Fans. Sie sang mit und lächelte, wenn ihr Name gerufen wurde. Einen Fotoapparat vor der Nase, ging sie an den Fans vorbei und stellte sich neben sie – und die fotografierten eifrig weiter, ohne die junge Frau direkt neben ihnen zu bemerken, die kurz darauf Geschichte schreiben sollte. Am Ende war, wie in jeder Märchengeschichte, die Zahl ihrer Anhänger noch viel größer, als sie und Stefan Raab geglaubt hatten. „Sie war absolut die Favoritin der Presse", sagte Raab. „Das heißt aber noch lange nicht, dass sie auch die Favoritin Europas sein würde." In dieser Nacht wurde sie es, zum Beispiel auch bei Lenas französischer Konkurrentin Jessy Matador, die in zahlreichen Interviews vor dem Finale betonte, dass Lena für sie die Siegerin sei. Nach ihrem Auftritt küsste sie Lena und gestand gerührt ihre Bewunderung für sie. „Sie hat so viel Charisma, ihre Stimme ist so toll und wundervoll." Ähnlich hatte sich Deutschlands Nachbar, Belgiens Sänger Tom Dice, geäußert. Auch er sei sich sicher, dass Lena den

Sieg. Stefan Raab, Entdecker, Mentor, Freund und vor allem ihr Beschützer, plante schon weiter: „Ich denke, die Siegerin sollte im nächsten Jahr im eigenen Land ihren Titel verteidigen. Das heißt, wenn du mitmachst, Lena." Kein Zögern, kein Zaudern: „Ich wäre dabei." „Für noch einen Titel?" „Wenn es drauf ankommt, dann bin ich da."

Schon bei „Unser Star für Oslo" hatte Lena bewiesen: Sie ist eine Rampensau. Locker plauderte sie vor dem Finale live mit dem Moderatoren-Duo auf der Hamburger Reeperbahn, wo Zehntausende die Show in Oslo auf riesigen Leinwänden verfolgten. Kurz vor ihrem Auftritt, die Künstler wurden ist die erste Frage zur Bühne eingeblendet, kreuzte sie ihre Finger und lächelte tapfer in die Kamera. Danach war sie so gut wie nie zuvor. Jede Bewegung, jede Geste drückte Freude und Lust aus, als sei es das Schönste und Besondere gerne Sieg glaubte vielleicht nicht allein gewann – in ihren Minuten. Sie war als Lena perfekt und sich diese junge Frau verbogen gebogen lassen, hat stets ihr Ding gemacht sich auf der Bühne bewegt, wie gesungen, wie sie wollte, angezogen sie wollte. Einzig und allein Stefan Raab und der Pro-Sieben-Mann hat allein gemacht – nach Erfahrung mit ihr nicht planen kann sie selbst ist. Er hat einen Grand Prix-Sieg.

Ihn befördern aber schon, wenn daran beteiligten ist die zehn Jahre alle Zeitungen haben die norwegischen Zeitungen in ein Bericht mitsamt Foto ist manisches Duett" auf einem norwegischen im Fjord mit dem Teil im Jahr Didrik Solli-Tangen. D. Wieder Bilder von Lena und die 2009, Alexander Rybak kündete Solli-Tangen, mit

Kuchen backen nächsten Mo gleich eine g viel Werbu land freuen Gastgeberla Und auch di Deutschlan nahmen hi tion in an fühlt, sich herbeige land in d dazu für te. Nur Punkten Georgi

Der den Dä auf der Sieg d Lena doch nen d wurd legt r ren wu noch sch tung stark fei

...

EINE KLEINE GESELLSCHAFTSGESCHICHTE

Das Ressort „Deutschland und die Welt" verstand sich schon immer nicht einfach als „Vermischtes". Über die Jahrzehnte fächerten sich die Themen immer weiter auf.

Schon als die F.A.Z. zum ersten Mal erschien, räumten die Herausgeber den vermischten Stoffen eine Seite ein – ohne sie „Vermischtes" zu nennen. Vielmehr erschienen die Themen am 1. November 1949 unter dem Titel „Heimat und Welt". Unter dem sehr allgemein gefassten Ressortnamen liefen ganz verschiedene Meldungen: über die erste UNICEF-Lieferung von Streptomycin für tuberkulosekranke deutsche Kinder, über die „Mittelstandshilfe" in Stuttgart und über die Rheininsel Sändchen bei Nackenheim, auf der das Forstamt Mainz einen Pappelstecklingsgarten angelegt hatte.

Der Krieg war seit vier Jahren vorbei, die Währungsreform hatte 1948 die Grundlage für die wirtschaftliche Erholung Deutschlands geschaffen, und mit der Gründung der Bundesrepublik im Frühjahr 1949 war der Grundstein für politische Stabilität gelegt – aber die Themen der Zeitung kreisten noch oft um die Folgen des Kriegs. Man erkennt es schon an den kleinen Meldungen: Es ging um Medikamente für Kinder, Hilfe für Bedürftige, Bäume für den Wiederaufbau.

Unter dem Rubrum „Heimat und Welt" sollte es aber nicht nur um vermischte Meldungen gehen, nicht

Deutschland und die Welt

nur um die Wettervorhersage und das Rundfunkprogramm, die in eine kleine Ecke passten. Auf der ersten Seite sind gleich drei Autorenstücke zu finden, über den Vogelzug im Herbst, über das Plenargebäude für ein mögliches Bundesparlament in Frankfurt („eine Freude fürs Auge") und über das einst gerne von den Nazis genutzte Rheinhotel Dreesen, das nun als Sitz der französischen Hochkommission diente.

Schon diese erste Seite „Heimat und Welt" war programmatisch. Das Vermischte, das sich der Kategorisierung in „Politik", „Wirtschaft", „Feuilleton" oder „Sport" entzieht, sollte sich nicht allein in Trivia und

Vor dem Schwurgericht: Im Frankfurter Römer hat 1963 der „Auschwitz-Prozess" gegen ehemalige Mitglieder der Bewachungsmannschaften des Konzentrationslagers begonnen. *Foto Lutz Kleinhans*

Eine kleine Gesellschaftsgeschichte

Kuriosa ergehen. Von vornherein herrschte der Ehrgeiz, jeden Tag Berichte, Reportagen und Glossen eigener Autoren zu veröffentlichen. Auch das, was zwischen den Großressorts lag, nahm die F.A.Z. also ernst.

Bald nach Erscheinen der ersten Ausgabe kam der Ressortname den Herausgebern aber wohl doch ideologisch fragwürdig oder schlicht altmodisch vor: Schon seit dem 9. Januar 1950, also nach gerade einmal zwei Monaten, stand im Titelkopf „Deutschland und Welt". Geleitet wurde das kleine Ressort von Redakteur Bernhard Gnegel, der aber schon 1951 aus dem „inneren Dienst" ausschied. In den ersten Jahren erschien die Seite nicht durchgehend, oft gab es nur eine kleine Rubrik „Aus Deutschland" im politischen Teil. Seit etwa Mitte der fünfziger Jahre war „Deutschland und die Welt" dann eine feste Institution.

Anhand der Berichte ließe sich eine kleine deutsche Gesellschaftsgeschichte schreiben. Denn so sehr die ersten Jahre noch im Bann der nationalsozialistischen Verbrechen und des Krieges standen, so schnell fächerten sich mit Wirtschaftswunder, Globalisierung und Individualisierung die gesellschaftlichen Themen auf. Es ging um Wohnungsnot und Wiederaufbau, Städtebau und Denkmalschutz, Landwirtschaft und Natur, Verkehr und Unfälle, Kriminalität und Katastrophen – und mit den Jahrzehnten immer stärker um Freizeit und Populärkultur, Lifestyle und Mode, Medien und soziale Medien. Mit den Karrieren der „Konsum-", „Wegwerf-", „Freizeit-", „Erlebnis-" und „Spaßgesellschaft" eröffneten sich immer mehr Themen. Geradezu nationale Bedeutung erlangte das Ressort aber in den sechziger Jahren doch wieder mit einem Vergangenheitsthema: mit den Berichten über den Auschwitz-Prozess.

Bernd Naumann, 1922 geboren, war nach Stationen in der Sport- und der Politikredaktion zur Seite „Deutschland und die Welt" gestoßen, die er seit dem 1. Januar 1963 als Verantwortlicher Redakteur betreute. Mit seinem so präzisen wie lakonischen Stil wurde er zum wichtigsten Berichterstatter über ein zentrales Kapitel der deutschen Vergangenheitsbewältigung. Der erste Frankfurter Auschwitz-Prozess begann am 20. Dezember 1963 im Frankfurter Römer und wurde vom April 1964 an im Saalbau Gallus fortgeführt, nur wenige hundert Meter entfernt von der Redaktion in der Hellerhofstraße. Naumann nahm an zahlreichen Sitzungen des größten deutschen Strafprozesses der Nachkriegszeit teil, bei dem 20 der 22 Angeklagten im August 1965 zu teils hohen Haftstrafen verurteilt wurden. Die Redaktion hatte beschlossen, darüber in „Deutschland und die Welt" zu berichten, nicht im Politikteil. Es sollte nicht der falsche Eindruck erweckt werden, es ginge um einen politischen Prozess, schließlich handelte es sich um einen Strafprozess.

ÜBER DEN AUSCHWITZ-PROZESS

Die Ausreden der Angeklagten, die Verzögerungsstrategie der Anwälte, die Übersetzungen der polnischen Zeugen – es war ein mühsamer Prozess, sinnbildlich für die Verdrängung des Verbrechens. „Im Auschwitz-Prozess vor dem Frankfurter Schwurgericht", so schrieb Naumann einmal, „hat am Donnerstag der 68 Jahre alte Angeklagte Robert Karl Ludwig Mulka, ehemaliger SS-Obersturmführer und Adjutant des Kommandeurs im Konzentrationslager Auschwitz,

Deutschland und die Welt

seine Tätigkeit in diesem Vernichtungslager der Nationalsozialisten auf eine so kurze wie prägnante Formel gebracht: Er hat nichts gesehen und nichts befohlen." Typische Überschriften seiner Artikel: „Man schweigt wieder im Auschwitz-Prozeß" (18. Januar 1964), „Der Angeklagte Kaduk verweigert die Aussage" (21. Januar 1964), „Ein Zeuge erinnert sich nicht mehr" (6. März 1964).

Hannah Arendt schrieb später, Naumann, der „die solidesten Berichte" geschrieben habe, enthalte sich klugerweise „fast völlig jeder Analyse und jeden Kommentars" und konfrontiere den Leser „damit umso direkter mit den Originaldialogen des großen Verhandlungsdramas". Günther von Lojewski, damals F.A.Z.-Politikredakteur, sagte später: „Für die Bewusstseinsbildung in Deutschland waren Naumanns Berichte enorm wichtig." So seien junge Leute überhaupt erst auf die Frage gekommen, was ihre Väter in der Zeit des Nationalsozialismus gemacht hatten. Viele von Naumanns Berichten fanden Eingang in das im Herbst 1965 uraufgeführte Theaterstück „Die Ermittlung" von Peter Weiss. Das „Oratorium in 11 Gesängen", eines der wichtigsten Stücke des dokumentarischen Theaters, wurde auch in Gerichten, Rathäusern, Kirchen, Landtagen aufgeführt – und erreichte eine viel größere als nur die Theater-Öffentlichkeit.

Heute nicht mehr verfemt: Auf dem ersten Bild, das Carl-Albrecht von Treuenfels 1973 in der F.A.Z. veröffentlichte, nähern sich zwei Wölfe dem Fotografen. *Foto Carl-Albrecht von Treuenfels*

Eine kleine Gesellschaftsgeschichte

In der Folge der Studentenbewegung kamen in den siebziger Jahren die „Neuen Sozialen Bewegungen" auf. Themen wie Feminismus, Homosexualität, „Dritte Welt", Studentenleben, Hausbesetzungen und Ökologie wurden wichtiger. Vor allem um den Schutz der zunehmend bedrohten Umwelt kümmerte sich die Zeitung. Auch durch Studien wie „Die Grenzen des Wachstums" (1972) und „Global 2000" (1977) wuchs das Bewusstsein für endliche Ressourcen und die Auswirkungen menschlichen Handelns auf die Natur. Claus Lafrenz, der als Nachfolger von Bernd Naumann 1970 Ressortleiter von „Deutschland und die Welt" wurde, schrieb Artikel über das Wettergeschehen, über Sturmfluten, Tornados, Lawinenabgänge. An der Nordsee ließ sich beobachten, wie der zunehmende Touristenandrang das Inselleben und die Natur gefährdete. So schrieb Lafrenz über das geplante „Atlantis"-Hochhaus auf Sylt: „Ungeniert zu bauen, dieser Brauch ist speziell in Westerland so alt wie das Bad." (29. November 1971) Am Ende wurde das Hochhaus nicht gebaut.

Als Autor gewann Lafrenz den Naturschützer und späteren WWF-Präsidenten Carl-Albrecht von Treuenfels. Von 1973 bis zu seinem Tod im Jahr 2021 schrieb Treuenfels in fast 500 Artikeln über bedrohte Tierarten, kleiner werdende Lebensräume, erfolgreiche Wiederansiedlungsprogramme und die Diskussionen zwischen Naturschützern, Jägern und Bauern. Programmatisch schon sein erster Satz (8. Dezember 1973): „Wer Wölfe für blutrünstige Bestien hält, ist falschen Informationen aufgesessen." Erst eine Generation später nahm die Population dieser Raubtiere in Deutschland zu – und zwar so stark, dass man heute vor allem über eine Begrenzung der Bestände redet. Auch globale Umweltprobleme gerieten langsam in den Fokus. Der Leitartikel „Vor einem globalen Klimawandel?" (27. September 1989) von Redakteurin Caroline Möhring, noch mit einem Fragezeichen versehen, thematisierte zum ersten Mal prominent ein Problem, das sich über die Jahrzehnte immer mehr auswuchs.

IMMER MEHR UNTERHALTUNG

Der Kernbestand des Ressorts „Deutschland und die Welt", das Ende der neunziger Jahre in der umfangserweiterten Zeitung oft auf drei Seiten anwuchs, blieb über die Jahrzehnte gleich. Katastrophen, Unglücke, Seuchen und Kriminalfälle bestimmten oft das Bild. Sei es die Flugzeugkatastrophe von Teneriffa 1977 mit 583 Toten, sei es der ICE-Unfall von Eschede 1998 mit 101 Todesopfern, seien es die Anschläge vom 11. September 2001, die Tsunami-Katastrophe von 2004 am Indischen Ozean oder die Corona-Pandemie der Jahre 2020 bis 2022 – solche Themen beschäftigten das Ressort und viele zuliefernde Korrespondenten wochenlang. Ähnliches galt für die großen Kriminalfälle. Richard Oetker, der 1976 entführt wurde und nur knapp überlebte, Marianne Bachmeier, die 1981 im Gerichtssaal in Lübeck den Mörder ihrer Tochter erschoss, die neunjährige Peggy K., die 2001 im Landkreis Hof spurlos verschwand – im F.A.Z.-Archiv sind zu solchen Fällen und ihren Folgen jeweils mehr als 100 Artikel zu finden.

Der drückenden Übermacht des Faktischen versuchte das Ressort, das meist aus drei oder vier Redakteuren bestand, schon immer eigene Themen entge-

Deutschland und die Welt

Seine liebste Muse: Wolfgang Joop führt Claudia Schiffer nach seiner Modenschau im Jahr 2000 über den Laufsteg. Foto Helmut Fricke

genzusetzen. So erweiterte der verantwortliche Redakteur Michael Fritzen (1983 bis 2000) den Fokus des Ressorts um Soziales, Religiöses und Sprachliches – und schrieb über die Folgen der Langeweile, angeblich wundertätiges Wasser in einem Pfälzer Dorf, die Anziehungskraft von Sekten und das „Du-Deutsch". Solche „Kann"-Themen waren und sind angesichts vieler „Muss"-Themen auch lesepsychologisch wichtig: Die Spannbreite garantiert den Überraschungseffekt.

Eine große Bandbreite an Stoff zu bieten – das war auch ein Grund dafür, dass im neuen Jahrtausend immer mehr populäre Themen ins Blatt kamen, wie zum Ausgleich für die Katastrophennachrichten. Die aufkommende „Freizeitgesellschaft" mit zunehmendem Wohlstand, steigender Lebenserwartung, verringerten Arbeitszeiten und verstärkten Freizeitaktivitäten brachte ohnehin viele Fragen mit sich, zum Beispiel zu den Gefahren des Höhenbergsteigens, über Musik-Festivals im Sommer oder die Inneneinrichtung der eigenen Wohnung. Die Mailänder Möbelmesse, die Pariser Modenschauen, der „Eurovision Song Contest", die Oscar-Nacht und Taylor-Swift-Konzerte sind inzwischen Großereignisse, die viel prominenter abgebildet werden als noch in den neunziger Jahren. Die Populärkultur diesseits des Feuilletons nimmt auch deshalb einen größeren Raum ein, weil das Zeitbudget für die Nutzung von Medien und sozialen Medien immer mehr zunimmt. Ein Großteil der Berichterstattung über Prominente nährt sich heute von Instagram oder TikTok. Da braucht es ein zuverlässiges Medium wie die Zeitung, um Äußerungen und Entäußerungen seriös zu erklären. Das Ressort „Deutschland und die Welt" ist auch dafür wie geschaffen. *Alfons Kaiser*

AUCH FÜRS AUGE

Das F.A.Z.-Magazin bot und bietet dem Zeitungsleser neue Perspektiven. Von Anfang an sollte es gehobene Unterhaltung bieten.

„Neue Perspektiven für den klugen Kopf": Das sollte das Magazin dem F.A.Z.-Leser 1980 laut Eigenwerbung bieten. Unter der Überschrift „Unsere Information ist farbiger geworden" kündigte der Werbetext „Kost für Kopf und Sinn zugleich" an. Es war nicht zu hoch gegriffen. Die Reaktionen auf das F.A.Z.-Magazin, das am 7. März 1980 erstmals der Zeitung beilag, waren durchweg positiv. Das Magazin habe „der schon etablierten Konkurrenz vorgeführt, wie man es eigentlich machen müsste", schrieb der Mediendienst „Kress-Report" – und lobte Fotos, Layout, Farbe, Typographie und Text, „stimmig bis ins letzte Detail".

Auf 48 Seiten bot die erste Ausgabe ein Porträt der Schauspielerin Ingrid Caven, eine von Will McBride fotografierte Geschichte über das Tanztheater von Pina Bausch, eine Reportage über einen Herrgottsschnitzer in Polen – und einen Text darüber, wie Starfighter-Piloten bei Schwierigkeiten mit ihrem Schleudersitz aussteigen. Chefredakteur Thomas Schröder nannte sein Programm „gehobene Unterhaltung". Nun begannen zwei Jahrzehnte, in denen der Zeitung an jedem Freitag eine Wundertüte beilag.

Die Zeit für Printprodukte war gut. Die Auflage der Zeitung wuchs, das Internet knabberte noch nicht an den Werbeerlösen, und wegen des Magazins kauften freitags noch mehr Leser die Zeitung. Die Zeit war reif für „eine Beilage, die von Bildern und Farbe lebt, ohne ein Bilderblatt zu sein", wie es in der

Deutschland und die Welt

Weiß auf Schwarz: Das Magazin, hier eine Ausgabe vom September 1994, bestach durch eine starke Titel-Optik. Titelfoto Terence Spencer

Werbung des Verlags hieß, der sich gute Einnahmen durch Anzeigen erhoffte. Schon 1970 war das „ZEITmagazin" auf den Markt gekommen, 1990 folgte das „Süddeutsche Magazin". In den Zeitungen gab es damals noch keinen Vierfarbdruck, und im redaktionellen Teil kamen Farbfotos erst im neuen Jahrtausend zum Einsatz. Das Magazin stach also durch die Farbe hervor.

Einen guten Ruf erwarb sich das Supplement durch seine Gestaltung. Chefredakteur Thomas Schröder holte Willy Fleckhaus als Art Director. Fleckhaus hatte 1959 die fortschrittliche Zeitschrift „twen" mitbegründet. Dann wurde er mit der Gestaltung der regenbogenfarbenen Edition Suhrkamp bekannt. Schröder erzählte später, er habe sich Anfang Januar 1980 mit Willy Fleckhaus in dessen Anwesen in der Toskana zusammengesetzt. Bei einigen Flaschen Wein entwarfen sie Ideen für das neue Heft, das mit teils riesigen Überschriften, ungewöhnlich dimensionierten Bildern und kühn eingesetztem Weißraum stilprägend wurde. In seinem Nachruf auf Fleckhaus, der 1983 im Alter von nur 58 Jahren starb, schrieb Schröder emphatisch: „Im Beharren auf Maß, im Formulieren eines gültigen grafischen Kanons, in der nie korrumpierten Wahrhaftigkeit seiner Suche nach komprimiertem Ausdruck liegt auch beschlossen das Plädoyer für geistige Ordnung, liegt beschlossen ein Manifest gegen das Zerstörerische, liegt beschlossen, schließlich, die Feier des Schönen."

DIE GESTALTUNG DOMINIERT

Für die Redakteure, die aus der Zeitung ins Magazin wechselten, war die Dominanz der Gestaltung ungewohnt: „Zum Beispiel wurden die Überschriftenlängen vom Layout vorgegeben", sagt Josef Oehrlein, der seit 1986 im Magazin arbeitete. „Das Layout war vorrangig. Daran mussten wir uns gewöhnen." Die Überschriften wurden zu Gestaltungselementen, die Typographie machte sich selbstständig, aber das Layout blieb trotz all der phantastischen Ideen letztlich minimalistisch. Auch die Fleckhaus-Schüler Hans-Georg

Pospischil und Peter Breul, die ihm nachfolgten, setzten auf die optische Überwältigung der Leser. Einige Elemente dieser zugleich strengen und lockeren Gestaltung sollte Breul später für die neue Sonntagszeitung übernehmen, die 2001 auf den Markt kam.

Auch die einheitliche Gestaltung des Titels überzeugte Fachleute des Magazindesigns. Ein schwarzer Fond war das Passepartout, vor dem sich Fotos und Illustrationen stilvoll abhoben. Die Frakturschrift übernahm die Magazintochter von der Zeitungsmutter, aber wegen des Hintergrunds invers, also Weiß auf Schwarz. Das Wort „Magazin" erschien in einer Farbe aus der Titelillustration. Damit waren schon die vielen Korrespondenzen vorweggenommen, die im Heft wie eine ständige Zwiesprache zwischen Grafik, Bild und Text wirkten. Die Fotos, so schreibt Design-Fachmann Hans-Michael Koetzle, habe Fleckhaus „traumwandlerisch positioniert".

Inhaltlich schlug das Magazin ebenfalls neue Wege ein. Große Porträts von Unternehmern, Künstlern oder Operndiven gab es bis dahin in der Zeitung kaum. Wortlautinterviews fehlten ebenfalls weitgehend bis zum Beginn des 21. Jahrhunderts. Wichtiger als lebensnahe Reportagen waren der Zeitung die analytischen Hintergründe. Und für die schönen Themen des Lebens war in den klassischen F.A.Z.-Ressorts wenig Platz.

Für all das war nun das Magazin der ideale Ort. Sei es ein großes Porträt des Schauspielers Yves Montand (1982), seien es phantastische Grand-Canyon-Bilder von Martin Pudenz (1994), seien es aufwendige Reportagen aus Russland, Costa Rica oder Japan – das Magazin machte es möglich, mit legendären Fotografen wie Stephan Erfurt, Abe Frajndlich, Wilfried Bauer, Barbara Klemm oder Serge Cohen.

Dazu die Kolumnen. Das „Notizbuch" von Johannes Gross war eine Aphorismen-Fundgrube („Im Schimpfen brüstet sich die Ohnmacht"). Die „Warenwelt" von Horst-Dieter Ebert wuchs sich zu ironischen Kommentaren über die Gegenwart aus. Die Weinkolumne „Flaschenpost" von Horst Dohm war – wie ein großer Teil des Hefts – eine Liebeserklärung an Italien. Redakteur Udo Pini gab Rätsel auf (und macht seit 2003 in der Sonntagszeitung weiter). Roswin Fin-

Mit Passepartout: Die klassische Anmutung war – wie hier 1990 – der Rahmen für üppig bebilderte Geschichten. Titelfoto Alfred Seiland

Deutschland und die Welt

Das erste Cover des „neuen" Magazins: Jessica Joffe wurde für die Ausgabe vom Februar 2013 in Szene gesetzt. Titelfoto Jork Weismann

kenzeller schrieb die hintersinnige Schachkolumne, die in der Zeitung bis 2021 weiterlebte, also 41 Jahre lang Woche für Woche erschien.

Die Einstellung des Magazins – am 25. Juni 1999 lag der Zeitung die letzte Ausgabe bei – kam für die Leser überraschend. Eine Krise hatte sich aber schon länger abgezeichnet. Das „ZEITmagazin" stellte sein Erscheinen 1999 ebenfalls vorerst ein. Denn nun war auch der Zeitungsrotationsdruck zu hochwertigem Farbdruck in der Lage; viele Anzeigenkunden, die zwei Jahrzehnte zuvor das vierfarbige Magazin herbeigesehnt hatten, inserierten nun in der Zeitung. Das führte zu einem dramatischen Anzeigenrückgang im Magazin. An ihm festzuhalten war in einem Medienhaus, das sein Geld selbst verdienen muss, nicht länger vertretbar. Schweren Herzens wurde das Magazin eingestellt. Die Nummer 1008 war die letzte.

Nach einigen Jahren wuchs dann in Redaktion und Verlag doch wieder der Wunsch, ein Supplement zu entwickeln. In der Redaktion, weil viele Themen rund um Mode, Design, Gesellschaft und Popkultur in der F.A.Z. zu kurz kamen, obwohl sie in der Öffentlichkeit immer größeren Raum einnahmen. Im Verlag, weil sich mit dem stetigen Wachstum des Luxussektors Hoffnungen auf Anzeigen von Auto-, Mode-, Uhren-, Schmuck-, Design- und Beauty-Unternehmen verbanden. Seit 2006 bringt die „Welt am Sonntag" ihre Luxusbeilage „Icon" heraus, 2007 kam das „ZEITmagazin" wieder, und die „Neue Zürcher Zeitung" gründete „Z". Magazine wie „T" von der „New York Times" oder „M" von „Le Monde" läuteten auch international eine neue große Zeit der Supplements ein.

Im Februar 2013 kam das großformatige neue F.A.Z.-Magazin heraus. Es liegt nur einmal monatlich der Zeitung bei, am zweiten Samstag jedes Monats, sowie in einigen Sonderausgaben pro Jahr. Mit kleingeschriebenem „magazin" im Titelkopf verneigt es sich vor dem großen Vorgänger. Das neue Magazin konnte nicht dort weitermachen, wo das alte aufgehört hatte. Denn Reportagen, Porträts und Wortlautinterviews waren nun auch in der Zeitung zu lesen. Also nehmen Stil- und Lebensfragen im F.A.Z.-Magazin einen grö-

Auch fürs Auge

ßeren Raum ein als früher. Das erste Heft brachte Jessica Joffe auf den Titel, die Protagonistin der Modestrecke. Karl Lagerfeld zeichnete die erste seiner „Karlikaturen", die er bis zu seinem Tod 2019 monatlich lieferte: die Symbolfiguren Marianne und Germania Hand in Hand, programmatisch unter der Überschrift „Eine moderne Ehe". Überhaupt die Mode: Stylist Markus Ebner produziert von Paris aus die meisten Fotostrecken, mit Protagonisten wie Mario Götze, Diane Kruger, Marteria, Lena Meyer-Landrut und Toni Garrn.

Anders als das alte Magazin, das als getrenntes Ressort gegenüber der F.A.Z.-Zentrale im Frankfurter Gallus saß, entsteht das „neue" Magazin in der Zeitungsredaktion – und bedient sich der großzügigen Ressourcen an Autoren, Fotografen, Gestaltern und Ideen. Redakteure und Korrespondenten aller Ressorts wie Peter-Philipp Schmitt, Bernd Steinle, Jennifer Wiebking, Johanna Christner, Melanie Mühl, Aylin Güler, Daniel Deckers, Peter Badenhop, Leonie Feuerbach, Stephan Löwenstein oder Reiner Burger tragen zu einem Heft bei, das viele neue Perspektiven für den klugen Kopf bieten soll. So schrieb Washington-Korrespondent Andreas Ross ein großes Porträt über den White-House-Fotografen, Paris-Korrespondentin Michaela Wiegel erklärte ihre Stadt vor den Olympischen Spielen, und München-Korrespondent Timo Frasch führt große Interviews mit Prominenten wie Harald Schmidt, Alice Schwarzer oder Gloria von Thurn und Taxis.

Das Vorgängerheft ist dabei nicht vergessen. Der erste Art Director des neuen Magazins war der letzte des alten: Peter Breul. In manchen Details bezog er sich auf die Fleckhaus-Schöpfungen. So wird bis heute auf der Editorial-Seite ein Objekt, das auf ein Thema im Heft verweist, in Originalgröße abgebildet. Die waagerechten Linien, mit denen Fleckhaus den Titel der Edition-Suhrkamp-Bände gliederte, halten auf der Inhalts-Seite die Themen auseinander. Übergroße oder gestürzte Überschriften erinnern ebenfalls an früher. Bei allen Neuheiten soll auch die Tradition den Leser immer wieder überraschen. *Alfons Kaiser*

Offen fürs Populäre: Im November 2020 kommt Schlagersänger Heino auf den Titel des Magazins. Titelfoto Daniel Pilar

Einblick

IRGENDWIE ANDERS

Verwaiste Flure, kein Anstehen am Kaffeeautomaten, leere Stühle in sonst übervollen Konferenzräumen, hunderte einzelne Außenposten statt gemeinsam in der großen Zentrale: Redaktionsalltag in Zeiten der Pandemie.

Der Krisenstab arbeitete noch an Stufenplänen für das dezentrale Arbeiten, da bestätigte sich ein erster Infektionsverdacht im Haus. Manche Diskussion, wie mit der Pandemie umzugehen ist, war da noch nicht einmal begonnen. Und eine Organisation, die gewohnt ist, schnell und flexibel auf das Weltgeschehen zu reagieren, einen Online-Auftritt rund um die Uhr aktuell zu halten, Podcasts zu produzieren, in sozialen Medien präsent zu sein, und mehrere Ausgaben der gedruckten Zeitung Tag für Tag pünktlich abzuschließen, geriet von der Wucht und Geschwindigkeit der Corona-Krise (fast) an ihre Grenzen.

Während das Informationsbedürfnis der Leser und User wuchs und die Zahl der Zugriffe auf FAZ.NET, die digitalen Zeitungsausgaben und die Apps rasant stieg, stellten sich bange Fragen: Was passiert an Kiosken und Bahnhöfen, wenn kaum jemand mehr unterwegs ist? Wie lassen sich Korrekturläufe abbilden und Redaktionsschlusszeiten einhalten, wenn alle aus der Distanz arbeiten? Sollen die Krisenstabsmitarbeiter denn nun in der Redaktion zusammenkommen oder doch besser zu Hause bleiben, um keine Infektion zu riskieren?

In Redaktion und Verlagsabteilungen wurde – in den ersten Wochen bis zur Erschöpfung – an neuen Arbeitsprozessen gefeilt. Im Zusammenrücken zeigte sich, dass doch nicht jeder Redakteur ein Mensch gewordener Anwenderfehler ist, wie viele IT-Mitarbeiter bis dahin dachten, und dass die Technik-Kollegen sehr wohl im Blick hatten, dass eine Redaktion anders ver- und umsorgt werden muss als etwa eine Schraubenfabrik, wie manch Redakteur gerne spottete. Über Nacht stellte die IT Ausstattungen für Dutzende neu einzurichtender Heimarbeitsplätze zusammen: zusammengeschraubte Compu-

Einblick

ter, alte Bildschirme, im Keller eingelagerte Tastaturen, mit einer redakteurssicheren Aufbauanleitung in einen Umzugskarton gepackt. Dem Technik-Chef war so viel Improvisation fast unangenehm, die Redaktion dankbar wie nie zuvor: es funktionierte. Nur am ersten Tag der „Operation Homeoffice" etwas holprig: mit einem Kabelbrand im Serverzentrum.

Der Satz, dass jede Krise auch Chancen bietet, ist banal, aber wahr: Die technische Infrastruktur hat den Stresstest besser bewältigt als erwartet, die Pandemie hat eine flexiblere Arbeitseinteilung etabliert, Lücken in der familiären Betreuung entstehen heute seltener, die Redaktion ist gelassener geworden. Unter Wasser gesetzte Etagen, in denen sich nicht arbeiten lässt, Evakuierungen nach Bombenfunden, Streiks im Nahverkehr, das sind inzwischen keine Hürden mehr. Mit der Gewissheit, dass sich am Ende alles fügt und Leser, ob Print oder Digital, ‚ihren' Journalismus zuverlässig, (meistens) pünktlich und in gewohnter Qualität erhalten, selbst wenn die Redaktionsflure leer bleiben müssen.

Obwohl die Vorteile niemand mehr missen will, richtig gefallen will das andere Arbeiten auch heute nicht jedem. In Chats entstehen weniger Ideen, in Videokonferenzen lässt sich schlecht um Themen ringen oder gar vernünftig streiten. Kommunikation – die von Mensch zu Mensch – ist und bleibt für Journalisten essenziell. Die virtuelle ist immer nur eine Notlösung.

Elena Geus

Gegen das Vergessen: Die Holocaust-Überlebende Margot Friedländer wird 100, kluger Kopf der F.A.Z. Das Jubiläums-Motiv der Kluge-Köpfe-Kampagne erscheint zum Holocaust-Gedenktag am 27. Januar 2024 – fotografiert von Regisseur Wim Wenders.

CHRONIK

1949 Die Gründung der Bundesrepublik Deutschland und der DDR manifestiert die deutsche Teilung nach dem Zweiten Weltkrieg. Nach der ersten Wahl zum Deutschen Bundestag wird Konrad Adenauer (CDU) erster Bundeskanzler. Die Bundesrepublik erlebt einen kräftigen Wirtschaftsaufschwung („Wirtschaftswunder"), der vom Modell der Sozialen Marktwirtschaft profitiert.

1953 Ein Volksaufstand in der DDR gegen das SED-Regime wird von sowjetischen Truppen niedergeschlagen.

1954 Die Bundesrepublik wird durch ein 3:2 gegen Ungarn in Bern erstmals Fußballweltmeister.

1949

1949 Am 1. November erscheint erstmals die Frankfurter Allgemeine Zeitung in einer Auflage von 60.000 Exemplaren. Das Kapital des Verlags befindet sich zu 51 Prozent im Besitz der Wirtschaftspolitischen Gesellschaft von 1947 (Wipog) und zu 49 Prozent im Besitz des Mainzer Zeitungsverlags. Die Wipog fungiert als Treuhänderin für eine Gruppe meist mittelständischer, überwiegend in Süddeutschland beheimateter Unternehmen.

1951 Nach Spannungen im Eigentümerkreis scheidet die Wipog als Gesellschafterin aus dem Kapital des Verlags aus. Ihren Anteil von 51 Prozent übernimmt die neu gegründete Allgemeine Verlags GmbH (AVG), in der die bisher von der Wipog vertretenen Unternehmen ihre Interessen bündeln. Wenige Jahre später zieht sich auch der Mainzer Verlag zurück.

1952 Der Herausgebervertrag schreibt die publizistische Unabhängigkeit der Herausgeber fest. Paragraph 1 lautet: „Die Frankfurter Allgemeine Zeitung ist ein unabhängiges Blatt. Die geistige, politische und wirtschaftspolitische Haltung der Frankfurter Allgemeinen Zeitung zu bestimmen, ist den Herausgebern anvertraut." Sechs Jahre später werden die Herausgeber mit kleinen, nicht gewinnanteilsberechtigten Anteilen Gesellschafter der F.A.Z.

1961 Die DDR errichtet eine Mauer, um die Abwanderung ihrer Bürger in den Westen zu verhindern.

1968 Eine Welle von Studentenproteste, die sich unter anderem gegen den Vietnamkrieg richten, ergreift neben anderen westlichen Ländern auch die Bundesrepublik. Sie leiten politische und soziale Veränderungen ein.

1955 In den Pariser Verträgen erhält die Bundesrepublik ihre Souveränität weitgehend zurück. Sie tritt der NATO bei.

1958 Die F.A.Z. und die Frankfurter Societäts-Druckerei einigen sich über eine enge Zusammenarbeit; unter anderem lässt die F.A.Z. bei der Societät drucken. Im Gegenzug beteiligt sich die Frankfurter Societäts-Druckerei mit 25 Prozent an der F.A.Z. Im Zuge der Einigung werden auch die Verlagsrechte an der ehemaligen Frankfurter Zeitung auf die F.A.Z. übertragen.

1959 Mit Wirkung vom 22. April übertragen die in der AVG gebündelten Unternehmen ihre Mehrheitsbeteiligung von 51 Prozent an die neu gegründete FAZIT-Stiftung, die als gemeinnützige GmbH verfasst ist. Die FAZIT-Stiftung soll die F.A.Z. vor feindlichen Übernahmen bewahren. Sie ist seitdem zusammen mit den Herausgebern die Garantin der Unabhängigkeit der F.A.Z.

1957 Der „kluge Kopf" wird zum Verlagssignet.

CHRONIK

1969 Beginn der Ostpolitik der sozialliberalen Regierung mit dem Ziel einer Entspannung im Verhältnis zur Sowjetunion und der DDR. Gleichzeitig entspannen sich die Beziehungen der Vereinigten Staaten mit der Sowjetunion und der Volksrepublik China.

1975 In Helsinki legen alle europäischen Staaten außer Albanien sowie die USA und Kanada fest, dass Grenzen nur friedlich verändert werden dürfen. Die sogenannte KSZE-Schlussakte enthält auch eine Vereinbarung über die Menschenrechte.

1977 Der jahrelange Terror der Roten Armee Fraktion (RAF) erreicht seinen Höhepunkt im „Deutschen Herbst".

1989 Der Fall der Berliner Mauer leitet das Ende der DDR ein. Auch in anderen sozialistischen Staaten in Osteuropa begehren die Menschen mit Erfolg gegen die Machthaber auf.

1969

1988 Die FAZIT-Stiftung als Mehrheitseigentümerin der F.A.Z. und die Imprimatur als Mehrheitseigentümerin der Frankfurter Societäts-Druckerei verschmelzen, indem die FAZIT-Stiftung die Imprimatur aufnimmt. Die F.A.Z. und die Frankfurter Neue Presse befinden sich unter einem gemeinsamen Dach.

1992 Der Vertrag von Maastricht schreibt die Gründung der Europäischen Union fest. Gleichzeitig leitet er einen dreistufigen Plan zur Verwirklichung einer Europäischen Wirtschafts- und Währungsunion ein.

1990 Am 3. Oktober tritt die Wiedervereinigung Deutschlands durch den Beitritt der DDR zur Bundesrepublik in Kraft. Berlin wird Regierungssitz.

1999 Der Euro ersetzt in der Europäischen Währungsunion die nationalen Währungen. Die in Frankfurt ansässige Europäische Zentralbank nimmt ihre Arbeit auf.

2001

1998 Die verkaufte Auflage der F.A.Z. überschreitet kurzfristig die Marke von 400.000 Exemplaren.

2001 Am 8. Januar geht der Internetauftritt FAZ.NET erstmals online. Ab September erscheint die überregionale Frankfurter Allgemeine Sonntagszeitung (F.A.S.). Sie löst eine regionale Sonntagszeitung ab, die seit 1990 am Markt war.

CHRONIK

2008 Die große Finanzkrise bricht als Folge einer übermäßigen Kreditvergabe aus. Sie greift von den Vereinigten Staaten auf Deutschland und Europa über. Regierungen und Zentralbanken müssen erhebliche Gelder mobilisieren, um einen Zusammenbruch des Weltfinanzsystems zu verhindern.

2010 An die Finanzkrise schließt sich die Eurokrise an. Ihre Ursachen sind in einer exzessiven Vergabe von Immobilienkrediten in mehreren Ländern und einer Wirtschaftsschwäche vor allem in südeuropäischen Ländern zu suchen. In der Stabilisierung der Eurozone spielt die Bundesregierung eine zentrale Rolle, die aber gerade in Deutschland unter anderem aus verfassungsrechtlichen Gründen auf erhebliche Vorbehalte stößt.

2015 In der Flüchtlingskrise nimmt Deutschland eine große Zahl von Menschen auf, was zu politischen und gesellschaftlichen Spannungen führt.

2007

2007 Seit dem 5. Oktober erscheint meist ein Farbfoto über dem Aufmacher auf Seite 1 der F.A.Z.

2013 Die Frankfurter Societäts-Druckerei und die F.A.Z. übernehmen eine Mehrheit an der angeschlagenen Frankfurter Rundschau.

2020 Die globale Covid-19-Pandemie hat in den kommenden zwei Jahren auch in Deutschland erhebliche Auswirkungen auf das öffentliche Leben und die Wirtschaft.

2022 Der russische Angriffskrieg gegen die Ukraine und wachsende Vorbehalte gegen die Globalisierung in vielen Ländern führen in Deutschland zu Debatten über die jahrelange Unterfinanzierung der Bundeswehr, eine starke Abhängigkeit von russischem Erdgas sowie die enge Verflechtung der Exportwirtschaft mit der Volksrepublik China.

2024

2018 Das aus Frankfurter Neue Presse und Frankfurter Rundschau bestehende Regionalzeitungsgeschäft sowie die Societäts-Druckerei und die Vermarktungsgesellschaft Rhein-Main-Media werden an die Zeitungsholding Hessen verkauft. Start des Streaming-Abos F+ (seit 2024: FAZ+), das Zugang zu allen Artikeln auf der Homepage FAZ.NET bietet.

2024 Der Gesamtbestand an Abonnements und Einzelverkäufen für die Frankfurter Allgemeine Zeitung, die Frankfurter Allgemeine Sonntagszeitung und für FAZ+ nimmt zu. Er beträgt am Ende des zweiten Quartals 502.700. Die Mehrzahl entfällt auf Digitalabonnements von F.A.Z., F.A.S. und FAZ+. Weit über 1000 Auszeichnungen haben die F.A.Z., die F.A.S., FAZ.NET, die Autoren und der Verlag bisher erhalten.

DIE AUTOREN

Jasper von Altenbockum
Verantwortlicher Redakteur für Innenpolitik

Holger Appel
Verantwortlicher Redakteur für Technik und Motor

Lisa Becker
Verantwortliche Redakteurin für Jugend und Wirtschaft

Jan Brachmann
Redakteur im Feuilleton

Gerald Braunberger
Herausgeber

Daniel Deckers
Verantwortlicher Redakteur für Die Gegenwart

Werner D'Inka
Herausgeber (bis 2020)

Henner Flohr
Leiter der Bildredaktion

Christian Geyer
Redakteur im Feuilleton

Elena Geus
Chefin vom Dienst

Heike Göbel
Verantwortliche Redakteurin für Wirtschaftspolitik und die Ordnung der Wirtschaft

Rose-Maria Gropp
Verantwortliche Redakteurin für Kunstmarkt (bis 2021)

Anno Hecker
Verantwortlicher Redakteur für Sport

Kerstin Holm
Redakteurin im Feuilleton (bis 2024)

Alfons Kaiser
Verantwortlicher Redakteur für Deutschland und die Welt und das Frankfurter Allgemeine Magazin

Ursula Kals
Verantwortliche Redakteurin für Jugend schreibt

Jürgen Kaube
Herausgeber

Carsten Knop
Herausgeber

Manfred Köhler
Verantwortlicher Redakteur für die Rhein-Main-Zeitung

Berthold Kohler
Herausgeber

Reinhard Müller
Verantwortlicher Redakteur für Zeitgeschehen, Staat und Recht sowie F.A.Z. Einspruch

Andreas Platthaus
Verantwortlicher Redakteur für Literatur und literarisches Leben

Michael Reinsch
Sportkorrespondent in Berlin (bis 2024)

Hubert Spiegel
Feuilletonkorrespondent für Deutschland

Gerhard Stadelmaier
Verantwortlicher Redakteur für Theater und Theaterkritik (bis 2015)

Peter Sturm
Verantwortlicher Redakteur für Politische Bücher

Stefan Trinks
Redakteur im Feuilleton

Richard Wagner
Verantwortlicher Redakteur für Politik in der F.A.S.

Michaela Wiegel
Politikkorrespondentin für Frankreich

Jan Wiele
Redakteur im Feuilleton

IMPRESSUM

© Fazit Communication GmbH
Frankfurter Allgemeine Buch
Pariser Straße 1
60486 Frankfurt am Main

Umschlag: Holger Windfuhr
Layout und Satz: Kerim Demir, Nina Hegemann
Bildredaktion: Henner Flohr
Recherche und Archivarbeit: Olivera Kipcic, Hans Peter Trötscher
Druck: Beltz Grafische Betriebe GmbH, Bad Langensalza
Printed in Germany

1. Auflage
Frankfurt am Main 2024
ISBN 978-3-96251-194-4

Alle Rechte, auch die des auszugsweisen Nachdrucks, vorbehalten.

Frankfurter Allgemeine Buch hat sich zu einer nachhaltigen Buchproduktion verpflichtet und erwirbt gemeinsam mit den Lieferanten Emissionsminderungszertifikate zur Kompensation des CO_2-Ausstoßes.